河出文庫

日本怪談実話〈全〉

田中貢太郎

河出書房新社

冕　言

理窟なしに私は怪談が好きだ。随って他のものを書くは苦しいが、怪談を書くは楽しみだ。

この小冊子は、三四年前から話を聞くに随い、材料を得るに随って、雑然と書いたものので、出所と関係した人士にも曖昧なところがあると思う。もしお気づきの方があるなら御示教にあずかりたい。

昭和十三年六月十日

田中貢太郎志

東京市目黒区原町一三六七

日本怪談実話〈全〉◉目次

冕言 3
御紋章の異光 13
聖瑞 15
高千穂峰の霊異 19
勅語は畏し 21
白い服と赤い服 22
定紋の附いた提灯 25
中屋少佐 27
巣籠の鶴 28
戦死者の凱旋 28
佐倉連隊の怪異 30
弾薬庫の歩哨 32
鶴見大佐の怪異譚 34

....

母親に憑る霊 37
神馬 39
伊勢大廟の護符 40
神符と銀貨 41
鷹の奇瑞 42
皇軍を導く瑞鳥 42
鶏の瑞兆 43
死せる勇士の戦車操縦 44
奇蹟の生還 45
身代八幡宮 46
身代りになった母の写真 47
陰膳の茶碗 48
夢に凱旋 50
戦死を知らせに来る良夫 50

煙草の好きな兄　51
乃木将軍の愛馬　52
柳原家の偶人(にんぎょう)　53
天狗の面　55
虎杖(いたどり)採り　60
京都大学の祟地蔵　63
病夫の身代りになる　67
子供に憑(のりうつ)る霊　70
偶人(にんぎょう)物語　74
狐の嫁入り　77
狐の尻尾　79
狐火事　80
画家の見た怪異　83
お化(ばけ)の面　85
朝倉一五〇　87
三原山紀行　89
俳優の眼に映る生霊　92
鐘の音　93
とぐろを巻く蛇　94
遅塚(ちづか)家の怪異　96
骨壺が踊る　97
山百合の花　98
碧い眼玉　99
奈良の旅籠　101
お初地蔵　102
盆踊りの夜の殺人　104
夫婦の変死　107
同行する怨霊　109
位牌田　111
姉に逢いに来る　113
妖蛸(ようだこ)　116
蟇(ひきがえる)　118
廃仏毀釈の比(ころ)　122
愛馬の死　124
天窓(あたま)の大きな怪物　125
藤右衛門火事　127

死体を窃(ぬす)みに往く 128
死体を喫(く)う学生 129
煙草を喫(の)む 132
青と赤の航海灯 134
真白な大きな帆 135
美女の棹さす小舟 136
浦戸港奇聞 141
曾我兄弟の墓 146
飛び交う火の玉 147
死人の船室 150
豆腐を買いに往く水夫 153
欺された幽霊船 154
不思議な帆船 154
海坊主と取組みあう 155
馬乗りになっていた海坊主 156
海坊主 156
飯坂温泉の怪異 159
疫病神 164

座蒲団大の男の顔 165
女花子(おんなこじき) 166
窓に腰をかけた女 170
結いたての島田髷 171
書物を返しに来る 173
華表(とりい)の額の怪 176
天井裏の妖婆 178
老婆の幽霊 179
東京の納豆 181
善方寺の符籙(かじふだ) 184
箱を背負った女の姿 186
姉の死 187
按摩の阿岩(おいわ) 189
北海道から帰った男 191
艮(うしとら)の金神 192
首切り石段 194
大蔵省の大法会 195
擂鉢山(すりばちやま)の怪談 196

浦戸署をめぐる怪聞　197
地蔵屋敷　198
警察の宿直室　199
古碑の怪異　200
桜の間の大入道　202
手を洗う亡者　204
本堂へ来た女　207
ブロッケンの幽霊　210
セントエルモの火　211
狐狗狸（こくり）の話　213
タッピングで弟の死を予知す　214
猫　216
愛犬の死　218
呪いの絵姿　220
大樽滝の白蛇　222
平山婆　224
寄席の没落　226
劇場売店の怪異　229

金の義歯　230
隠形術（おんぎょう）　232
被服廠で死んだ友人　232
蛇屋の娘の物狂い　233
遁げて往く人魂　234
空を見る女　235
手鏡　236
瘤（こぶ）の運動　237
格子戸に挟まれた老婆　239
謎の客　240
天井からぶらさがる足　243
奇蹟の処女　244
殺した実母が迎えに来る　246
母の変死　247
石地蔵の首を締める　250
池の中の足首　253
蟹　255
竹杖に芽を吹く　258

掠奪した短刀 260
桐原事件の一挿話 262
位牌が動く 269
亀の子を握ったまま 270
お墓の掃除 272
位牌と鼠 273
じゃれつく犬 274
怪談会の怪異 275
お天気祭 276
三千円の借金 279
画家の死 280
二階の怪婆 280
死んでいた狒々（ひひ） 282
三度笠の旅人 285
千疋猿の鍔（つば） 286
屋根の上の黒猫 287
左甚五郎作の大黒天 288
十二号室の怪異 290

一つの不思議 293
喧嘩する石の狐 294
美人に化けた貉（むじな） 295
蟇（ひきがえる）を棄てる 296
狐の本音 296
空中に消えた兵曹 297
怪談黒子禍（ほくろか） 301
啞の妖女 311
高尾越の怪異 313
小廝（こぞう）の放火 316
妖怪屋敷 318
自然と鳴る太鼓 319
線香の匂い 321
雨乞祭の怪 322
蛇の兜 324
龍神 325
四国遍路の奇蹟 326
如来像の怒り 328

屋根の仏像　330
七福神の像　331
弘法大師の像　332
釈迦像を砕く男　333
山の神の怒り　334
怪火を見た経験　336
帽子のない水兵　337
狸の信号提灯　338
妖女の舞踏する踏切　340
怪火に浮ぶ白衣の男　341
隧道（トンネル）内の怪火　341
鉄道線路を走る少年　342
旅客の気絶する隧道（トンネル）　344
新有楽橋の妖異　344
消えて無くなる処女　345
松井須磨子の写真　346
レンズに現われた女の姿　347
幽霊写真　348

死児の写真　350
写真に映った登山姿　350
御嶽登山の記念写真　351
鏡に映る女の顔　352
堀切橋の怪異　355
室（へや）の中を歩く石　357
本所の怨念石　359
墓石の戒名　361
幸福の家　362
商売の繁昌する家　364
招く松の木　365
別れに来た細君　366
細君の姿が現われる　367
白い小犬を抱いた女　368
濠端の怪　369
通夜の晩　370
丸髷の美女　371
自動車に乗る妖女　373

王子稲荷の前 375
消えてなくなった女 376
日本橋まで 377
毒を仰いだ運転手 378
母親に逢いに来た女 378
芦屋の家へ帰る女 380
月に狂う 381
天長節の式場 393
壁の中の女の顔 394
前妻の怪異 397
血みどろの男の顔 400
投石（いしなげ）怪談 404
杖を置いた音 407
夢遊病者 408
庭 411
山根先生の話 418
岩おこし 426
障子に映る女の姿 428

魔の電柱 429
自殺のできぬ青年 430
能代（のしろ）川の堤 431
赤い牛 432
蛸（たこ）にすいつかれた男 433
簪（かんざし）につけた短冊 434
埴輪（はにわ）挿話 435
人か猿か 436
蝮蛇（まむし）の怪 437
女の出る蚊帳（かや） 438

解説
貢太郎怪談実話〈推〉　川奈まり子 440

日本怪談実話〈全〉

御紋章の異光

　昭和十年二月に北海道におこったことである。競馬の騎手飯塚伴五郎は、春の競馬に用いる馬を買うべく妹背牛町へ出かけて往って、望みどおりの逸物を手に入れ、その日は同地の得永慶三郎と云う知人の許へ一泊した。

　そして、夜になって夕飯をすまし、九時すぎまで話して、それから表座敷へ案内せられて寝たが、寝床がかわったせいか寝つかれない。それに何かしら気になるので、暗い中で右枕になってみたり左枕になってみたりして、いろいろと寝つく工風をしたがそれでも睡れない。

　そこで、眼を開けて室の中を見た。室の中は暗いうえに寒さがひしひしと迫っていた。飯塚は昼間あんなにして疲れているのに、何故睡れないだろうと思い思い、やるともなしに右の眼を床の間の上になった欄間の方へ眼をやった。と、欄間に黄いろな小さい光があった。

（おや）

　飯塚は不思議に思って枕頭の電灯のスイッチを拈った。そこには聖上の御真影の額があった。

(これは御真影だ)

飯塚は起きあがって敬礼した後で、さて今の黄いろな光はなんだろうと思って注意した。

御真影の上部に金泥にした菊の御紋章があった。飯塚はそれでは今の光は御紋章のであったかと思った。しかし、微(うす)い金泥の光が暗い中にあんなに光るものでない。ついすると、次の室の電灯がそれに反射しているのではあるまいかと思った。そこで灯を消して次の室を調べ、それから外の灯の有無を調べたが、それらしい物はなかった。

(おかしいぞ)

起きていてもしかたがないので、それから横になって御真影の方を見た。御真影は真暗で何の光もなかった。

(それでは、眼のせいであったのか)

飯塚は己(じぶん)の粗忽に気が注(つ)いて苦笑した。苦笑したが今一度見てやれと云う気になって、また御真影の方へ眼をやった。そこには黄いろな小さい円い光があった。

(これは、何かの前兆だ)

飯塚は飛び起きて主人の室(へや)へ往って、寝ている得永を起して、

「何かの前兆ですよ、用心しなくてはいけないですよ」

と云ったが、得永は、

「まさか、今の世に」

と云って笑って対手にならなかった。飯塚はしかたなしに已の室へ帰ったが、何か異変があるかも判らないと思って、衣服を着かえ手提も傍へ引き寄せて、すわと云えば避難ができるように準備して、腰をおろしたところで半鐘が鳴りだした。それは十一時頃であった。

(それやこそ)

飯塚の命から二番目の物は、たくさんの金をかけて求めた馬である。その馬はそこから数町離れた民家の廏に置いてもらっていた。飯塚はまずその廏へかけつけて馬を引き出して来たところで、燃えひろがった火の手はまたたくまにその附近を一嘗めにして、馬を預けてあった民家も灰になった。

聖瑞

楠瀬如龍君は高知市福井の生れで、長く高知新聞の主筆をしていたが、昭和九年十二月になって惜しくも長逝した。孔門の子路を思わすような君子人で同人間に推服せられていた。晩年になって仏教を信仰するようになったが、自宅の前を流れている鏡川で年々溺死する者があるので、その災厄をはらうために、自宅前の隄に地蔵尊を建立した。楠瀬君逝去の翌年、帰省した筆者は、一日楠瀬君の遺族を弔問したが、その時鋳鉄の地蔵尊を見た。

その楠瀬君は逝去の先年上京していたが、筆者はかけちがって逢うことができなかった。その時楠瀬君は、東海道蒲原駅の田中光顕翁を訪うたが、その時田中夫人から明治天皇の奇瑞を聞いて、それを高知新聞に発表したので、ここに再録して聖徳をしのび奉ることにした。

『目下静岡県蒲原(かんばら)の別荘に病臥中なる田中光顕翁の許(もと)に、先日突然服装卑しからぬ気品ある未知の一女性が尋ね来り、夫人に面会して、

「当家の御主人は土佐の御出身か、目下御病気か」

とまず念を押し、夫人の然る旨を答うるや、

「実は私は、此の頃毎夜の夢に、畏(かしこ)くも明治天皇陛下が御現れになり、土佐出身のもので田中光顕と云う者があるが、目下病気に苦しんでいる。然し、此の者は国家のため如何にしても生かして置かなければならない人物だから、早く薬を持って往って飲ませよと、其の薬品の名まで御指示遊ばされたので、私も其のあまりの奇瑞に一度は打ち驚いたが、国家のため一日も猶予なり難しと思い、甚(はなは)だ唐突ながらただ今ここに薬を持参して来た」

と云うに、面接した田中夫人も聊(いささ)か狐にでもつままれたような気にて、精神病者かそれとも近頃よくある一称の売名の徒かと疑い、暫く返答にも躊躇したが、仔細にその女性の談を聴くと次のようである。

「かような事を出しぬけに申しあげては、御不審は御もっともと存じますけれど、私は女学校を卒業すると間もなく、宮中の女官として天皇陛下に六年間奉仕したのだが、先頃御暇を賜って家に退(さが)り、やがて勧めらるるままに、現在東京市四谷区荒木町海軍大佐大橋才輔の妻として嫁した桂子（三七）と申すものである、ここに何もかも自分の恥を叩けば、私は生来虚栄心が強く、人様が佳(よ)い服装でも指環でもつけておれば、自分も負けずに買おうと云った風であり、殊(こと)に宮中に出仕中は、自己の局に帰れば一切万事女中どもにさせる習慣で、何一つ雑用を手ずからした事もなかったのだから、一旦家庭を持ち、夫に何かと小言を云われるのが腹立たしく、下女もいるのに殊更私に買物や使いを云いつけるような時は、悔しくてたまらない位であった、然るにふとした機縁から観音様を信仰するようになって、一切の虚栄だの我見だのと云うものが、極めてつまらない泡沫(あわ)のようにからりと消え去り、今では如何なることも苦にならない。全く別人のようになったことを我れながら不思議に思っている位であります。夫もいたって一剋もので、在役中も同僚や上司と気の合わないことが多く、夫が或る事業で大儲けをなし、幾箇所も別荘を置いて妾を蓄え、そのため母に心配させたのでしたが、家督相続する時、自分の母を苦しめたような不義の財産は、見るもけがらわしいと云って振り向きもしないと云った気質です。で、退職して予備役となるや、現在の四谷の自宅に玄武堂と云う道場を設け、青年や学生を集めて、武道を練っている変りものでございます。ところで私が一夜右に申すとおり、明治天皇の御夢を見奉ったので、不思議に思って夫に話すと、ばかな事を云えと一喝されました。然し、次の夜も再び同様の夢を見、更にその次も見るので、余りに奇妙だと思いましたが、そのつど夫からは馬鹿な事を云えと叱られておりましたけれど、四度目に同じ夢をくりかえし見るに及んで、夫もさすがに不審いたしまして、とにかくその薬を持って、果して田中と云う土佐出身のものがあるか、また目下病気されているか確かめて来いと云うので、今日突然ながら推参したわけです」

と事細かに語り、

「全く未知の者がかようなことを申し出でては、さぞ御不審でもありましょうが、私は右申すとおり何等怪しいものでないのは、東京で身許をお調べくだされればすぐお判りになる」

とも云い加えた。

そこで田中夫人も初めて来訪の女性に対する疑念は晴れたが、それにしても事がらがあまりに奇瑞だと病褥中の翁にこの由を告げ、大橋桂子女史と云うに厚く謝して還し、早速その薬を翁にすすめたと云うことであるが、先日田中翁を見舞った記者は、翁の病床のかたわらで夫人からこの談を聞き、如何にも不思議だと思ったが、その際褥中の翁は、

「もしその夢が反対に、田中と云う奴は、国家のためにいけないのだから、活かしておけないとあったら、きっと毒薬を持って来てくれたかも知れない」

と夫人を顧みて冗談を云い、呵々大笑されていたけれども、明治天皇の御仁慈は神去

り給いし後も、なお老臣を思わせ給う大御心かくまでかと内心感激の情を掩(おお)い得ず、心なしか翁の眼には露の玉が宿っているように見られた』

高千穂峰の霊異

明治二十七八年の日清戦役の際、日向国高千穂嶽の山麓官幣大社霧島神宮の前に、数万の巨火が現われて、列を為して朝鮮と思われる方角へ飛んで往ったので、王師を擁護したまう神軍であると云いはやしたが、明治三十七八年の征露の役にもまたその霊異が現われた。それは明治三十七年二月八日の夜の事であった。東霧島山麓に数万の巨火が紛々として現われ、それが西北方に延びて一里位の長さに見えていたが、約三十分位して見えなくなった。同地方では、これこそ王師擁護の神軍の遠征であると云いはやした。

それについて霧島神社宮司従六位税所篤(さいしょあつし)は、同社主典桑原武熊を遣って事実の有無を調査さした。そこで桑原主典は、始良(あいら)郡東国分(こくぶ)村へ往って、そこの池田清兵衛と云う者について、それを調査して復命した。その復命書は当時の報知に掲載せられた。

『二月二十六日未明出発、午前十時五十五分始良郡東国分村大字小村池田清兵衛方に着、同人に面会の上左の如く承糺せり。

(桑原主典問)高千穂に火の現れたるを見しは何日何時なりや。

(池田清兵衛答)旧十二月二十二日(二月八日なり)時計無けれども凡そ午後七時頃、

私妻の父村内後藤熊次郎方へ参り、十一時頃帰路、小字時任（ときとう）という所にて、子丑の方に当り火を見受たり。

（問）火の色又は数、並に大きさ等は如何。

（答）色は常の火の如く赤く、数は幾万とも知れず、数十万の多きに見え申し、高千穂嶽の半腹より西韓国嶽（からくにだけ）の半腹と覚しき処へ凡そ一里余りも一直線に連なり、実に見事にて、大きさは凡そ一尺程の円みに見えたり。

（問）誰も他に見し者はなきや。

（答）凡そ三十分間程も見て、近所に住みし原口猪右衛門、宮永三造の両人を起し火の現れし事を申し、早く参れと申し置き、又元の処へ立戻り暫く待ちしも参らざるに付再び参り、両人とも参り倶に見申し候。併し其時火は余程減少致し申せり。

（問）其の火は動かざりしや。

（答）火は韓国嶽の西北の方より漸々に消ゆる如く見え申し、何分暗夜にて嶽（やま）の姿も見え兼ねるに付き、原口猪右衛門方の垣根に寄添い方角を篤（とく）と見定め置き、翌朝再び来り昨夜見置きし方角等を見れば、韓国嶽の西北を向うへ廻れば嶽に隠れる故に、自然に消ゆる如く見しも、消えしにあらず西北へ向いし事ならん。

（問）原口猪右衛門、宮永三造は如何見しや。

（原口猪右衛門答）私は老人（本年六十歳以上）其上少々不快にて清兵衛が参り起したるも其夜は別に寒気強く参り兼ね、しばらくして再び参り呼び起したるに付き参り申し、火の数は減少せしも確かに見受申したり。
（宮永三造答）私は二人の小児と共に臥し居り、殊（こと）に其夜は寒気も強き故、起き出難く猶予せし処、再び呼び起されたるに依って出来し処、火の数は減少せしも確かに見認（みとめ）申した。

明治三十七年二月二十七日

霧島神宮主典桑原武熊』

勅語は畏（かしこ）し

日露戦役中、即ち明治三十七年十月十日、明治天皇陛下には桂内閣総理大臣を御前に召されて左の勅語を賜わった。

開戦以降朕ノ陸海軍ハ、克ク其忠勇ヲ致シ、官僚衆庶其心ヲ一ニシ以テ朕ガ命ヲ遵奉シ、著著其歩ヲ進メ今日ニ及ブ、然レドモ前途尚遼遠ナリ、堅忍持久益奉公ヲ竭（つく）シ、以テ終局ノ目的ヲ達スルコトヲ努メヨ

聖勅はそれぞれ手続きを踏んで陸海軍に伝達せられた。左翼軍の連隊長川村大佐は、勅語を部下一般に知らすは、士気振興上最も必要なりとして、勅語の写しを謹成して、森脇佐市一等卒に命じて各隊に伝達せしめた。

森脇一等卒は、命令に従ってその写しを三個所に伝達したが、伝達の証として写しの

入っていた封筒を受け取り、残りの一通を第一中隊に伝達すべく進行中、敵の猛射をあびて左手に負傷した。その時握っていた空の封筒には、敵弾が貫通していたが、勅語の写しの入っていた封筒は、すこしの損傷もなかったので、川村連隊長はこれ全く天皇御威徳の然らしむるところであると云って、師団長に報告し、師団から順次階を追うて軍に報告した。東京朝日の従軍記者靺鞨子（まつかつし）は、河村高級副官の室（へや）でそれを見たと云って、

『貫通せる封筒と貫通せざる勅語写し入りの封筒を報告書に添付して眼前にあり、余等も今更ながら事の奇異なるに驚いて、諸将士と共に皇威の斯くまでにいやちこなるを感（かん）佩（ばい）するの外なかりき』

と戦報の中に書いている。

白い服と赤い服

夏山新一郎君が某（ある）席上で天佑について講演したが、その中で日露の戦役に捕虜となって、我国に護送せられていた一露西亜（ロシア）兵の話をした。その露兵は、媾和になって本国へ帰ろうとした時、陸軍当局に向って願い出た事があった。

「これから本国に帰るにつきまして、一つのお願いがございます、それは赤い服と白い服を着た貴国の軍人に逢わせていただきたい」

日本の軍人は皆カーキー色の軍服で、赤い服や白い服を着けた者はない。当局では不

思議に思って、いろいろと考えたが判らない。

「それは何かの覚えちがいだろう、日本の軍隊には、そんな服を着た者は一人もいない」

と云ったが、露兵は承知しなかった。

「いない事はない、われわれは平生その赤い服と白い服の貴国兵に悩まされました、とても勇敢で、撃っても突いてもびくともしない、われわれはその貴国兵が貴国の陣地に現われると顫いあがったものです」

当局ではこの露助は、戦争で頭が変になってるから、そんな事を云うだろう位に考えてそのままにしてしまった。

夏山君のこの天佑の講演は、聴衆を感動させたが、その講演が終ったところで、羽部重吉と云う名刺を出して面会を申しこんだ者があった。夏山君が用件を聞いてみると、

「私は今、貴君から赤い服、白い服の兵士のお話を伺いましたが、実は私も、赤い服ではないが、白い服を着た者に助けられた経験があります」

と云って、その経験談をした。羽部君は遼陽の戦いで捕虜となって、露軍の穴倉のような檻倉に打ちこまれた。羽部君はそのうちに銃殺せられるだろうと思って、覚悟していたところで、五六日しての晩、檻倉の扉が重おもしく開いた。昏々と睡っていた羽部君は、むっくりと頭をあげて入口の方を見た。入口には白い服を着た背の高い大きな軍人が、霧の中に突立っていた。羽部君は露兵が殺戮に来たと思ってびくりとした。同時に白い服の軍人は、重おもしい声で、

「こらっ、こらっ、ここへ出て来い」

と云った。羽部君は手を摑んで引きたてられるような気がして、よろよろと扉口へ出て往った。

「俺に跟いて来い」

白い服の軍人はどんどん歩きだした。羽部君は夢中になってその後を追った。外は闇夜の上に霧が深いので真黒であった。羽部君は宙に浮いているような気もちであった。その羽部君の耳へ白い服の声が聞えた。

「ここでいい」

ここでいいとはどこへ来たのであろう。羽部君はきっとなって四辺を見た。そこは見覚えのある陣地で、所属部隊であった。たちまち数人の声がした。

「羽部君じゃないか、羽部か」

「捕虜になってやしなかったか」

それは羽部の戦友であった。戦友の一人は羽部の背をどんと打った。

「おい、しっかりしろ、どうしたのだ」

羽部は気もちが落ちついたので、捕虜になっていて、白い服の軍人に助けられて帰った事を話した。

「白い服なんかだれが着てる、日本兵士はカーキー色だぞ」

「支那の狐に化かされたろう」

戦友はだれも本気にする者がなかった。

定紋の附いた提灯

日露戦役中、遼陽近傍の戦いの際、大野上等兵は斥候として某夜(あるよ)敵陣地に潜入し、命ぜられた任務を遂行して引返していると、たちまち敵の感知するところとなって追撃せられた。

幸いその夜は闇夜で真暗であったから、大野はそれを唯一のたのみにして、右に走り左に避けてどんどんと走ったが、そのうちに銃声も止み、追撃して来る気配もなくなったので、ほっと一息したものの敵情報告の大任務を負っているから、一刻も早く所属部隊へ帰らなくてはならぬ。大野はまたどんどんと駆けだしたが、往っても往っても所属部隊が見つからない。

大野はそこで足を止めて闇の中を注意した。大野は幾多の経験によって方角の見当位はつくのであったが、あまり盲滅法に走ったせいか、どうしても見当がつかなかった。万策尽きた大野は、運を天に委せることにして、現在足の向いている方角へそのまま往ったが、敵陣地に迷いこんでは大変だから用心しなくてはならぬ。彼は前後に用心しながら疲れて棒のようになった足を曳きずって歩いた。

大野の頭はわくわくして気もちが上ずっていた。従って大野の眼はぼうとなっていた。

そのぼうとなっている大野の眼に、小さな火の光がちらちらと見えた。それは遥か彼方にある提灯の火のような光であった。

（おや、人家か）

大野はその正体を見きわめようとした。火は小高い森の中のように思われるが、距離がよほど距（へだた）っているのではっきりしなかった。

（鬼火（ひとだま）か）

大野は一心になって見つめていた。と、その火は飛んで来たように直（す）ぐ眼の前の丘の上になった樹木の枝にぶらりとかかって、その枝葉をはっきりと見せた。それは提灯の火であったが、それには丸に大の字の定紋が附いていた。大野の家の定紋も丸に大の字であった。

（おや）

眼をやるとすこし古びた鉢にも紙にも見覚えがあった。

（自家の提灯だ）

大野は夢が醒めたようになった。大野はその提灯に向って丘を走りあがった。あがってその下へ往ったところで、提灯の火はふっと消えたが、それと同時に周囲に人のうごめきを感じた。それは所属部隊であった。

大野はその奇蹟を郷里の親許（おやもと）へ云ってやった。すると父親から返事が来たが、それによると彼が出征以来、一家挙（こぞ）って皇軍の勝利と息子の安全を祈願しているが、母親はそればかりでは気がすまず、村の鎮守へ願をかけて、丑満参詣をはじめ、毎晩のように半里ばかりある鎮守の森へ往って、提灯を社頭の樹木の枝に懸け、その明りで水垢離をとって祈願を怠らなかったが、ちょうどその夜は三七二十一日の満願の日であった。そして、社頭の樹木の枝へ懸けた提灯は、丸に大の字の定紋の附いたものであった。（富田嶺風氏談）

中屋少佐

高知県長岡郡三里村、その三里村の種崎に中屋と云う陸軍少佐があって、筆者は親しくはないが、郷党の先輩として尊敬している。

この中屋少佐は、日露戦役に遭遇しているが、某夜将校斥候に往ったところで、暗くはあるし方角が判らないで、ひどく困ったものの任務は重くかつ大きい。何の糞と勇を鼓して進んでいるうちに、乗っていた馬がぴたりと止まった。少佐はどうしたのかと思って前の方を見た。と、その時ぽっかり提灯の火が見えた。一人の媼さんが提灯を点けて馬の前を横ぎって往くところであった。少佐はその辺の支那人がどこかへ往ってるのだろうと思いながら、一鞭くれて前へ往こうとしたが、馬は後退してどうしても進まない。

その時少佐の一行は、良い場所を見つけて一睡りすることにしていたので、そこへ寝て翌朝になってみると、一行の前には断崖絶壁があって、その縁に少佐の乗馬の蹄痕があったが、それは墜落を支えるために努力したような蹄痕であった。

巣籠（すごもり）の鶴

明治三十七年五月、露西亜（ロシア）膺懲（ようちょう）の師が起って間もない時の事、兵庫県出石（いずし）郡室埴（むろはに）村桜尾の国有林で巣籠（すごもり）の鶴を発見したので、これこそ皇軍全勝の奇瑞だと云って、観覧する者が多く、出石町の某は、その奇瑞を天覧に供するために、その実景を撮影して十二葉の写真を作り、服部兵庫県知事を経て、田中宮相の許（もと）まで差し出した。

その写真はそれぞれ日を措いて撮影したものであるから状態が多様であったが、その中に四方に連なった峰巒（ほうらん）を背景にして、さながら仙境のような処に一株の松の大木があり、それに四羽の雛をはぐくんでいる母鶴のいる物もあった。

戦死者の凱旋

この話は長谷川伸君から聞いた話であるが、長谷川君は日露役の際、即ち明治三十七年の暮に、補充兵として国府台の野砲連隊へ入営した。その時長谷川君のいた第六中隊には、中隊長代理として畑俊六将軍がいた。

長谷川君はその野砲連隊に入営中、不思議な事を経験した。それは昔から良く云う草木も眠る丑満時（うしみつ）で、午前の二時頃の事であったが、衛兵勤務に服していると、兵営から三四町離れた根本の辺（あたり）に、突然ドッ、ドッ、ドッと云うような微（かす）かではあるが数多（あまた）な靴音が起って、それが兵営の方へ向って近づいて来た。耳を澄ましていると、靴音は段だん高くなって、衛門の前へ来たが、そこになると靴音は一段と高くドッ、ドッ、ドッと歩調を取るようにして営庭へ入って往くのであるが、無論何も見えない。そして、連隊本部のちょっと手前になった、朝夕喇叭（ラッパ）を吹く辺まで往くと、不意に消えたような森となってしまい、兵営は何事もなかったように元の静けさにかえるのであった。

そのうちにその跫音（あしおと）は戦死した勇士の霊が懐しの原隊へ帰って来るのだと云う事がわかった。しかし、その靴音の聞えるのは控兵と不寝番の者ばかりで、同じ衛兵でも衛門や火薬庫を守っている者には全然聞えなかった。そしてその靴音を聞いた者は、互いに眼と眼を見あわしながら、

「来るぞ、来るぞ」

と云いあったが、それは出動の命令が来ると云う事であった。その跫音が聞えて二三日するときっと武器庫から被服が運び出されて、それを着て新しい補充兵が出征するのであった。長谷川君はそれについて、

「二三日すると戦死の知らせとともに、新しい補充兵が出かけて往くから妙です、今でもはっきりその跫音が耳に残っております」

と云った。

佐倉連隊の怪異

昭和八年の九月比のように思われるが、佐倉連隊へ入営していた松島吉雄君の談話として伝えられるところによると、その九月の暴風雨のあった日に、連隊では習志野方面へ野営に出かけたので、各中隊には勤務当番と十名ばかりの看護卒班が残っていた。暴風雨の翌日になって、不寝当番の兵士の一人は、生なましい不鬼魅な話をした。それは、

「昨夜一時比、彼の風の最中に、白い法衣を着た坊主が、衛生司令部の方から来て、本丸の林の中へ消えて往った」

と云うのであった。兵営に怪談は附き物で、その連隊でも本丸の大松に白い首がかかるとか、井戸の中から血のような煙が出ていたとか云う話があったが、兵営が空っぽになっている際であるから皆が顔を見あわした。すると歩哨に立ったと云う上等兵の一人が、

「おれも火薬庫の傍で、白い衣服を着た奴を見つけたから、だれだと云って怒鳴りつけると、どこかへ往ってしまったよ」

と云ったので、ますます皆が鬼魅をわるがった。そんな事があってから数日して、そ

れは二十一日の夜であった。松島君はその連隊附属の衛戍病院の屍室の不寝番に立った。この屍室の不寝番は皆がもっとも厭がるものであった。

松島君は一張の提灯をたよりにして、びくびくもので立っていると、一時過ぎになって、突然落葉を踏みしめるような音が起って、それが段だんと近づいて来た。松島君は冷水でも浴びせられたようにぞっとした。しかし、松島君はそれを耐えて、提灯をあげて透してみたが、別に何も見えないので、今度は屍室の内の方を覗いてみた。と、屍室の窓の外側に、蒼白な顔のしかも白衣の人影がはっきりと見えた。はっと思って見なおしたところで、ちらちら動く蠟燭の火を受けて自分の影法師が屍室一ぱいに躍り狂っているように見えた。

松島君はわっと叫んで逃げようとしたが、逃げる事は軍律が許さなかった。松島君は銃にしがみつくようにして、

「だれだッ」

と云って誰何した。同時に怪奇な自分の姿は消えて、かの白衣は本丸寄りの暗の中へ消えて往った。怪奇な自分の姿は、蠟燭の光源と霧の作用によって起るブロッケンの幽霊であったとしても、白衣の姿は説明ができないのであった。

弾薬庫の歩哨

金丸ケ原は陸軍の演習地として知られていた。その金丸ケ原の南端には、将卒の宿泊する立派な廠舎が建っているが、その廠舎の裏手に弾薬庫があって、時とすると悲しそうに女のすすり泣く声が聞えると云うので、初年兵たちは弾薬庫の歩哨に立つのを厭がった。

某夜(あるよ)、その鬼魅(きみ)の悪い噂を聞いている初年兵が、初めてその因縁つきの歩哨に立った。初年兵はそこの歩哨に立つのが厭でたまらないので、立つそうそうから交代の時間の来るのを待ちかねた。そのうちに夜が更けて木の葉を鳴らす風の音にも物凄さが加わって来た。初年兵は風の音に耳をやった。と、風の音に交って女の泣き声のような物が聞えて来た。初年兵はぎくりとして銃剣を取り直した。その瞬間、初年兵の耳にがさがさと云う落葉を踏んで来るような跫音(あしおと)が聞えて来た。初年兵はそれでは交代が来たのかと思った。初年兵は嬉しいので声をかけようとして前を見た。そこには壮(わか)い女が立っていたが、暗い晩であるにもかかわらず、胸のあたりがはっきり見えて、真赤な血のような物の附いているのが見えた。

「だれだ」

初年兵は夢中になって銃剣を揮(ふ)り廻した。揮りまわしているところへ交代兵が来た。

「おい、君、どうしたのだ、あぶないじゃないか」

初年兵はやっと気が注いて廠舎の方へ引きあげて往った。翌日になって後から交代した兵士は、銃を揮りまわしていた初年兵に話したが、その兵士もやはりその初年兵と同じような物を見ていた。

胸のあたりを血に染めた怪しい女の噂は、その日のうちに全連隊に伝わった。連隊の方でもそのままにしておけないので、その班の上等兵をして取り調べさした。取り調べた結果、二人の答は噂のとおりであった。そこで上等兵は何か由来する事はないかと思って調べてみたところで、次のような事件のあった事が判明した。

それは明治四十年の秋のことであった。その比は金丸ケ原が陸軍の演習地になって、間が無い時のことであったし、日露戦争直後の軍人の持てた時であったから、若い男の軍服姿には村の娘の眼が集まった。○○連隊の兵士某と村の娘の某とがいつしか恋を語るようになった。ちょうどその夜は、その兵士が弾薬庫の歩哨に当ったので、その時を利用してその娘と会う約束をしたが、娘が時間までに来なかったので、その兵士はしかたなしに後の兵士と交代して引きあげて往った。

新たに歩哨に立った兵士は、ともすれば襲いかかる睡魔を追い払うように、銃を持ち直してみたりその附近を歩いたりしていたところで、林の方でがさがさと云う跫音がしてだれか来たような気配がした。兵士はだれが来たろうと思って月の光に透して見た。と、そこに壮い女が立っていて白い歯をちらと見せて笑った。兵士は狐か狸ではないかと思った。どう考えても深夜に妙齢の女がこんな淋しい地点へ近づいて来るはずがないのであった。

「だれだ、どこへ往く」

兵士は銃剣を擬して誰何したが、女はそれに答えないで身軽に兵士の方へ近づいて来た。

「だれだ、止れ」

女は兵士の突き出している銃剣を見ながらかまわずに近づいて来た。

「返事をせぬと突くぞ」

兵士は真剣だったが女は笑顔をしていた。兵士は三度目の誰何にも女が返事をしなかったので、とうとう銃剣を閃かした。女は悲鳴をあげて倒れた。

兵士は直ぐ廠舎へ引返してその事を報告した。廠舎は大騒ぎになった。女は彼の前に歩哨に立っていた兵士に逢いに来ていたものであった。

弾薬庫附近の怪異はそれがためだと云う事になった。

鶴見大佐の怪異譚

熱河攻略の前、古賀連隊が錦西城外で匪賊の襲撃を受けて全滅した時、連隊本部となっていた錦州城内の某民家に〇〇連隊長の鶴見大佐を訪問した岩崎栄君が、同大佐から聞いた怪談である。

　鶴見大佐の部下に石野中尉という才気縦横の壮い将校があった。これが古賀連隊の輜重監視隊として、一箇小隊をつれて錦西へ従軍したのであったが、古賀連隊長最期の日に、同じく名誉の戦死を遂げた。

　鶴見大佐はその石野中尉の戦死の報告を受けて、悲憤しているところへ、佩剣をがちゃがちゃさせて一人の壮い将校が入って来た。

　それはやはり大佐の部下で、石野中尉の親友の福田と云う中尉であった。福田中尉は、思い迫った表情で、是非石野の弔い合戦に自分をつれてってくれと歎願した。

「連隊長殿、私は、昨晩、石野に逢いました、決して夢ではありません、昨晩私が寝ておりますと、石野が蒼い顔をして私の傍へ来て、おい福田、今帰ったよ、と云って私の手を握りますから、おお石野か、よく帰って来たな、と私が抱きつこうとすると、ふっと消えていなくなりました、それですから、どうか私をつれてってください、石野が私を待っているだろうと思います」

　と云った。そこで大佐は、福田中尉を伴れて往く事にした。岩崎君が大佐を訪問したのはその時であった。大佐は石野中尉の話をした後で、

「しかし戦場で友人の亡霊に逢うということは、確かにあるよ、戦場の怪、不思議なことだが、確かにあり得ることなのだ、俺もその経験を持っとるのだ。怪奇にもまた悲しき夢物語さ」

　と云いさして、傍にいる部下を呼んで、

「まあ、みんなそこへかけろ、俺は昔からこういう夢を見た、夢と云ったって、俺のは寝ぼけた夢じゃない、真昼間の活きた夢だよ、所謂白昼夢というやつさ、

　日露戦争のとき、俺は旅順で戦に参加したがね、多くの上官や、部下が毎日ばたばた斃れて往ったものだった、

某日、何だよ、二百三高地攻撃の行軍をやっていると、向うから馬に乗って、自分の上長官閣下がこっちへ駈けてくる、おや、あの人は二三日前に戦死なすったはずだが、と妙な気になって見つめているうちに、俺の三メートル前あたりまでやって来た、そこで俺は挙手の礼をして、

　閣下、御健在ですか、

と呼びかけたと思え、すると閣下は、じっと俺の顔を見たきりで、表情一つ動かさないで、ふうっと影のように消えてしまったじゃないか、俺は一生に、あんなにぞっとしたことはなかった、

　それからまた水師営の近くで、これは夕方であったが、可愛い俺の下士が前の日の戦争で戦死した、その時俺は、その下士の事を思いだして、何気なく前方を見ると、その下士がどんどん駈けているではないか、俺は、はてな、あいつ生きていたのか、と涙が出るほど嬉しくなって、おうい待て、待たんか、とどなりながら追っかけると、道の向うに楡の林があって、そこから道が右に迂回していた、俺は、どんどん往って、その道

の曲り角まで追って往ったところで、もうどこへ往ったのか影も形もなかった。
某時(あるとき)親友の某が、俺の前を見向きもしないで往き過ぎようとするので、
おい、汝(きさま)、どこへ往くのか、
と云っても、知らん顔で往っちまった、変な奴だな、とその時はいささか癪に障ったが、後で聞くと、ちょうどその時刻に、彼は戦死したと云うじゃないか」

母親に憑(のりうつ)る霊

大正八年二月二十六日、西比利亜(シベリア)出征の田中中佐の一隊は、過激派軍のために包囲せられて、クスラムスコエ附近で全滅したが、悲壮極まるその戦闘で、名誉の戦死を遂げた小島勇次郎と云う軍曹は、大分県大野郡東大野村の出身であった。

その勇士小島勇次郎が戦死してから半ケ月ばかり経ってのこと、その生家では年とった母親が、某夜(あるよ)突然寝床の上に飛び起きて叫んだ。

「起きてくれ、お父さんも、弟も妹も、皆起きてここへ来てくれ、話がある」

それは鋭い男性的な声であった。父親は勇次郎の戦死の通知があって以来、老妻が非常に落胆していたので、ついすると発狂したかも判らない。病気になったとすれば逆らってもいけないと思って、すぐ家内中の者を起してその前へ往った。すると、

「よし、皆来てくれたか、俺は勇次郎だ、俺はお国のために戦死したのだ、それだのに、

お母さんは、毎日毎日、仏壇の前へ来て泣く、俺はそれが何より辛い、だから泣いてもらわないために、戦争の容子を話して聞かせる」

と云って、話しだした。それによると、二月二十五日の朝、田中支隊を乗せた汽車が待避線に着くと、香田小隊が将校斥候になって出発したが、その夜九時頃になって、その将校斥候から報告が来た。で、緊急集合の命令が出た。そこで真暗い中で橇の準備をして出発したが、なかなか寒かった。何と云う村であったかそこで食事をして、夜明けになって出発した。そのうちに、森の中で敵と遭遇して大激戦が開始されたが、敵は大勢味方は無勢、だんだん死傷者が出るので心細くなったが、俺は日本男児だ、後へ退くものかと思って奮闘しているうちに、敵弾が頭部に命中して、その後の事は判らなくなったと云って、態度なり詞なりが全く勇次郎になって、

「だからもう歎いてくれるな、俺はお国の役に立って死んだのだから、きれいに諦めて、それでお父さんもお母さんも、達者で暮してもらいたい、弟や妹は、俺の分まで孝行してくれ」

と云った。それを聞くと父親が、

「お前は、今夜来るくらいなら、死んだ時何故知らせなかった」

と云うと、

「お父さんやお母さんに知らせると、歎くと思ったから、二人の弟にだけ、その晩に知らしてある」

と云った。そこで父親は、次男と三男に尋ねてみると、皆が心配すると思って黙っていた」

「その通りだ、あの晩、私等二人は、兄さんが顔を血だらけにして帰った夢を見たが、
と云うと、

「そうとも、それで皆判ったろう、これだけ理(わけ)を話したから、もう歎いてくれるな」

同時に母親はその場に倒れて昏睡状態に陥り、翌日の午(ひる)過ぎになってやっと正気づいた。で、宵の事を訊いてみたが、何も知らなかった。この話は田中支隊の戦況がまだ内地に達しない時で、その後戦況が判ってみると、すべて勇次郎の霊の云ったとおりであった。

神馬

昭和十二年十二月十三日、皇軍が南京を攻略するとともに、国民政府の密令を受けて、抗日青島(チンタオ)最後の公安局長として、その十七日青島へ入った寥安甫(りようあんぽ)は、部下を督励して邦人経営の紡績会社を始め邦人の権益を破壊したが、その破壊の手は青島神社にも及んで、境内にあった神馬の銅像を打ち倒して真二つにした。

寥の目的は、邦人の権益を破壊するばかりでなく、青島を焦土と化して、日本軍が上陸しても住む家のないようにする事にあった。その翌日になって寥は、邦人所有の競馬

馬をどこからか見つけ出して来て、それに乗って爆破地点を物色しながら、青島神社にさしかかった時、それまで羊のように柔順であった馬が、たちまち気が狂ったように暴れだして、寥を振り落とすなり、そのままどこともなく姿を消して往った。

一方寥は、石のような堅い路面に投げ出されたので、重傷を負って起きあがる事もできなかった。部下は驚いて寥を自動車に乗せ、病院へ伴れて往ったが、途中でその自動車が顚覆したので、寥は重傷の上に重傷を負って絶命した。

寥の部下は寥の怪死を見て顫えあがった。銅像の神馬一つ破壊してさえこれである。青島を焼打ちして社でも焼こうものなら、如何なる神罰があるかも判らないと云って、青島の焦土化を中止したので、青島の被害は邦人の権益破壊に止まって、他はその難を免れる事ができた。それで同地の支那人は、寥の乗っていた馬は、ただの馬でなくて天が青島を救うために、降した天馬であるから、馬廟を造らなくてはならぬと云いだした。

伊勢大廟の護符

正定の攻撃に、神田、猪木の両部隊が猛撃を続けている時、一人の兵士が二丈余の城壁へ縄梯子をかけて、猿の如く攀じ登って往ったが、城壁の上へあがるなり、敵弾に的ってぱったり倒れた。倒れたかと思うと直ぐ跳ね起きて、城内目がけて飛びこんで往った。その兵士は神田部隊に属する南城正成と云う通信手であった。

やがて正定の攻撃が終って身体を調べてみた南城君は、そこに奇蹟を見出して驚いた。城壁の上で受けた敵弾は、右の腹部から千人針の糸と糸の間を縫って、内ポケットの伊勢大神宮の護符を真二つに割り、それから右の袖を貫いて外へ出ていて、かすり傷一つも負っていなかった。

南城君は二十六、神戸市湊東区楠町に住んで、自動車の運転手をしている者であった。その南城君は、昨年七月召集せられると、愛妻の淑子さんを伴(つ)れて伊勢大廟へ参詣して、内宮で護符を戴いたが、その時淑子さんは、予(かね)て用意の千人針を神前で南城君に渡した。それは淑子さんが心を籠めて作った木綿に真綿を詰めた物であった。南城君はそれをその場で腹に巻いて帰り、八月一日出発して、北支に活躍しているところであった。

神符と銀貨

砲兵一等兵入交春喜(いりまじりはるき)君は、高知県香美(かみ)郡明治村字原の出身である。膂力(りょりょく)がすぐれているところから相撲が好きで、土佐相撲協会で春日野と名乗っているが、郷里への通信によれば、「敵弾が胸部に命中したが、神の力か五十銭銀貨五枚貫いて六枚目で止まっていた、生きて帰れたら記念に持って帰ります、其の時は神様を拝みましたよ」と書いてあった。同君は香美郡山田の八王子神社の護符と、五十銭銀貨七枚を左のポケットに入れていたとの事であった。

鷹の奇瑞

昭和十三年になって広東を爆撃している我が空軍が、爆撃を終了して颯爽と引き揚げて往くと、その後から鷹の大群が編隊を組んだように悠々と現われて、その後を追って往くのであった。

去る一月十五日の夕暮にも、我が空軍が黄埔港附近を爆撃して、引きあげて往った後から、百余機の大編隊空軍が現われたので、支那軍はまた敵の大空襲とばかり周章狼狽したが、よく見ると鷹の大群であったので、口惜しまぎれに機関銃の一斉射撃をやったが、鷹の大群は悠々として我が空軍の後を追って姿を消して往った。

そこで広東では、日本空軍は伝書鳩の代りに鷹を使用して、地上との連絡を執っていると云うような事を云いだしたが、香港在住の日本人は、神武東征の故事を思いあわして、その鷹の大群は、祖国の神々が我が空軍を守護しているのだと喜びあった。

皇軍を導く瑞鳥

昭和十三年五月十三日の朝八時、永城占領の地上部隊と協力するために、針之宮清二大尉機が澮河に沿うて飛翔し、丹城集附近にさしかかったところで、下の方を一羽の大

きな鳥が地上部隊を導くようにすいすいと飛んでいた。針之宮大尉は不思議に思って、

「なんだ、あれは」

と云って、ぐっと下降してみると、その鳥は絵のような丹頂の鶴で、それが両翼を一ぱいに張って飛んで往く後から、背嚢に日章旗をかざした吾が北進部隊の縦列が続いていた。そして、その鶴は地上部隊が遅れると、その度ごとに大きな輪を描いて待ちあわしながら、先導して北へ北へと飛んで往った。針之宮大尉は、この不思議な瑞祥に思わず襟を正したが、基地に帰って、

「徐州の包囲攻略近き喜びの日、江北の空に描かれたこの光景は、感銘の深いものがあった」

と語った。

鶏の瑞兆

昭和十三年二月二日午前十一時、火砲数門を有する頑強な敵を蹴散らして鳳陽(ほうよう)城占領の一番乗りをした森田豊秋部隊長は、高知県高岡郡浦ノ内村立目(たちめ)の出身で、元の高知市第二中学から士官学校に入り、少尉任官後は、高田、旭川、基隆(キールン)、近衛等の各連隊に在官した典型的武人で、その間しばしば支那に駐在して、民国高官の間に知人もあり、陸軍稀に見る支那通である。

厳父は森田豊和翁で、五人の子供があって、豊秋部隊長はその四男であるが、豊和翁はじめ一家は軍務に服しているので、先年向西元(こうさいもと)十一師団長から表彰された名誉の家庭である。高知新聞の記者が同家を訪うと、豊和翁は欣然として語った。

「旧正月の午後、村の有志や近親の者が来て、屠蘇を汲みながら、出征軍人の話などをしておりますと、どこからか鶏が入って来て、朗かにコケッコーを唄いましたから、何かの瑞兆じゃないかと皆で云いあいましたが、あの時が四男が入城を完了した時であったと思います」

死せる勇士の戦車操縦

昭和十二年九月、楊行鎮攻略後、呉家宅附近の戦闘で、敵陣間近に進撃した岡林准尉の指揮する戦車隊は、阿修羅の如く荒れまわって、敵の野砲陣地を打(ぶ)っ潰して、三百五十メートル手前の味方の陣地へ悠々と引きあげて来た。

その日岡林准尉の乗っていた戦車は、藤野清人上等兵が操縦して、甲斐大作一等兵が砲撃していたが、甲斐一等兵が重傷を負ったので、その後は岡林准尉と岡村一等兵が代って砲撃していた。そして、味方陣地へ帰りついてみると、藤野上等兵もとうに戦死して、戦車のハンドルを握ったまま操縦席を離れずに冷たくなっていた。そのエンジンを見ると、戦車のエンジンも止っていて、かけてもかけてもかからなかった。エンジンが止って

いる上に、操縦者が戦死していて、どうして戦車がそこまで動いて来たのか、藤田部隊長以下一同は、

「これは死んだ藤野の霊が操縦して来たのだ」

と云って、だれもそれを疑う者がなかった。

奇蹟の生還

昭和十二年十一月、南京攻略の際、仙鶴門の敵の大部隊の真ただ中へ突撃を敢行した星部隊は、周章狼狽して手榴弾、チェッコ機銃、小銃の雨をふらせる敵を蹴散らして前進したが、その時奥村良平曹長は、腰部に盲管銃創を受けてもひるまず、匍って前進を続けているうちに、道路の横からピストルを持って飛びだして来た敵兵の手を引摑んで斬り倒し、自分もそのまま動けなくなったところを病院へ送られ、傷が癒えて退院して、はじめて軍服を脱ぎ、ゲートルを解いたところで、十二発敵弾を受けている事が判った。

それは一発はズボンの腰部、一発は膝を掠め、皮脚絆には二箇の手榴弾の創痕があり、一発は拳銃に当って拳銃が壊れ、それから肩に一発、左腕に一発、鉄帽に二発の弾痕、残る一発は、危く首筋の襟を掠めていた。星部隊ではたちまち評判になった。

「全く奇蹟だ、あれだけの弾痕があって、腰部の盲管だけで助かるなんて、全く神祐だ」

その奥村曹長は、名古屋市千種区若竹町の奥村穎君の実弟で昭和五年入隊、現役志願兵で独身の青年士官であった。名古屋新聞の記者が実兄穎君を訪えば、

「一度戦死したと云う事でしたから、もすこし生かしておいて、お国のためにはたらかしたかったと思っておりましたが、幸い負傷で、再び第一線へ出ると手紙がありました、詳しいことは何も書いてよこしませんでしたが、あれは運の良い奴で、満洲に出征した時も、戦友が、多く戦死したのに無事でした、こんな奇蹟も神様が、もっともっとお国のために尽くすようにと護ってくだされたのでしょう、戦死しても恥かしくないように、大いに働いてくれるように祈っております」

と云った。

身代八幡宮

長野県小県郡塩尻村では、昭和十二年八月十六日、同村大字秋和の村社豊秋霧野神社で、支那事変皇軍将士武運長久の祈願祭を執行した。

同神社の祭神は八幡宮で、身代八幡と云って地方民の信仰の厚い社であった。ところで祈願の式典が終るや否や、どこからともなく一群の鳩が飛んで来た。参列していた村民は、不思議な瑞祥として空を仰いで鳩を見ていると、たちまち轟然たる大音響が起って、同神社御本殿の背後にあった松の大木が地上一丈位の所から折れて、本殿と拝殿の

間に倒れた。

それは高さ八十五尺、胴廻七尺、樹齢三百余年と推定せられる神木であった。村民は驚愕して直ちに現場を調査したが、神木には全然空虚（うつろ）がなく、それに風もなく、またその附近に何等の異状もなかった。殊（こと）に倒木がすこしも建物を損傷していない上に、樹頭が支那の方角を指しているので、村民は八幡宮御祖霊の感応あらせられた証拠であるとして、神社総代が協議の結果、その神木で弾丸除けの御護符を謹製して、まず村内の出征軍人に送るとともに、参詣者にも授与して皇軍の安泰を祈願する事となった。

身代りになった母の写真

昭和十二年九月九日、上海戦線の病院では、その日の払暁に行われた軍工路上の大激戦で、腹部に盲管銃創を受けた石井部隊の森内銀次上等兵を収容して、熊谷軍医大尉が治療すべく脱服さしたところで、胸のポケットが銃弾で裂けているので、驚いて中を調べてみると、敵のダムダム弾がポケットの内へ入れてあった写真に附着（くっつ）いたようになっていた。それは森内上等兵が出征以来、肌身放さず持っていた母親の写真で、それで弾丸の止まっていたところはその胸元であった。

母親の写真が我が児の身代りになった奇蹟を見て、熊谷軍医は元より、そこにいた他の軍医も看護婦も、また収容せられている将士も、顔を見あわして驚きあうとともに、今更のように皇軍擁護の神明の加護と親の慈愛に頭がさがった事と思われる。

森内上等兵は同盟通信の松尾記者に、ダムダム弾に瘍つけられた母の写真を見せて、両親の慈愛について話した。

「私の母は、私が出征する時に、お国の為につくして立派に死ねと激励してくれましたが、母もそうでありますが、父も私を非常に愛してくれました、母は奈久、父は熊吉と云いますが、その父は本年六月十三日死にました、その時も私は重病で、医師の手の下しようがない程でしたが、父が急病で死にますと、私の病気がけろりと癒りましたので、その時も近所の者から、お父さんが身代りになってくれたと云われましたが、今度も母が身代りになってくれたでしょう、これを思いますと、親にこれと云う孝行をしてない事が恥かしくてなりません」

森内上等兵は静岡県の出身である。森内上等兵を治療した熊谷軍医大尉は語った。

「私は軍医になって既に六年になりますが、その間様々な事件にも遭遇しましたが、僅か紙一枚の写真がダムダム弾を喰い止めると云うような事に、打つかったのは初めてですが、奇蹟と云うのはこんな事を云うのでしょう、普通の常識では考えられない事です」

陰膳の茶碗

飯塚部隊の歩兵伍長相宮和三郎君の許へ、二月二十日の朝、夫人房子さんから、「先月八日に陰膳(かげぜん)につけてあった貴郎(あなた)のお茶碗が二つに割れました、その時の驚きましたこと、もしかと思うとその心配は一通りではありませんでした、三度三度の御飯を差し上げるお茶碗なので不吉に思われて、あの当時不安な気がして無事なお便りを神に願いながら、どんなにお待ちしたか知れません、やっと今日お便りに接し、丁度その時あなたが危険な場所にお出での時だったことがわかり、なんだかお茶碗が身替りになったように思われます」との手紙が届いたが、相宮伍長は丁度茶碗のかけた十一月八日午後八時ごろには、戦友数名と蘇州河の敵前渡河を敢行、敵前五十米の最前線に突進した際、突如敵大部隊の夜襲を受けて包囲せられ、弾丸も射ちつくして全滅にひんしたので、単身弾丸雨下の中を這って後退し、九日の未明に危急を友軍に知らせる事が出来た。

飯塚部隊では相宮伍長の茶碗の身替りの話が有名になった。その相宮君の家は、神田区仲町の真鍮問屋で、家は母堂、夫人、五歳と三歳の愛児、店員四人、女中一人の家族である。東京日日の記者が同家について真偽をたしかめると、

「実は先月八日の朝、朝食がすんだ後でした、家の宏一が転びましたが、その途端、主人の陰膳に使っていた茶碗が、勝手元の棚から突然落ちて割れましたので、心配していましたが、主人から便りがありまして、十一月の八九十の三日間は、激戦であったが、無事に突破することが出来たと云ってまいりました、便りによりますと、ちょうどこっちで茶碗が割れた同時刻に、戦地でも主人の持っていた茶碗も割れたらしいのです、全く不思議です」

と房子さんは語った。

夢に凱旋

昭和十二年十月十二日、趙州城の攻略の時、津田部隊の上等兵寺島徳蔵君は名誉の戦死を遂げた。寺島君は東京市淀橋区諏訪町の八百屋さんで、近所でも評判の律義者。現役当時は銃剣術の名手だった。留守を守る妻女初美さんは、妊娠五ケ月の身重で、長男靖雄ちゃんを抱え、徳蔵君の妹美喜野さんを対手（あいて）に家業を営んでいるが、二十四日東京朝日の記者が同家を訪うと、初美さんは、

「一週間程前に、激戦したが傷一つ負わずに頑張っているぞと云ってまいりました、今日も子供に添乳しながらうとうとしていますと、無事に凱旋して来た夢を見ましたが」

と云って顔を伏せた。

戦死を知らせに来る良夫（おっと）

上海戦線中の歴史的大激戦であった呉淞（ウースン）クリークの渡河に、福井部隊が敵前渡河を敢行した十月六日の午後、江家宅に進出した部隊は、軽架橋を前に敵の猛射にたじろいでいた時、武者ぶるいして橋の上に躍り出た兵があった。その兵は飛ケ谷信四郎上等兵で

あった。部隊はそれに励まされて渡河を完了したが、飛ケ谷上等兵はそのまま敵の掩蓋銃座に向って突進して、壮烈な戦死を遂げた。飛ケ谷上等兵のその壮烈な最期は、小白隊長によって東京市大森区調布千鳥町の留守宅へ報ぜられた。妻女の志津子さんはそれに対して、小白部隊長に礼状を出したが、手紙の結末に、「ますらをの最期の華は九段坂君の万歳夫は護らむ」と云う和歌を添えてあった。

志津子さんは麹町日本女子商業出身で、学校時代から白蓮女史の歌を愛好していた。信四郎君と結婚したのは七年前であったが、子供はなかった。家はブリキ職。その二十九日、東京朝日の記者が志津子さんを訪（おとな）うと、

「良人（おっと）は高等小学しか出ていませんでしたが、読書の好きな、温和しい優しい人でした、六日の晩、良人が枕頭へ来て、莞爾（にこ）にこしながら、俺も名誉の戦死をしたよと云いましたから、私もその笑顔につりこまれて笑顔をしましたが、私に知らせに来てくれたものであります」

と夢枕に立った良人の事を話して泣いた。

煙草の好きな兄

助川部隊の森脇熊一と森脇善一の二人は兄弟であった。二人は出征して天津で閃（ちら）と顔を合せたきりで逢わなかったが、東馬村附近の戦いの前夜、弟の善一君は、夢ともなく

現ともなく、兄の熊一君が負傷姿で来てすうっと傍を通るのを見た。善一君はさては兄が戦死したのではないかと心配したが、朝になって前進していると、傍へ来た味方の一隊の中に兄がいたので安心した。善一君は兄は煙草が好きだから、逢ったらやろうと思って、配給せられた煙草を背嚢へためこんでいたので、早速渡そうと思ったが、その暇がなかったので、声をかけあったままで別れてしまった。

ところで、その日の戦闘で熊一君は戦死した。善一君はそれに背嚢の煙草を供えて焼香しながら法雷師に云った。熊一君の墓標は、本派本願寺派南部法雷師によって建てられた。善一君はそれに背嚢の煙草を供えて焼香しながら法雷師に云った。

「兄は私を守ってくれています、私は兄の分と合せて二人分きっとはたらきます、兄さん、見ていてください」

乃木将軍の愛馬

日露の戦争の時、乃木希典将軍と、露将ステッセルが水師営に会見して、旅順開城のことを議した時、ステッセルが水師営の棗の木の下で、乃木将軍に贈った愛馬は、なかなかの逸物で毛並が真白であった。

その馬は乃木将軍が歿くなると、島根県選出の某代議士の許に引きとられていたが、昭和五年になってその馬は死んでしまった。ところで昭和七年になって、それをひきとっていた代議士も歿くなったが、その代議士の葬送の写真を撮って現像したところで、葬列の中に交って彼の白い馬の姿が鮮かに映っていたので、それを見た人びとは奇異の思いをした。

柳原家の偶人

柳原燁子さんの実家の柳原家には、家宝として伝わっている偶人がある。それは二つか三つ位の男の子の這い這い偶人で、木の台に泥を塗った古風な物であるが、気品の高い中に可愛らしいところがある。

京の人形師人形屋幸兵衛と云う者の作と云われている偶人で、背に緑丸としてあるので、柳原家では緑さん緑さんと云っているが、他に一つその対になった立体の偶人がある。それは緑さんのお附きの偶人で、五つか六つの稚児髷に結って大小をさした男の子で、それには万吉と云う名があった。

その偶人は後水尾天皇の御代の物で、緑さんの背の文字は、後水尾天皇の御宸筆だとの事で、伝説によると、後水尾天皇が、

「緑丸」

と仰せられると、偶人が莞爾笑ったと云うのである。

それで維新前までは、季節季節に御内儀へ伺候して、その都度時服を賜わったと云わ

れている。従って柳原家では、朝夕に御飯を供え、衣服の如きも季節に応じて着せて大事にしたが、何かの時に破損しないように、長櫃や箱の中へ納めると、声を出して泣くので、しまっておくことができなかった。

某時火災が起って柳原家が全焼した事があったが、その時偶人は一族の女官をしていた人の許へ預けられた。すると偶人は、

「柳原へ帰う、柳原へ帰う」

と云って泣いたので、預けておく事もならず、俄造りの仮邸を作って、偶人を引き取って来たが、俄造りの邸の事であるから、室の数も多くない。そこで偶人を置いた室へ阿繁と云う婢が寝ることになった。やがて寝る時刻になって、阿繁が灯を消したところで、室の一方の隅に青い手鞠位の火の玉が現われて、それが蛍の飛ぶように室の中をすいすいと飛びだしたが、そのうちに飛ぶのが止んで、ぽかりと浮んだかと思うと、緑さんの顔が青くぼんやりと見えた。顫えながら見ていた阿繁は、その時、

「わ」

と叫んでその室を飛びだして、皆のいる室へ逃げて往ったが、

「どうしたの、おまえ」

と云って聞いても口が利けなかった。その偶人は顔も手足も真黒に汚れているが、それを拭う事は伝説によって禁ぜられていた。あるときあまり偶人の汚れが酷いので、京の塗師に云いつけて塗りかえさしたところで、翌日になってその塗師が病気でもないの

にぽっくり死んだ。

筑紫の女王と云われた燁子さんが、赤金御殿を出て帰った時、朝夕緑さんを対手(あいて)にして苦悩をまぎらしていたところで、某日(あるひ)日蓮信者が訪問して来て、いろいろの事を話してから、

「貴女が、こうしてお帰りになるのは、何か貴女を引き戻す物があるからですよ、何か思い当る事はありませんか」

と云うので、燁子さんは偶人の事を思い出して、

「別にこれと云って思い当る事もありませんが、ただ当方に昔から伝わっている偶人がありまして」

と云って、緑さんを見せると、その日蓮信者は、

「これだ、これだ、この偶人だ、これが貴女を離したくないからです」

と云った。そこで燁子さんは、宮崎家に往く時、門外不出の偶人を持って往く事ができないので、同形の偶人を求めてそれに緑さんの魂を移してもらって持って往ったと云われている。

天狗の面

某君の家は栃木県那須郡某村、日光の裏山続きの深い山の中であったが、家は代々庄

屋で、領主が鷹狩に来る度にその家で宿泊したと云うから、相当な世家であったのは云うまでもない。

その某君の家に昔から伝わっている天狗の面があったが、それは丈が二尺もある大きな朱塗の面で、鼻は元より高く、眼玉は青くぎょろぎょろ光り、それで白い髯が払子を数多喰っ附けたようになって、どこか普通の物と違ったところがあった。

某君は子供心にそれが怖ろしくてたまらなかった。それで遊びに夢中になって、家へ帰る事を忘れている時など、ひょいとその天狗の面が見えるのだが、面と云うよりは生きた真箇の天狗が傍へ来たように、その青い眼玉がぎょろぎょろ見えるので、平生顫いあがって家へ帰り、それを母親に話すと、

「お前が迷子にならないように、天狗さんが番をしてるから、遅くまで遊んでてはいけないよ」

などと云った。そんな事で某君は、あんな物は早くどこかへ打っちゃっちまえばいいと思っていたが、そのうちに一家が離散するようになって、天狗の面も人手に渡ってしまった。

一家の離散には怪異がまつわっていた。それは某君が七つか八つの時であったが、それまで真面目であった父親が、性格が一変したように朝から酒浸りになり、家業も顧みないのみか、狂人のように暴れまわるので、すっかり土地の信用を無くして、従って家産は傾く一方であった。

　その父親が某日、平生のように酔っぱらって、春の夕陽によろよろした影法師を曳いて帰って来たが、丁度その時、裏手の稲荷の傍で作男が薪を割っていた。父親は斧の音を聞いて作男に眼を注け、

「おい、きさまは薪をさすってるのか、そんな事で割れるか」

　と云いながら、ひょろひょろと作男の傍へ往って、斧を引ったくるように執って薪を割りだした。と、そこへ白い小蛇がちょろちょろと這って来た。それは稲荷の祠の中に棲んでいて、家の者からお稲荷様のお使いだと云われている蛇であった。父親はそれを見るなり、

「野郎」

　と云って斧を振りあげた。白い小蛇の出た事を知って、そこへ来た母親は周章てて止めた。

「そ、それは、お稲荷様のお使いじゃありませんか、罰が当りますよ」

　それを聞くと父親は物凄い顔をした。

「なに、くそ」

　同時に斧が閃いて小蛇の胴は二つになり、刃尖は土に喰いいった。

「あれ、たいへんだ」

　母親は顔を真蒼にして顫えた。そこには作男はじめ二三の家族の者も来ていた。二つになった蛇の胴体はぴんぴんと放ねていたが、不意にそれが見えなくなった。

「おや」

「いなくなった」

「まあ」

父親が白い小蛇を斬ったのは四月の末であったが、家族の者はそれ以来、今に稲荷様の神罰があるか祟りがあるかと思って、戦々兢々としていたが、別に何事もなく、夏が過ぎて秋になったところで、果して怪異が起った。それは家の周囲に植えてあった果樹が皆枯れた事であった。家の者はいよいよ神罰が来たと思った。

そのうちに年が明けた。そしてその年の秋になったところで、他の家は豊作であったが、某君の家だけは収穫が皆無であった。従って一銭の収入もなかったが、父親の放蕩はすこしもやまないうえに、八方塞がりになった父親は、どこともなく姿を隠してしまった。

それがために家はたちまち潰れて、一家は離散し、某君は氏家と云う処にいる親戚の家へ預けられたが、某君はそれによって天狗の恐怖から逃れる事ができた。ところで、十二三の比(ころ)になってまた天狗が現われるようになったが、それは元の自分の家の長廊下の衝当(つきあたり)になった開扉を開けて出て来るのであった。

「これから、また以前のとおり、お前の身を守ってやる、何かあっても心配する事はないぞ」

天狗は月に一回必ず現われたが、某君ももうその時は年も老(と)っていたし、またつまらない夢がはじまったと思って、怖いよりも痴ばかしかった。

やがて某君は十八になった。その時になって某君は麻疹に罹った。年を取っての麻疹の事とて非常に重く、熱が高かったうえに、季節が盛夏の候であったから、某君は昼夜なしに苦しみとおした。

その時であった。日中にかの天狗が大勢の小天狗を伴れて来た。そして彼の天狗は、某君の枕頭に坐り、他の小天狗たちは、某君の蒲団をめぐって坐った。そこで某君はまた夢でないかと思って、眼をぱっちりと開けて見たが、それは夢でなくて確かに現実であった。その時彼の天狗に注意すると、絵に描いた天狗のように広口の長袖を着て、頭に兜巾を戴き、手に羽団扇を持っていた。小天狗たちも大小の相違はあれ、皆同じような恰好をしていた。

「えらい熱じゃ、とにかく、熱をさましてやろう」

と云って、彼の天狗が羽団扇で煽ぎはじめると、小天狗たちもそれに続いて煽ぎだしたが、その風は氷よりも冷たかった。すると苦しかった某君の気もちがよくなった。と、彼の天狗は羽団扇の手をやめて、

「その方の体には、もう心配な事も起らぬから、以後姿を見せぬぞよ」

と云った瞬間、彼の天狗も小天狗も消えてしまった。某君の病気はその後一週間もたたないうちに全快した。

虎杖採り

閨秀画家の伊藤美代乃女史は、秋田の出身であるが、その女史が小さい時、それは晩春の事であった。某日隣の友達と裏の田圃へ出て、虎杖を採って遊んでいると、どこからともなく六十位の優しそうな老人が来て、

「わしにもおくれ」

と云うので、採っていた虎杖を二つ三つやると、老人は皮も除らないでぺろりと喫ってしまって、また手を出して、

「もうすこし、おくれよ」

と云った。そこでまた二つ三つやると、またぺろりと喫ってしまって、直ぐまた手を出すので、子供たちはありったけの虎杖をやったが、老人はいくら喫っても喫いたりないと云うように喫って、

「わしは、虎杖が好きで好きでたまらない、どっさりある処へ伴れてっておくれ」

と云った。子供たちは舌切雀のお爺さんのような人の良さそうな老人に、すっかり懐いているので、

「杉林の方へ往くとあるわよ」

と云って、老人を伴れて汽車の線路づたいに往った。往っていると小溝が流れていた。

子供だけは平生その小溝を飛び越えているので、老人と同時に飛び越えようとすると、老人は畝へべったりと坐りこんで、

「こんな大きな川は、わしには飛べない」

と云った。子供たちは老人の云う事があまりおおげさであるから、おかしくてたまらなかった。

「飛べないなんてお爺さんは弱虫ねえ、こんなとこ、何でもない事よ」

と云って、皆で老人の手を曳いたり腰を押したりして、その溝を越して前方の杉林へ往ったが、そこには虎杖が一面に生えていた。老人は酷く喜んで、いきなり五六本ぽきぽきと折って喫い、それから懐から蟇口を出して二十銭銀貨を摑みだして、

「さあ、褒美にあげるよ」

と云って、皆に一枚ずつくれた。そして、蟇口をしまいこむなり、そこへ這いつくばって虎杖を喫いだした。子供たちは老人が夢中になって虎杖を喫う容が面白いので老人の傍に立って見ていた。

その時はもう夕方で、鴉の啼き声が聞え、附近が灰色になって来た。子供たちは不安になった。

「帰ろうよ」

「お母さんに叱られるわ」

そこで子供たちが帰ろうとすると、それまで子供たちの事は忘れたようにして虎杖を

喫っていた老人が、不意に顔をあげて、

「わしの家は、どこだよ」

と云った。老人が変な事を云ったので、子供たちは老人が怖くなった。子供たちは後退しながら逃げようとした。すると老人は子供たちの方へ指をさして、

「きつね、きつね、きつね」

と云って体を起すなり、べたんと坐って何かに恐れるように、

「触るな、触るな、触るな」

と顫え声で早口に云ったが、やがて両掌をあわせて子供たちの方を拝んで、

「頼む、頼む、このとおり頼む、頼む」

と云うので、子供たちは意味は判らないが逃げる事もできないので、遠くから老人の方を見ているうちに、子供の一人が、

「きつねだア」

と云って逃げだしたので、他の子供たちも口ぐちに狐々と叫びながら逃げて帰った。

子供たちの奇怪な話を聞いて、好奇な村の者が杉林の方へ往ってみた。杉林の出口の田圃の中に、彼の老人が素裸になって倒れていた。村の者は傍へ往って、

「おい、どうしたのだ、おい」

と云って声をかけると、死んだようになっていた老人は、機械仕掛の偶人のようにぴょこんと跳び起きるなり、犬か何かの走るように逃げだした。

「おかしな奴だな」

「なんだ、あれは」

村の者は老人の正体を突きとめようと思って追っかけたが、別に悪いこともしていないから、悪人を追っかけるように追っかけることもできない。そこで足をゆるめると、老人も足をゆるめて、後の方を顧眄(ふりかえ)ってきょときょととしたが、その態(さま)が如何にも人間らしくないので、また追っかけた。追っかけると、また逃げだしたが、足をゆるめると、また足をゆるめて顧眄(ふりかえ)ったが、そのうちに一本杉の方面へ姿を消して往った。一本杉は昔から、狐が出ると云われているところであった。

京都大学の祟地蔵

大正八年京都大学では、動植物学の教室を建設するために、百万遍知恩寺の東方白川街道に沿うた土地を購入して、地均(じなら)し工事をやったところで、地の中から石地蔵が数多(あまた)出て来た。地均しに従事していた土方たちは、

「石地蔵では、石垣にもならず、漬物の押しにしては、勿体ない、こないな物は、棄て場にも困る」

と云って構内の隅へ投げだし、やがてその石地蔵に腰をかけて、暢気(のんき)そうに午(ひる)の弁当を喫(く)う者もあれば、

「石地蔵やないか、こないな物が、何で勿体ない」

と云いながら容赦なく小便をしかける者もあって、曾て（かつ）は地蔵菩薩として尊崇の的となっていた事もあったと思われる石地蔵も、土方たちの前には何の威光もなかった。ところで、土方たちが石地蔵を凌辱し初めてから間もなく、工事請負人の小島某が容態の判らない急病でころりと死んでしまった。するとだれ云うとなく、それは石地蔵の祟りだと云いだしたが、大学の方では、

「石地蔵が祟る、そんな馬鹿なことがあるものか」

と云って一笑に附した。

そのうちに工事はどんどん進捗して、木造ではあるが堂々たる洋館が出来あがった。その時になって、その建築にたずさわっていた大工の棟梁の服部と云うのが死んだ。続いて土方の某が死に、それから大学の建築部長山本治兵衛が死んだ。会計課長の今井と云うのは、その時樺太へ出張していて樺太で死んだ。

「それ見い、こんなにこの建築に関係した人が死ぬのは、みんな地蔵さんの祟りだよ」

と云って、工事人足、出入り商人、小使たちは、寄ると触るとその噂で持ちきった。

変な信仰を持っていた出入り商人の一人は、紀伊郡横大路村の稲荷下げの婆さんの家へ駆けつけた。八十あまりになる稲荷下げの婆さんは、神祓（かみはらい）の後で、

「地蔵の祟りじゃ、石地蔵と云っても、あれは元来大日如来じゃ、大学ではお祭りをしないばかりか抛りだして尿（しし）をしかけたりするから、如来さんが大変な御立腹で、まだ六

人まで命を奪ると云うてござる、一日も早くお祭りして、特に水は毎日お供えせんとなりませんぞ、それに古狸がまだ二疋おる、それは一疋は義春、一疋は三九郎と云うから、これもよくお祭りをせぬと怒っとる」

と云った。出入り商人は飛んで帰った。さあ大変だ。まだ六人の命を奪る。命を奪られるのはだれも厭だ。命を奪られるのが厭なら大日如来を祭らなければならぬ。そこで動植物学教室の建設に主力を尽くしていた池田教授に、相談を持ちかけたところで、同教授は鼻端で笑って、

「ほう、そうか、それゃえらいこっちゃが、まさか大学では、ね、君たちで然るべくやったらどうだ」

と対手にならなかった。ところがその池田教授は、僅かに四五日の病気で大学病院で死んでしまった。こうなると迷信だと笑っていられなくなった。そこで小川、川村、郡場、小泉の諸教授が若干寄附し、出入り商人も醵金して、二百余円で構内の東南に二坪程の台場を築き、それに石地蔵を並べ、狸の祠も作って花を飾り、餅や赤飯を供えて、厳そかに祭典を執行し、続いて毎年盆の二十八日に、例祭を行うことになったので、その後は何の事もなくなった。

京大医科が設けられて間もない比の話であるが、まだその比、吉田町は畑地で、百姓が野菜物を作っていた。その吉田町の百姓の一人が、某日医科の構内を覗いてみると、

空地の上へ石地蔵を台もろともに放り出してあるので、いらないものならもらおうかと、人を頼んで家へ運び、石屋に交渉して、それに穴を鑿らして手洗鉢にし、それを便所の口へ据えた。

そのうちに十年近くの歳月が流れたが、その百姓の家は皆死に絶えてしまった。そこで、親類縁者が集まっていろいろ評議した。その時、

「あの地蔵さんを、手洗鉢にしたんやで、一家がこうして死ぬるんやろ、恐ろしいことや、はよ返さんとあかん」

と云うものがあって、石地蔵を医科大学の構内へ運び返した。

医科大学の方では、そのままにして放って置いたところで、だれ云うとなく、石地蔵の附近の草を刈ると祟りがある。掃除夫のだれは病気した。だれは負傷した。といろいろな風説が生れて来た。時の学部長伊藤隼三博士は、石地蔵の附近に草が生え繁って見苦しいので草刈を命じた。掃除夫は困って祟地蔵の由来を話した。伊藤博士はせせら笑って、

「馬鹿なことを云うな、ここをどこだと思う、最高の学府だぞ、大丈夫だ、乃公が保証するから刈っちまえ」

草刈を云いつかった掃除夫は、石地蔵を三拝九拝して、

「云いつけられて、しかたなしにやる事だから、耐えておくれやす」

と云って草刈にかかったが、そのためか掃除夫には何の事もなかったが、伊藤博士の

夫人が俄かに病気になって死んでしまった。

「それみい、伊藤先生が無理に掃除をさしたからだよ」

　こうした噂がぱっと校内に拡がったが、それもやがて消えて学校の方で草原へ石地蔵を捨て置いては困ると云いだした。小使たちは鬼魅が悪いので、石地蔵にお詫びしてから槻の古木の根元へ持って往ったが、槻はいつの間にかその石地蔵を抱きかかえて、その半ばを捲き込んでしまった。その一方、槻の枝の一つが医科の事務室の軒端を覆うて室を暗くした。事務室ではその枝を伐りたいが、伐れば地蔵が祟ると思うので、だれも伐る者がない。学部長始め事務員たちは額を集めて相談の結果、出入りの植木屋の山本と云うのに頼んだ。頼まれて山本は否とは云えなかった。

「それでは私が、生命を的にして、切りましょう」

　山本は七日の間、若王子の滝で水垢離を執って、それで念仏を唱えながら邪魔になる枝を伐り払ったが、何の事もなかった。これは大正十二年の出来事であった。

病夫の身代りになる

　神霊科学研究会員藤本峰太郎氏の令兄は勝太郎氏であった。生れは甲州北都留郡初狩村。二人の父の清左衛門と云うのは、郡長までやった地方の名家であったが、明治二十三年に病死したので、家政の改革をよぎなくされた。

その結果、藤本家は勝太郎の妹に分家させて、分家に老母の扶助を頼み、勝太郎夫妻は上京して、国産品を売買することになり、明治二十五年二月十一日上京して、麹町区飯田町一丁目二番地に家を持った。

その勝太郎の妻女の登宇は、小学校時代の成績が群をぬいていたのみならず、気質もしっかりしていたから、土地でも一目おかれていた。そうした登宇であったから、三人の子女の世話をするかたわら、一切婢僕を使わず、主人の商売の手助けは云うもさらなり、家計の事から炊事裁縫の事まで一身に引き受けて、身を粉に砕いて働いたが、明治二十八年の九月になって、勝太郎が突然脳脊髄症に罹って、一方の手と一方の足が動かなくなったので、登宇は大役がまた一つ殖えたのであった。その時手伝いに来たのが峰太郎の妻女になった弥生で、その時十三であった。その弥生と登宇の一心不乱の看護の効も無く、勝太郎の病勢は日一日と募って、十一月になって医者から絶望の宣告を受けた時には、登宇の失望は非常なものであったが、やがて一大決心をした。

それは十一月二十五日の事であった。登宇は弥生に、これは尋常一様の事では到底癒らないから、この上は神様にお縋りするより他に途がない。私はこれからお願ごめに往くから、病人をよろしく頼むと云って、三女の浜江を抱いて、人力車に乗って高輪の方へ往ったが、往ったきりで、待っても待っても帰って来なかった。弥生はじめ家の者は、夜遅くまで心配していると、ちょうど夜半の十二時比になって、臨終に近い勝太郎の耳にはっきりと登宇の声が聞えて、

「私は貴郎の身代りになって水死しますが、そのかわり貴郎の病気は、夜明け前にすっかり癒りますから、驚かないでいてください」

と云ったが、無論それは病人だけに聞えたもので、弥生は後になって勝太郎からそれを聞いたのであった。

登宇の声が聞えてから約小一時間して殆んど死んでいた勝太郎が、たちまちうウんと云って唸るとともに、

「水を、水を」

と云った。泣きながら勝太郎の枕頭にいた人びとは、慌てて水のあるコップを差しだすと、病人は手を出してそれを受けた。それも不随であった方の手であった。おやあの手が動いたと一同が驚いていると、勝太郎も正気になって、やっぱり不随になっている方の足を屈めたが、これも訳なく屈むのであった。おや足も動くと一同がまた驚いているうちに、勝太郎は床をすべりおりて正座した。弥生を初め枕頭の人びとは、今更ながら鬼魅わるくなって立ち騒ぐのを勝太郎は静かに制して、

「登宇が俺の身代りになったからだ、先刻登宇が来て話をしたから、まちがいはない、とにかく浜辺を探してくれ」

と云った。そこで藤本家では夜の明けるのを待たずに、人を頼んで海岸を探したところで、朝になってその捜索人の一人が高輪署で女の死体を引き執ったと云う事を聞いたので、駆けつけてみると果して登宇であった。死体発見の順序は、その夜十二時過ぎ、

高輪署の巡査が海岸を巡邏していると、子供の啼き声が聞えたので、往ってみると、二十五六の女の死体のかたわらで、頑是ない女の子が啼いているのであった。そこで死体とともに女の子を警察へ引き執って、心あたりを調べていると、品川の宿屋から、一人の女客が小さな女の子を伴(つ)れて、晩飯を喫(く)って出て往ったまま返って来ないと云って品川署へ届け出ていると云う事が判った。

藤本家では登宇の死体を日暮里で荼毘(だび)に付して、郷里の墓地に埋葬した。法名を俊芳院賢室貞操大姉。

勝太郎はその後すっかり健康を恢復したが、事件の三日目から一種の神憑(かみがかり)状態になって登宇の姿を見たり、また時どき登宇から不思議な事を教えられた。

勝太郎はそれから浅草の正覚寺へ日参して、登宇の菩提を弔っていたが、二十年ばかり前に歿(な)くなった。弥生は事件の二年後、峰太郎と結婚した。この話は大正十三年、弥生の話したもので、その時弥生は四十六歳であった。

子供に憑(のりうつ)る霊

一

観相家松井桂陰君の友人に米山と云う紳士がある。米山君は立志伝中の人で、一職工から身を起して家をなした者であるが、事業の関係から洋行して、その帰途秩父丸の一等客に納まっていた。

その時秩父丸の一等船客は、外人ばかりで、外国語の素養のない米山君は、一所になって運動したり話をする事ができないので、その日も一人で食堂へ入って酒を飲んでいた。と、そこへガーネットと云うハワイ生れの青年紳士が入って来た。

そのガーネットは透視が巧くて、封をきってない手紙を読んだり、予言をしたりするので人気を博していた。ところで、その日も談話室へ出てそれをやっていると、アメリカの一婦人が感情を害するような事をした。ガーネットは非常に憤慨して食堂へ来たところであったが、米山君を見るとつかつかとかたわらへ来て、

「君は感じがいいから、身の上を観てやろう」

と云ったが、米山君にはそれが判らないので、ぽかんとしていると、傍にいたコックが、

「貴下の身の上を観てやろうと云ってるのですから、観てもらいなさい、わたしが通訳をしますから」

と云うので、身の上を観てもらったが、その時ガーネットは、どうして自分が透視をするようになったかと云う事を話した。それによるとガーネットは、父親がアメリカ人で、母親がインディアン。年は二十四であった。ガーネットは両親の許で幸福な生活をしていたところで、コレラか何かで両親が突然死んでしまったので、たちまち困ってし

まって、幾日も幾日も室(へや)の中で茫然としていると、某日(あるひ)母親の声が耳元で聞えて、

「おまえは、一週間経ったら、ロスアンゼルスへ往くがいい」

と云った。変だとは思ったが、他にどうする事もできないので、家財道具を売りはらって、ロスアンゼルスへ向って出発したが、方角も何にも判らないので困っていると、そのつど母親の声がするので、それに従って往った。そして、ロスアンゼルス行の汽車に乗ったが、どの駅で降りていいか判らない。すると、また母親の声で、

「この次に、こうした駅がある、そこで降りるがいい」

と云った。そこで次の駅へ降りたが、そこからどこへ往っていいか判らない。待合室へ入って考えていると、また母親の声で、

「これから二三町往くと、乗合自動車がある、それに乗るがいい」

と云った。云われるままにそこへ往って乗合自動車に乗っていると、

「ここで降りて歩くがいい」

と云うので、その詞(ことば)に従って降りて歩いていると、自分の父親の家へ往った。そこには父親の弟がいて、兄の財産を保管していたが、兄が死んだのでそれを自分の所有(もの)にしようと思って、整理をしているところであった。弟は甥が帰って来た事であるから、どうする事もできないで、財産全部をガーネットに渡してくれた。ガーネットはやっと安心してそこにいたところで、突然母親の声で、

「日本へ往くがいい」

と云った。で、秩父丸へ乗ったところであった。そこで米山君は、

「日本へ往って何をするのです」

と云うと、ガーネットは、

「何をするか判らない、母の命令がなければ」

二

米山君は数奇な生れで、母親の事は微(かす)かに知っているが、父親の事は全然知らなかった。そこで米山君は、

「父親が判らないが」

と云うと、ガーネットは、

「君に似た人が、君の傍(そば)にいるが、たぶんそれが君の父親だろう」

と云った。米山君は、

「それでは、父親は何者であったか、判らないだろうか」

と云うと、ガーネットは今に判ると云った。米山君は日本へ帰ってから、まず母親の素性をはっきり知りたくなったので、あっちこっちと調べていると、やっと母親の素性を知っている人に逢った。その人は米山君に、

「君のお母さんは、某料亭の婢(はしため)をしていて、某男(あるおとこ)と関係して君を生んだが、その男は日比谷附近の中学校の創立者だ、その男には、他に四人の男の子があったが、皆日清日露

の両役で戦死した」

と云ったので、米山君は父親の創立したと云う中学校へ往って、四十幾年も会計をやっていると云う老人に逢った。老人は米山君の顔をつくづく見て、

「これは不思議だ、貴下（あなた）はこの学校を創立した大先生に生写しだ」

と云った。そこで米山君は自分の素性を話した。すると老人は、

「ちょうどよい処へ来てくだすった、実は大先生の家に相続する男の子がないので、財団法人組織にでもしようかと、皆で評議していたところですよ」

と云った。米山君は、

「今日は父の事を伺いにまいりましたから、いずれまたそのうちに伺います」

と云って帰って来た。その中学校は今郊外に移転しているが、米山君はその後某行者に観てもらうと、

「貴下にはお父さんがついているが、それは貴下の教育を怠っておったので、申しわけがないと云う意味からで、別に苦にすることはない」

と云われた。

偶人物語（にんぎょう）

古道具屋の大井金五郎は、古道具の入った大きな風呂敷包みを背にして金町の家へ帰

って来た。金五郎は三河島蓮田の古道具屋小林文平の立場へ往って、古い偶形を買って来たところであった。

門口の狭い店にはもう電灯が点いて、女房は穴倉の奥のような座敷で夕飯の準備をしていた。

「帰ったのですか、寒かったでしょう」

「平生だったら、寒いだろうが、今日は寒くねえのだ」

女房は金五郎の活々した顔を見た。

「どうしたの、今日はばかに景気がいいじゃないの、何か掘りだし物でもあったのかい」

「あったとも」風呂敷の結び目を解いて包みを背からおろして、「おい、見ろ」

金五郎は包みの中から三つの古い桐の箱を執りだした。女房も好奇心をそそられたので傍へ寄って来た。金五郎は女房の顔を見てにやりとした。

「おい、妬くな、大変な品物だぞ」

「妬く、何を妬くの」

「見ろ」

金五郎はその一つの蓋を開けた。中には女の偶人の頭が入っていた。それは二十六七に見える女で、髪を勝山髷にして紫の手絡をかけていた。金五郎はその偶人を二十五両で競り落として得意になっているところであった。

「おや、まあ、まるで生きてるようだね、鬼魅が悪いじゃないの」

「だからよ、これで良い正月をしようと云うのだ、どうだ、鬼怒川温泉へでも伴れてってやろうか」

「鬼怒川はいいね」

金五郎はそこで更めて偶人の顔を見た。と、その偶人の眼が動いて淋しそうに笑った。

「わッ」

金五郎は後へ仰けぞったが、直ぐ跳ね起きて外へ走り出た。

「生きてる、生きてる」

その偶人は頭と胴と手足の三つに分けて、箱に入れてあったが、合わせると五尺二三寸の背丈になるのであった。金五郎はその時から狂人のようになって、夜も昼も暴れまわった。

金五郎の女房は、鬼魅の悪い偶人を一刻も早く始末をしたいと思ったが、同儕にはもうその噂が弘まっているので、だれも買おうと云う者がなかった。女房はしかたなしに人を頼んで、荒川へ持って往って流してもらったが、箱は投げこんだ処へ錘を附けたように浮んだままで流れなかった。箱を流しに往った者は、忌いましいので竹竿で突いて流そうとしたが、突いた時はすこし流れるが、直ぐまた元の処へ戻って来た。

もてあました女房は、町屋の火葬場の前にある地蔵院へ往って、理由を話してそこへ封じこめてもらう事にした。地蔵院の住職森徹信は、仔細にその偶人を調べてみた。偶人の箱に古風な筆蹟で小式部と書いてあった。そこで住職は小林文平について調べたところで、これは同じ町屋の林田雪次郎と云う老人の家から出た事が判った。

住職は林田老人の許へ往って偶人の来歴を聞いた。それによると文化年間、吉原の橋本楼に小式部太夫と云う妓がいて、それに三人の武士が深い執着をもって、主家を浪々するもかまわず、通いつめて自分の有にしようとした。小式部はいろいろと考えた結果、自分の生き姿の偶人を三体造らしてそれぞれ送る事にした。

小式部の依頼を受けた人形師は、その翌日から小式部の許へ通って、小式部の顔を見ながら、偶人を作ったが、小式部はその半ば比から病気でもないのに窶れだして、いよいよ完成と云う日になって呼吸を引きとった。そして、その偶人は遺書によって、三人の武士に贈られたが、その一つが林田老人の知りあいの熊本の武士へ往き、それを後に林田老人が譲り受けたものであった。林田老人は熊本の武士が、その偶人の髪を結うてやるところを時どき見たと云った。

狐の嫁入り

望月百合子さんが狐の嫁入りを確かに見たと云う談話筆記があった。それによると望月さんは、山梨県長知沢の生れで、三つか四つの時、秋の彼岸の日、祖母になる人に負われて小室山のお寺へ往ったが、そこは山坂路で、路の左右には粟や稗を作った段だら畑が続いていた。

　その山坂路を登って、中程へ往った時、ふと一方の畑をみると、そこの畑の隅に一疋の白い犬のような獣がいて、それが両足を前へ出して這いつくばっていた。望月さんはすぐそれを狐と思ったので、祖母の肩を叩いて、

「きつね、きつね、おばあさん」

　と云って祖母に知らそうとしたが、獣はその声に驚いたように周章(あわ)てて傍(かたわら)の雑木林の中へ姿を消して往った。

「あれ、おばあさん、逃げた、狐が逃げたよ」

「そうかね、おまえは眼が早いね、わしはよう見なかったよ」

　祖母は望月さんの機嫌を取り取り山坂路を登って往った。頂上が近くなったところで、陽が照っているのに時雨のような雨がばらばらと降って来た。とその時、祖母は何か見つけて、

「あ、狐の嫁入りだ、百合ちゃんや、それ、狐さんのお嫁入りだよ」

　と云って、体を斜めにして望月さんに路の上が見えるようにした。望月さんはそこで眼をやった。長持や箪笥を担いだ輿入れの行列が頂上の方へ向って練り歩いていたが、その行列の中程に、白い裲襠(うちかけ)を着て白い角隠しをした新人(はなよめ)がいたが、みるみるその行列は山の狭間に隠れて往った。その時日照雨(そばえ)もやんで秋の日が華やかに山路を照らしていた。

狐の尻尾

群馬県利根郡東村附近には、昔から奇妙な死に方をする者が多かった。それは夕方まで何事もなかった者が、一夜のうちに死亡するのであるが、その多くが小児で、それで獣の爪にでも引っ搔かれたような痕が顔に出来るとともに泣き叫んで死亡した。たまに泣かずに死亡する者もあったが、村の者はそれを狐の所業だと云い伝えていた。

某時九蔵と云う猟師があって、雉を撃つべく未明に家を出て、高橋金作と云う農家の横手を通って往ったが、まだ外は微暗いので高橋方では寝ていた。九蔵はその時何の気なしに生垣の間から同家を覗くと、同家の納戸の外壁の下に一疋の狐がいて妙な所作をしているのを見た。それは前脚を折って頤を地につけ、大きなその尻尾を壁の方へ向けて、それで壁を叩いているところであった。

九蔵は変な事をするものだと思ったが、狐は別に珍らしくもないので、そのままにして山へ往き、一羽の雉を獲って引返し、高橋の傍まで来たところで、附近の者が事ありそうに同家へ出入りしていた。何事だろうと思って聞いてみると、当歳になる女の子が、例の怪象に罹って家人の知らぬまに死んでいたと云うので、九蔵はその足で高橋家へ見舞いに往って、未明に見た狐の事を話してたので、いよいよ狐の所業だと云う事になっ

た。（高橋金作氏談）

狐火事

新潟県北魚沼郡堀之内と云えば、越後でも最も雪の深い処として知られている。その堀之内村は、今では町制が布かれて立派な町になっているが、まだその頃は山の麓に置き忘れられたように聚落している寒村にすぎなかった。

それは明治五年の三月であった。その堀之内村堀之内の入口に甚右衛門と云う年とった猟師がいた。その甚右衛門が某朝家の外へ出てみると、餌を求めているのであろう一疋の白狐が雪の中で迂路うろしていた。それと見て甚右衛門は家の中へ駈けこむなり、土室の隅に立てかけてあった猟銃を持ちだして、白狐を目がけて撃鉄を引いた。同時に、

「きゃん、きゃん」

と云う悲鳴とともに、白狐が雪の上へ転がった。

「しめた」

甚右衛門は喜んで倒れた狐の傍へ駈け寄った。と、狐はひょいと起きあがって跛を引きながら走りだした。

「この野郎」

甚右衛門は猟銃を揮りかざして追って往ったが、とうとう見失ってしまった。

その夜のことであった。甚右衛門の近くに寒江惟春と云う漢法医が住んでいたが、その婢が何かの用で二階へ往くと、室の隅に真白い犬のような物が蹲まっていた。婢はびっくりして階段を駈けおりた。

「二階に、変な物がいるいる」

惟春は二階へあがって往った。二階の室の隅に白い犬のような物の蹲まっているのが雪明りに見えた。それは白狐であった。

「狐か」

その時狐は何か訴えるように頭をさげた。惟春は不思議に思ってその傍へ寄って往った。狐は何かにおびえるように顫えながら、一方の前肢を投げだしていたが、その前肢には生なましい傷痕があって、そこから血が滲み出ていた。

「うむ、そうか」

そこで惟春は灯を点け、下から治療道具を持って来て傷口を洗い、そして、そのうえに薬をつけてやった。

惟春はその日から狐を一室にかくまって、毎日のように傷を洗ってやった。そして、二週間ばかりも経ったところで、傷はすっかり癒ってしまった。惟春は我が事のように喜んで、

「よくなったぞ、もう大丈夫だ、いつ帰ってもいいが、途中でまた猟師にでも見つかると大変だから、明日の朝早く帰るがいい」

と云った。すると狐は嬉しそうに幾度も頭をさげていたが、その翌朝になってどこともなく往ってしまった。その朝のことであった。助作と云う家の子供が嬰児（あかんぼ）を負って、八幡様の森の近くで遊んでいると、どこからともなく一疋の白狐が雪の上を飛ぶように走って来たので、

「狐じゃ、狐じゃ」

と云って人を呼んだ。その声を聞いて附近の壮佼（わかもの）が枴（おうこ）を持って集まり、驚いて森の中へ逃げこんだ狐を遠まきにして捕え、それを八幡様の向うにあった宮浦の佐七と云う男の家へ持って往って、皆で料理して食ってしまった。

それから二ケ月許（ばか）りしての事であった。かの白狐を見つけた助作の家から火が出て近所両隣を焼いた。それは午前十一時頃であったが、それと同時刻にその狐を食った佐七の家からも火が出てその火は見るみる燃え拡がって宮浦を焼きつくし、更にその隣になった新町を灰にしたが、発火の原因は判らなかった。ただその火が佐七の家の屋根から出たので、助作の家から飛び火したものだろうと云ったが、しかし佐七の家と助作の家は三町あまり距（へだ）たっているうえに、その間に八幡様の森があるので、その森を越して飛び火したとも思われなかった。そのうちにだれ云うとなく、

「あれは狐の祟りじゃ、狐火事じゃ」

と云いだした。今でも堀之内へ往くと、明治五年の狐火事と云って話す者がある。

画家の見た怪異

数年前、町田と云う壮い画家が、越後と越中の国境へ写生に往った時のことであった。町田はその時某山の中で一枚の風景画を画いたが、絵に夢中になっているうちに日が暮れたので、驚いて麓の方へおりてあっちこっち宿を探して歩いたが、どうしても見つからなかった。

町田は途方にくれて、どこでもいいから夜露を凌ぐ処を見つけたいと思って、重い足を曳きずり曳きずり歩いているうちに小さな山寺を見つけた。町田は喜んで山門を入って案内を乞うた。すると五十位の農夫のような男が出て来た。それが住職であった。町田が事情を話すと、住職は、

「こんな貧乏寺で、本堂から他に寝る処もないがね」

と云った。そのばあい町田は贅沢なことを云っていられなかった。

「けっこうですよ、どうかお願いします」

町田は本堂へあがった。そして、持っていたパンを噛っていると、かの住職が一枚の雑巾のような蒲団を持って来てくれたので、早速それを被って横になった。

町田はひどく疲れていたので、すぐ眠ってしまったが、そのうちに庭の方でそうぞうしい物音がしだしたので眼をさました。庭には数人の男が来ていると見えて何か云う声

が聞えていたが、やがて本堂の扉が開いて、数人の男が白い箱のような物を持って入って来て、それを本堂の真中へおろすなり出て往った。

町田はこの夜更けにだれが何を持って来たのだろうと思って、じっとその方へ眼をやった。白い細長い箱が扉の隙から漏れて来る月の光にはっきり見えた。それは棺桶であった。

町田はぞっとした。町田は蒲団を冠って小さくなっていた。と、棺桶の方からめりめりと云う音が聞えて来た。町田は顫えあがった。そして恐る恐る蒲団の間から棺桶の方を見た。経帷子を着けた人間が棺桶の中に衝立っていた。町田は夢中になってまた蒲団を被った。

同時に畳を踏む跫音がして、それがだんだんと町田の方へ近寄って来た。町田は蒲団にしがみつくようにした。その町田の蒲団はすうと捲くられた。町田ははっとして眼を開けた。蒼ざめた女の顔が町田の顔の上にあった。町田は、

「わ」

と叫んだ。同時に捲くられていた蒲団が元のとおりになった。町田は蒲団の中で半ば気を失っていたが、やっと我にかえったところで、本堂の横になった住職の室から激しい物音とともに、鬼魅悪い叫びが聞えて来たが、間もなく静かになって四辺がひっそりした。

町田は一刻も早くそこを逃げだしたいと思ったが、外へ出るのも怕いので、蒲団を被

って顫(ふる)えているうちに夜が明けた。見ると、かの棺桶の蓋が開いて、それが室の中に転がっていた。

　そこで町田は、そこそこに荷物を取り纏めて外へ出ようとしたが、鬼魅悪い叫びの聞えた住職の室も気になるので恐る恐るその室へ往った。

　住職の室には、住職が咽喉(のど)を血に染めて倒れている傍(かたわら)に、これも口元を血みどろにした経帷子の女が横たわっていた。町田はいきなり表へ駈けだした。

　山門を出ようとしたところで、外から入って来た一人の男に往きあった。町田はやっと気が注(つ)いてその男に昨夜の怪異を話した。するとその男が眼を瞬(みは)った。

「へえ、和尚さんが、それじゃ和尚を啖(く)い殺した」

　その男は昨夜棺桶を担ぎこんで来た一人であった。そして、町田の見た経帷子の女は、好色な住職に欺(だま)されて同棲していた女であったが、住職に捨てられたので、村で淋しく暮しているうちに、その前日になって死んでしまった。で、村人たちが気の毒がって、棺桶へ入れて寺へ届けて来たところであった。

お化(ばけ)の面

　怪談浪曲師浪華綱右衛門(なにわつなえもん)の家に、怪奇なお化(ばけ)の面があった。縦が二尺横が一尺で、左の眼は乳房が垂れさがったように垂れて、右の眼は初月(みかづき)のような半眼、それに蓬々(ぼうぼう)の髪の毛、口は五臓六腑が破れ出た血に擬わして赤い絵具を塗り、その上処どころ濃鼠の布で膏薬張りをしてあった。

それは初代林家正蔵が秘蔵していた物であった。その正蔵が百六歳の長寿を保って、沼津で歿くなった際、形見として弟子の中川海老蔵に与えたが、海老蔵は昭和五年の秋、女房に逃げられて、その苦悩のうちに病気になり、久しく病床に呻吟していたが、某日杖に縋って、弟子の綱右衛門の家へ現われ、

「人間は、今日在って明日無い命だ、これをおめえにやるぜ」

と云って風呂敷包みの中から執りだしたのが、そのお化の面であった。綱右衛門は喜んだ。

「形見だから、執っといてくんねえ、乃公の後を継いでくれるのは、おめえだけだ」

「師匠、これを、わっしに」

海老蔵はそれから夕陽の影法師のような力ない足どりで帰って往ったが、それから一週間して綱右衛門は、海老蔵の死亡の通知に接した。

その後綱右衛門は、お化の面を用いて人気を博するつもりで、深川の桜館でそれを冠って四谷怪談をやったところで、前晩まで三四百人来ていた客が、次の晩には十四五人になり、その翌晩は、木戸で喧嘩が起って血の雨が降った。

綱右衛門は恐れをなしてお化の面をしまいこんだが、昭和七年になって、久しぶりに執り出して、弟子の綱行に冠せ、記念の写真を撮って、その後でビールを飲んでいたと

ころで、平生は猫のように温順しい綱行がちょっとした事で綱右衛門に喰ってかかったので、

「なにを、この野郎」

と云ってビール瓶で殴りつけたので、綱行は負傷するし、つづいて女房が病気になってなかなか癒らず、そんなこんなで家作は人手に渡ってしまった。その時遊びに来たのが伊藤晴雨であった。

綱右衛門は晴雨に不吉なお面の話をして別れたが、翌日になって晴雨から夫人の歿くなったと云う通知を受け取った。

そこで綱右衛門は、すっかり怖気をふるって、昭和十一年三月、菩提寺の浅草玉姫町の永伝寺へ奉納して、永久に同寺に封じこめる事にした。

朝倉一五〇

洋画家の橋田庫次君の話であるが、橋田君は少年の頃、吾川郡の弘岡村へ使いに往って、日が暮れてから帰って来たが、途中に荒倉と云う山坂があって、そこには鬼火が出るとか狸がいるとか云うので、少年の橋田君は鬼魅がわるかった。

橋田君はその時自転車に乗っていた。やがて荒倉の麓へ来たので、自転車をおりて、それを押し押しあがって往ったが、暗くはなるし人っ子一人通らないのでひどく淋しか

った。そしてやっとの思いで峠へたどりついた。峠には一軒の茶店があって、門口に提灯を点けた一台の人力車がいたが、それには朝倉一五〇としてあった。朝倉一五〇の提灯を持っているからには、朝倉の車夫であろう。とにかく一休みしようと思って茶店の入口へ往った。すると傍から声がした。

「哥さん、どうせ乗って往きやどうせ乗って往きや」

どうせ乗って往きやという事は変ないいまわしであった。橋田君は厭な気がした。そこで、

「うん」

と云ったきりで、茶店へ寄る事もよして、そのまま自転車に飛び乗って坂路を駈けおりた。

かなり勾配のある坂路であるから、自転車はすうすうと滑って往った。そして、中央まで往ったところで、後から一台の人力車が来て、橋田君の自転車を駈けぬけて走ったが、すこしも轍の音を立てなかった。橋田君はどうした車だろうと思って眼をやった。車には朝倉一五〇の提灯が点いていた。橋田君は眼を瞬った。一生懸命に駈けおりている自転車を、あれからすぐ追っかけて来たところで、人間わざでは駈けぬけることはできない。橋田君はちょっと変に思った。

やがて麓へおりて、途が二つに岐れた処へ往った。その路を左へ往けば、朝倉連隊に往くようになっていた。と、見ると、地の底からでも出て来たように、そこへ一台の人

力車が来て、朝倉連隊へ往く方の路へ折れて往った。橋田君はおやと思ってそれに眼をやった。その車にも朝倉一五〇の提灯が点いていた。

三原山紀行

市川猿之助の弟の八百蔵が商業学校へ往ってた時、十九であったが、青春の悩みとでも云うか、ひどく厭世的になって、ふらふら家出して伊豆の大島へ往った。家では八百蔵が居なくなったので心配したが、その夜紅葉館でお母さんの踊りがあったので、その方へ往かなくてはならないし皆でひどく困った。

一方霊岸島から船に乗って大島へ渡った八百蔵は、元村の旅館に二晩いて考えた結果、いよいよ投身自殺することに腹を定めて、遺書を書き、所持品は小包みにして船着場へ持って往き、万端準備が調ったので三原山へ向った。

その日は朝から雲行きが悪くて暴風雨の兆があったが、死ぬる身に天気なんかどうでもよかった。二時頃になって頂上へ辿り着いたが、無論投身自殺の流行しない時であるから、登山者もなく山の上は横なぐりに吹く風ばかりであった。八百蔵はその風に吹かれて噴火口の傍まで往ったが、すぐは飛びこむことができなかった。そこで風をさけながら強い衝動の興って来るのを待っていた。と、その眼に兄の猿之助の姿が映った。八百蔵はほっと吐息した。

その時はもう夕方になっていた、ふと見ると噴火口の中から噴出している水蒸気が赤くなっていた。八百蔵は噴煙の赤いのがたまらなく厭であった。八百蔵はふらふらと起って引返すともなしに引返した。

風はますます酷かった。八百蔵は火口原の砂をあびながらへとへとになって旅館へ帰ったが、その晩から暴風雨になって翌日もその翌日も東京行きの船も出ないので、船着場へ托してあった郵便物は旅館へ帰って来た。八百蔵は金はないし郵便も出せなければ電報も打てないので、やっぱり死んでしまおうと思って室の中で考えこんでいた。すると学生の一人が入って来た。それはその旅館へ着いた時から、時おり顔をあわせている美術学校の学生であった。

「君は兼光君の知ってる喜熨斗君じゃありませんか」

兼光は家の知りあいであった。八百蔵は煩さかったが返事をしないわけにはいかない。

「そうです」

「そうですか、どうもそうでないかと思ってましたよ、君はひどく沈んでるようですが、どうかしたのですか」

八百蔵は困った。

「いや、べつに」

「何もなければいいのですが、厭世感でもおこしてはいけないですから、それを聞きに来たのですよ、どうです、この家へは、大学生も三人来ているのです、話そうじゃありませんか」

八百蔵はその日から四人の友人ができたので、気もちも晴やかになった。ところで、その晩になって暴風雨の前から八百蔵の隣の室に止宿していた女客がいなくなったので、宿では大騒ぎになった。八百蔵はじめ学生たちの一行も傍観していられないので、宿の人に協力して提灯を点けて探しに往って、御岬の上で女客の履いていた下駄を見つけた。いよいよ投身自殺したと云う事になって探していると、その夜の明け方になって磯に打ちあげられている女客の死体を見つけたが、それには眼と云わず口と云わず砂が一ぱいつまっていた。

同時に天気もよくなったので、八百蔵は東京へ電報を打った。すると、東京から伯父さんが迎えに来ると云う返電があった。

その日の夕方のことであった。八百蔵はじめ学生の一行が湯に入っていたところで、大学生の一人が湯槽（ゆぶね）から出て窓の方へ往った。そこは宿の裏庭に面したところであった。と、その学生は窓の外で何か見つけたのか、

「うわッ」

と云って逃げて来た。

「どうした」

「おいどうしたのだ」

大学生は真蒼な顔を見せて窓の方へ指をやった。そこで皆が一斉に窓の外へ往ってみ

た。微暗(ほの)くなりかけた庭へ乾したままになっていた女物の衣服の両袖から蒼白い手がぶらさがっていた。それは自殺した女客の身につけた衣服を乾してあるところであった。

俳優の眼に映る生霊

昭和十年の三月興行に、歌舞伎座では五世尾上菊五郎の三十三回忌の追善演劇をやった。その時尾上鏡春曙の山村座芝居前の場で、男伊達(おとこだて)が本花道に並び、女伊達が仮花道に並んで、詞(ことば)の受けわたしがあった。まず高砂の歌之助に扮した三津五郎の科白(せりふ)からはじまって、上野山の鍾五郎に扮した幸四郎が受け、幸四郎から滝の川のおひでに扮した秀調に往った。そこで秀調がそれを受けようとして、習慣的に観客席の方へやった眼に凄艶な女の顔が映った。秀調は顫(ふる)いあがるとともに、舌が硬ばって何も云えなくなった。

そこで桜田のおちよに扮していた時蔵が、秀調のかわりに受けてその場は旨くつくろったが、それ以来秀調は口がろくろく利けないので、舞台を休んでいると云われている。

その秀調の眼に見えた女は、先妻の常子であった。常子は元浅草の歌妓(げいしゃ)であった。勝気な利かぬ気の女で、結婚した当座は至極円満であったが、そのうちに秀調に新しい女ができた。女と云うのは今の細君であるが、それがため二人の間はこじれて、とうとう喧嘩別れになった。別れる時常子が、

「おぼえてろ、きっと取り殺してやるから」

と云ったので、弱い神経の秀調は、それをひどく気に病みだして、それから旅館に往けば、旅館に常子の姿が見え、待合に往けば、待合に常子の姿が見えるようになった。

「俺はきっと、あいつに取り殺される」

一方常子は秀調と別れて、待合をやったり、麻雀店を出したりして今に壮健である。秀調のことをよく知っている同業者の某氏は、秀調は昨年からすこしずつではあるが、毎日のように口から血が出るので、医師に診察してもらったが、病名が判らなかったところで、今年になって軽い脳溢血をやった。詞も異状のあるのはそれがためだろうと云った。

鐘の音

浅野正恭(まさやす)翁が静岡にいた時、久能山の下を通って宿へ往っていると、途中に持仏堂があってそこからかんかんと鐘の音が聞えていた。何者だろうと思って覗いてみると、二十位の青い顔をして頸(くび)へ白い衣片(スカーフ)を巻いた青年がいて、それが鐘を鳴らしているところであった。

浅野翁は何だか鬼魅(きみ)がわるいので、急いで宿へ往って宿の主翁(ていしゅ)に訊いてみた、主翁はそれに対して一条の因縁譚をした。

それによると持仏堂の青年は村の者で、大病に罹って医師もむつかしいと云ったが、そこの婢が寝食を忘れて看護したので、それがために病気が癒ってしまった。

青年の母親は、婢が親身も及ばぬまでに倅の世話をしてくれるので、青年の病気が癒りかけた時、倅が全快したらお前を嫁にすると云った。婢は非常に喜んで青年の全快する日を待っていた。ところで、全快すると他から嫁をもらった。婢は口惜しくてたまらず、いよいよ明日が結婚式と云う前夜、そこの井戸へ身を投げて死んだが、青年の家では婚礼を延ばす事もならず、婢の死を秘して結婚式をあげて、所謂三三九度の盃をしていると、二尺位の蛇がどこからか出て来て青年の首へ巻きついた。そこで大騒ぎになって蛇を執って捨てたが、捨てても捨てても出て来て巻きつくので、その結婚は破談になり、青年は婢の怨恨を解くために、蛇の上へ白い衣片を巻いて、持仏堂へ入っているところであった。宿の主人も結婚式の日、青年の家に招かれていたので、親しくその蛇を見ていた。

とぐろを巻く蛇

伊豆の某処に某と云う寺があったが、そこの和尚は因業で高利の金を貸して村の者を苦しめていた。某日やはり高利の金を借りていた農夫の一人が、一日遅れても酷い目に遭わされるので、血の出るような思いで工面して、期日通り金を返しに往った。ちょうど夏の午下りで、和尚は本堂で午睡をしていた。農夫は起すも気の毒であるから、そこの階段へ腰を掛けて、眼の覚めるのを待っていた。が、退屈だから煙草を出して吸いながら、見るともなしに庭前を見ると、本堂の前の三枚目の飛び石の上に一疋の小蛇がとぐろを巻いていた。農夫は忌(いま)いましいので小石を拾って、

「この野郎」

と云って投げつけた。小石は覘(ねら)いたがわず蛇の頭へ的(あた)ったが、的ったと思うと同時に、ぐうぐう鼾(いびき)をかいていた和尚が、

「あ、痛っ」

と叫んで飛び起きて来た。見ると和尚の額から血が出ていた。農夫はそこで、

「和尚さん、貴下(あなた)は、金をあの石の下へ埋めてありますね」

と云って、三番目の飛び石へ指をやった。和尚は驚いて、

「どうして、それを知っていなさる」

と云うので、農夫は、

「あそこへ蛇がとぐろを巻いてたから、石を投げると、貴下が痛いと云って起きて来たが、ちょうど石を投げたところに傷が出来ている、これは貴下の怨念が、蛇になって、金の番をしていた証拠ですよ」

と云うと、和尚は大きな吐息をして、

「あ、そうか、悪い事は出来ない、たしかにわしの怨念じゃ、わしはこれから、罪亡しのために行脚に出る、ついてはあの下にある金は、村で分けてくれ」

と云って飄然と寺を出て往った。（浅野正恭氏談）

遅塚家の怪異

小説家遅塚麗水の家に伝わっている怪談で、私も一度麗水翁の口から聞いたことがある。

遅塚家はもと旗下で、当時常州鹿島郡東下村に知行所があった。それは弘化二年の五月のことであった。その時麗水翁の祖父は知行所へ往っていたが、某日江戸の邸から飛脚が来てて夫人に男の子が生れたと云う知らせがあった。祖父は初産でしかも男の子だというので非常に喜んだ。それに翌日がちょうど端午の節句であったから、村役人や知己を陣屋へ招いて祝宴を催した。

そして、酒宴が終って来客が帰ったので、祖父も良い気持で床について寝ていたところで、境の襖が開いてだれかが入って来た。洗い髪を麻で束ねた蒼白い顔をした女で、それが嬰児を大事そうに抱いていた。それは江戸の邸でお産をしたばかりの夫人であった。夫人は枕頭へ坐るなり抱いていた嬰児を見せて、

「この子は丈夫でございますが、私は産後がわるくて、今夜はもうだめでございます、どうかこの子を可愛がって育ててくださいませ」

と云ってから烟のように消えてしまった。祖父は不思議でたまらないので、急飛脚を

為(し)たてて江戸へやった。すると入れちがいに江戸の邸から飛脚が来て、節句の夜、夫人が産褥で歿(な)くなったという知らせがあった。

後で調べてみると、夫人はその夜附き添いの者に、知行所の方向を問うてその方の小窓を開けさせ、涙をいっぱい溜めた眼で、嬰児の顔を見たり、知行所の方を見たりしていて歿くなっていた。その嬰児というのが麗水翁の父で、父はよくそれを麗水翁に話して、「おれは、幽霊に抱かれて銚子へ往った」といったそうである。

骨壺が踊る

大正十二年、小林と云う某雑誌の記者は、淀橋柏木の某所に堂々たる空家を見つけて、家賃も割合に安いところから、すぐ借り入れて移転した。それは五月であったが、六月になって某夜(あるよ)細君が独り留守居をしていると、変に睡気(ねむけ)がさして来たので、うとうとしていると、傍(かたわら)の食卓(ちゃぶだい)の上へ骨壺が載っかって来て、それが踊るように動きだした。細君はびっくりして眼を開けた。眼を開けると、別に何もなかったが、翌晩になってまた独りでいると、また彼(か)の骨壺が食卓の上に現われて踊った。

骨壺の踊りは細君の夢に三回現われた。その時細君は、魚の骨の始末に困って、庭前へ埋めるつもりで、小さなシャベルで庭の土を掘ったところで、一つの甕(かめ)が出て来た。不思議に思って蓋を除(と)ってみると、中に骨壺があったが、それは細君の夢に見た骨壺そ

っくりであった。あまり不思議であるから、近くの物識りに訊いてみた。物識りはそれに附いていた定紋によって、

「これは前にいた人の物だ、前の主人は鉄道省の参事をして、夫人は大島家から来ていたが、主人と女中の関係から離別になって、それから主人は女中と同棲していたが、間もなく病気で歿（な）くなった、当時その女中が、主人の骨をどう処分したか噂にのぼった事があったが、それに違いない」

と云った。そこは場所が四谷に近い処から、附近の者は新四谷怪談と云って納涼台の話題にした。

山百合の花

大阪の老優市川荒五郎の弟で、横浜団十郎と云われていた三河家荒二郎が名古屋の歌舞伎座で出演していると、長い間の馴染であった横浜の喜楽座が経営難に陥って、どうにも手がつけられなくなったから、是非来てくれと座主の佐佐木染之丞から頼んで来た。長い間世話になっている佐佐木から頼まれてみれば、知らん顔も出来ず、早速名古屋を引きあげることにしたが、兄の荒五郎が腎臓病で重体だと云う知らせが入っているので、一応電報で大阪へ聞きあわしてみると、

「キケンクイキスギタ、カエルニオヨバヌ」

と返事があった。そこで荒二郎は安心して横浜へ往ったが、二日目の演戯が終って宿へ帰って寝ていると、

「忠ちゃん、忠ちゃん」

と云って荒二郎の本名を呼ぶものがあるので、ふと顔をあげてみると、有松絞の衣服を着た荒五郎が、右の手に白い山百合の花を持って枕頭に坐っていた。おやと思って荒二郎が起きあがろうとすると、

「わしの名跡は、おまえがついでくれ、家の事も万事頼んだよ」

と云ったかと思うと、ふいと見えなくなった。荒二郎ははっとして飛び起きた。そこへ大阪から電話がかかって来たので、急いで電話口へ出てみると、荒五郎の娘のおひろの声で、

「お父さんが、今歿くなりました」

と云った。

碧い眼玉

大阪船場の料亭S氏の話。

黒田雅子姫がエチオピアへ往くとか往かないとか云っていた頃、S氏の知合の少女が憂鬱症に罹ったので、少女の両親は心配して、紀州の白浜温泉の近くにある伯母の家へ

やって静養さした。

少女の名は澄ちゃん、年は十三。その澄ちゃんのお母さんが壮(わか)い頃、上海へ往ってて、猶太(ユダヤ)系の英国人との間に出来た混血児であった。

白浜へ往ってからの澄ちゃんは、別人のようにおとなしくなって、毎日海岸へ出て海を見てくらしていた。その海岸に千畳岩と云う景色の佳い処があった。某日(あるひ)の夕方平生のように海岸へ往っていた澄ちゃんは、嬉しいことでもあるのか、ひどくはしゃいで何か唄いながら帰って来た。

「今日はばかに佳い気もちじゃないの」

伯母さんもよろこんで、いっしょに夕飯をはじめたところで、澄ちゃんは不意にきゃっと云って茶碗を放りだした。

「おう、眼玉だ、碧い」

海のように碧い眼玉が二つ茶碗の中に映ったと云って慄えるのであった。

「碧い眼玉だ、碧い眼玉だ」

澄ちゃんはその眼玉を見まいとするように悶え狂った。そして、伯母さんの急電によって、大阪から澄ちゃんのお母さんたちが駈けつけた時には、澄ちゃんは碧い眼玉の幻影からのがれるためか、家を脱け出して千畳岩から投身していた。

そこで死体の始末をして、それから澄ちゃんのいた室(へや)をかたづけていると、机の引出しからひどく錆びた銀の小函が出て来た。澄ちゃんのお母さんは、澄ちゃんが海岸からでも拾って来たものだろうと思って蓋を開けた。中には生なましい碧い眼玉が二つ光っていた。澄ちゃんのお母さんはそれを見て気絶した。

奈良の旅籠

明治二十七年日清戦争の当時、悟道軒円玉翁は、二三の友人と関西へ遊びに往って、奈良へ泊ったが、翁は酒も飲まず、それに些少感冒の気味もあるので、人びとの騒いでいるのを余所にして奥座敷の六畳へ往って寝たが、一日さんざっぱら駈けまわっているので、枕に就くなり眠ってしまったが、何かの機に目を覚すと、白地に浅黄色の格子縞の浴衣を着た大坊主が、夜具の端へ手をかけていた。翁はこれはてっきり友人が気を利かして、按摩を頼んでくれたものだと思った。

「按摩さん、もういいよ、ゆっくりこれから眠るから」

すると、大坊主は何も云わないでふいと部屋を出て往った。翁はそのまま眠って朝になって友人達の室へ往った。

「昨夜は、按摩を頼んでくれたな、足を揉んでもらったので、大分疲労がとれた」

と云うと、友人の一人が、

「按摩なんか頼むものか、だいいち、熱のあるのに、按摩はよくないじゃないか」

と云うので、翁は不思議でたまらなかった。

「按摩を頼まない、そいつは訝しいな」

それでは他の客が部屋を間違えて入って来たかと思って、婢に大坊主の客があるかと訊いてみると、昨夜のお客に坊さんはいないと云った。

そして、その日午後二時頃、半丁余り離れた町の銭湯へ往ったところで、そこのお媽さんが、

「あなた方はあの錦の○○屋さんへお泊りでございますか」

と云った。そこでそうだと云うと、

「昨夜何んぞございましたか」

と云ったので、はじめて大坊主の何物であったと云う見当がついた。

お初地蔵

東京浅草区新福富町、現在の寿町一丁目十番地に三軒長屋があって、その一軒に松村関蔵と云う貧しい男が住んでいた。

それは大正十二年七月七日の事であった。関蔵の家にお初と云う八つになる養女がいたが、それがその晩からどこへ往ったのか行方不明になった。

そのお初と云うのは手癖が悪くて、自分の家は元より、近所の小銭を盗んだり食物を

盗んだりするので、関蔵も持てあまして、女房と二人でいつも折檻したが、その都度お初の泣き叫ぶ声が聞えるので、近所でも、

「また、何かやったのだよ」

と云って笑ったものだが、それが七日の晩からいなくなった。近所の者は不審に思って、女房に聞くと、

「昨夜、また盗み喫いなんかするものだから、叱っていると、どこかへ往っちまったのですよ、今に帰って来るのでしょうよ」

と云って済ましていた。女房は金崎巻と云う内縁関係の者であった。近所ではそれについて、

「あの晩、酷い目に逢ってるように、例の調子で泣いてて、それがばったり聞えなくなると、あそこの猫が厭な声で泣いたのですよ」

と云う者もあれば、

「あの児は飯を食べさせないから、平生猫の飯を喫っていたと云うじゃありませんか」

と云う者もあったが、三日しても四日してもお初の姿が見えないので、噂は深酷になって来た。

「変じゃないの、おかしいじゃありませんか」

「あの猫の泣き声が、徒の泣き声じゃなかったよ」

噂は噂を生んで警察の知るところとなった。警察では怪しいと睨んで材料を蒐集した

結果、横山、坂本、振旗と云う三人の刑事をやった。

曇った蒸し暑い日の夕方であった。横山刑事が先にたって関蔵の家の土間へ入って往った。狭い家の内は灰色に暮れかけていたが、土間へ入るなり何かしら厭な気もちがした。

その時関蔵と巻の二人は、小さくなって坐っていた。そこで横山刑事が、

「おまえが、松村関蔵か」

と云った時、関蔵夫婦の背後へぼうとした物の影が映った。横山刑事はそれを見て悪寒をかんじるとともに、たしかに養女は関蔵夫婦にどうかせられていると思った。横山刑事の一行は、躊躇せず夫婦を検挙した。そして、取調べの結果、夫婦は犯行を自白した。それによると、お初がまたなにかしたので、例によって折檻するために、逆しまに吊して、擲っているうちに絶息した。夫婦は驚いて介抱したが蘇生しないので、しかたなしに死体を細断して床の下へ埋めたものであった。

それと知って附近の者は、石地蔵を作ってお初の冥福を祈ってやったが、翌年の大震災で附近は焦土となったので、その地蔵は駒形の某寺に移されているとの事である。

盆踊りの夜の殺人

明治三十七年八月十七日の事であった。大阪府中河内郡弥力村の近江堂に木田と云う

農家があって、そこの三男の清治郎と云うのが、その晩隣村の南蛇草（みなみはみくさ）村で盆踊りがあると云うので、見物に往った。清治郎はその時二十四であった。そして、見物しているうちに過って部落民の足を踏んだ。平常から弥力村の者を快よく思っていない部落民は、寄ってたかって清治郎を撲（なぐ）り倒したうえで、七人で担いで往って野井戸の中へ投げこみ、その上へ盥（たらい）をかぶせて置いたので、清治郎は死んでしまった。

　翌日になって七人の者は検挙され、九十日間未決にいたが、証拠不充分で予審免訴になり、いずれも大手を振って帰って来た。

　清治郎の遺族は、加害者が無事に帰って来たのを見て、口惜しくてたまらず、毎日泣いたり憤ったりして加害者を呪ったが、それがために父親の与八はじめ一家の者は、皆健康を害して病気になった。そこで一家の者は、阿弥陀如来を信仰して、怨恨を忘れると共に、清治郎の冥福を祈るようになったが、母親は冥福を祈るばかりでは気がすまないので、殊更（ことさら）に祈願して、夢になりとも清治郎に逢わしてくれと念じていたところで、その年の十一月十二日の夜になって、母親は清治郎の声を聞いた。それは吉松村の方から歌を唄いながら来ている清治郎の声であった。母親は嬉しくてたまらないので、家を飛び出して往って、交番の囲の蔭に隠れて待っていた。と、そこへ清治郎が近づいて来たので、母親はいきなり飛び出して、

「清治郎、わしは、逢いたくて逢いたくてたまらなかったよ」

　と云うと、清治郎はそこにある床几に腰をかけて、

「お母さん、こんな事になって、親兄弟の顔へ泥を塗って、申し訳がありません」

と云って涙を流した。母親は、

「それも何かの因縁であろうが、家の者はそれを苦にして煩ったが、今はもう阿弥陀如来にお縋りして、おまえの冥福を祈っておるが、わしは、おまえに逢いたいので、殊更に阿弥陀如来にお願いしたから、そのお蔭でおまえに逢えて、こんな嬉しい事はない」

と云うと、清治郎が、

「お母さん、わたしもありがたい事には、観音様が家へ帰してくれます」

と云ったと思うと、夢が覚めた。

朝になって母親は、一家の者へその話をしたが、その後間もなく清治郎の兄の幸治郎の嫁が妊娠して、翌年の八月十八日の午後四時、ちょうど清治郎の葬式を済ました時刻になって男の子が生れた。そこで母親の夢の中の言葉から清治郎が再来したものだと云って、その名を清治郎とつけたが、成長するに従って清治郎そっくりの容貌となった。

一方加害者の方では、七人の中二人が自然と体がきかなくなったうえに、飲食物も咽にとおらなくなり、三十日位苦しみ通して、清治郎の一周忌のすこし前に前後して死去し、清治郎殺害の主謀者と目されていた者は、清治郎出生の日の同時刻に、大阪南区某所で喧嘩して、対手のために兇器で殺害せられた。

その後明治三十九年四月、信濃の善光寺の開帳の際、与八の一家は、御礼詣りとして打ち揃って参詣したが、その時清治郎事件を絵師に描かしてその額を持って往って奉納した。その額は今善光寺の欄間の上に納まっているとのことである。

夫婦の変死

明治十五年の晩春の事であった。大阪市の南の御堂の裏手になった古着屋、塚本藤兵衛の家では、婢のお留が裏庭へ出てせっせと掃除していた。お留は河内の生駒山の麓の住道村の生れで、その前年所天が眼病に罹ったので、それを養生さすべく給金の前借りをして奉公に来ている者であった。ある時裏木戸ががたがたと開いて、下肥汲みの農夫が入って来た。農夫はお留を見ると、

「今日は、姐さん」

と云って挨拶をしたが、その詞の訛りが耳なれているので、お留はひどくなつかしかった。

「あんたは河内」

と云うと、農夫は足を止めた。

「あんたも河内から来てますか」

と云った。お留は、

「わたしは生駒の下の住道だよ」

と云った。農夫は眼をくるくるとさして、

「住道、私は、△△だ」

それは隣部落の名であった。お留はまず何よりも所天の病状が知りたかった。

「それでは、あんたは、沖村辰造と云う者を知ってますか」

「知ってますとも、この間、嫁をもらったばかりじゃないか」

お留は眼を瞠った。

「なに、辰造さんが嫁をもろうた、あの嫁さんを」

「もらったとも、とても別嬪だよ、あんたは辰造さんの親類」

親類も親類も、辰造のために苦労している女房ではないか。お留は眼をつりあげて狂人のようになった。農夫はその挙動に吃驚して、そこそこに便所の方へ往った。

夕方になってお留は気分が悪いと云って己の居室にあてがわれている二階の六畳へあがって往ったが、朝遅くなっても起きて来ないので、店の者が不審に思って二階へあがって往った。お留は二階の東窓の格子へしがみつくようにして坐っていた。店の者は後ろへ往って、

「お留さん、どうした」

と云ったが、返事がないので、店の者は横から顔を覗きこんだ。覗きこんで店の者はきゃっと叫んで尻もちをついた。お留は黄楊の櫛を逆さまに啣えたままで死んでいたが、そこの格子の柱は生なましい血に染まっていた。

店ではそれを知って大騒ぎになった。その大騒ぎをしている塚本の店頭へ、一人の農

夫風の男が飛びこむようにして入って来た。

「こっちへ住道村からお留と云う者が奉公に来ておりましょうか」

そこで店の者はお留が変死して大騒ぎをしていることを話した。それを聞いて農夫風の男は叫ぶように云った。

「これは、まあ、何と云うことだ、実は今朝の三時比、辰造さんが苦しそうに唸るから、近所の者が往ってみると、咽喉笛を咥いきられて死んでたから、知らせに来たところだ」

と云った。それは明治十五年の事であった。

同行する怨霊

この話は当時の新愛知にも掲載せられた事件であるが、昭和元年の二月十二日の夜、大垣市伝馬町の自転車店へ強盗が入って、熟睡中の店主福野信行を殺害したので、警察では必死になって捜索した結果、市外今村町の精米屋の次男安田次郎を真犯人として検挙した。

その安田が検挙せられたのが、被害者福野の百箇日の命日であった。そして、岐阜地方裁判所で公判に附せられたが、安田の弁護人桐山弁護士が刑務所で安田と面接した時、安田は桐山弁護士に向って怪奇な話をした。それによると安田は、兇行後一箇月の後に、東海道線米原駅前の某旅館へ昼食に入ったところで、婢が二つ膳を持って来て、一つを

安田の前へ置き、一つをその左側へ置いた。安田は変に思って、

「一人来てるのに、何故二つ持って来るのだ」

と云うと、婢は希有（けげん）な顔をして四辺を見まわしながら、

「どこかへ往らしたのですか」

と云った。安田は不思議でたまらない。

「往らしたって、だれが往くのだ、一人じゃないか」

「だってお二人で、おあがりになったじゃありませんか」

「一人来てるのに、どうして二人であがる」

「へんねえ、確かに二十五六の方ですよ、お友達でしょう」

「二十五六、どんな顔だ」

婢の云った顔の恰好は、被害者福野に真似（そつくり）であった。安田は恐ろしくなってそのままそこを逃げだした。


安田は斧で福野の頭部を粉砕して殺害したものであるが、その際飛び散った血が安田の右の腕に附着して、いくら洗ってもこすっても除（と）れなかったところで、検挙せられて犯行を自白すると同時に綺麗に除れてしまった。

安田にからまる怪異は、その二つであったが、福野の家にも一つの怪異があった。それは福野が殺害せられて一週間位しての事であったが、福野の兄の政行と親戚の川瀬吾市の二人が福野の家へ往っていると、傍（かたわら）の畳の上へ置いてあった鉄瓶が躍るように動き

だして、十分位もごとごととやったので、二人は驚いて外へ逃げだした。

位牌田

義民木内宗五郎で有名な甚兵衛の渡し場のある処は、印西（いんざい）という処であるが、その印西の渡し場から西へ十町ばかり往った処に、位牌田と云う田がある。それはその形が位牌に似ているところからその名が起ったもので、段別は一段八畝（せ）あって、土地がよく肥えているので、その田からは相当な収穫があがるが、その田を作る家は、毎年死人が出るので、二年とその田を続けて作る者がなかった。

そんなことで、その田は荒廃して、雑草が生い茂り、足を踏みいれることもできないようになった。ところで昭和二年になって、その位牌田を作ると云う者が出て来て、村の人たちを驚かした。

それは隣村の者で明治初年比（ころ）、田舎角力で名を売った某（なにがし）と云う老人であった、その老人は体重が三十貫近くもあって、生れて以来薬と云う物を口にしたことがないと云うくらい頑健な男であった。しかし、幾度も不幸を眼前に見て来た村の人たちは、他事とは思えないので、その老人に思いとどまるように忠告する者もあったが、老人は一笑に附して頭から取りあげなかった。

老人は早速その田を耕して稲を植えた。そして、熱心に莠（はぐさ）を除（と）ったり肥料をやったりしたので、稲はよく稔った。

老人はそれを見て、村の人たちを笑っていた。

秋の収穫が目前に迫った某日(あるひ)のこと、位牌田の隣の田を作っていた農夫が、午(ひる)になって弁当を喫(く)うつもりで、そこの畦径(あぜみち)へ腰をおろして、何の気なしに位牌田の方へ眼をやったところで、そこに何か変った物を見つけたのか顔色を変えた。位牌田の上で、提灯ぐらいの大きさの青い火玉がくるくる廻りながら上へあがったりさがったりしていた。農夫は弁当箱を投げ出したまま後をも見ずに逃げて往った。

白昼位牌田の上で青い火玉が舞っていたことは、その日のうちに隣村にも知れて、老人の耳へも入ったが、老人は臆病者の眼にだけ見える火玉だろうと云って気にしなかった。

その夜老人は平生のように十時比(ころ)から寝に就いたが、夜半になって急に発熱して苦しみはじめた。家族は驚いて薬を服(の)ませたり医者を呼んだりしたが、老人の熱は去らなかった。老人は苦しそうに身をもがいて、何か囈言(うわごと)のようなことを云いつづけていたが、朝になってぽっくりと死んでしまった。

村の人たちは今更のように位牌田の恐ろしい事を語りあった。それからはもう位牌田に手をつけようとする者は全然無くなった。その位牌田は寺院の跡で、その寺の住職が強盗のために殺されたので、住職の恨みが残っていると云う者もあるが、要するに現代の科学的な常識では判らない事である。

姉に逢いに来る

　大阪府下東成郡長居村寺岡花商山本辰吉の妻霜は、三人の男の子の母親であったが、明治三十五年の夏、三男の末雄と云うのが三歳の時、感冒が原で死亡した。霜はその時三十位であったが末雄が生れた時から病弱であったから、病床に就いてからもそれを心配していた。その霜には政と云う姉があって、同村の豊浦伊之助方へ嫁いでいた。年は霜より十五も上で、霜は政を姉と云うよりは母のように思って政に縋っていたので、末雄の事も政に見てもらおうと思っていたのであろう、呼吸を引きとる瞬間まで、

「姉さんに逢いたい、姉さんに逢いたい」

　と云ったが、その比政も病気でずっと寝ていたので、両家の間は僅かに二丁位しか離れていなかったが、とうとう逢わずに歿くなった。

　霜の葬儀は翌日になって行われた。その霜の葬儀に連っていた政の所天の伊之助は、葬儀が終ったので家へ帰り、政の枕頭へ坐って霜の事を話していた。わけて逢いたがっていた妹に逢ってやる事のできなかった政は、またしても新しい涙が湧くのであった。その時それは九時比の事であった。入口の雨戸を叩く音がするので、伊之助はだれが来たろうと思って、起って往って戸を開けたが、だれもいなかった。

「おや、おかしいぞ」

伊之助は外へ出てもう一度探したが、だれもいなかった。それに夏の夜の事で、どこにも隣家では門口へ出て涼んでいるので、伊之助もそこへ往って話していたが、政が一人で淋しがってるだろうと思いだしたので、引返したところで、政は蒼い顔をして小さくなっていた。

「どうした」

と云うと、政は、

「あんたと入れちがいに、霜が来て、何も云わずに、めそめそと泣いてたが、あんたが帰るなり出て往った、いくら妹でも、幽霊になって来ると、怖かった」

と云った。まさかと思って、

「それは、夢だよ」

と云うと、政は、

「夢じゃない、あれがいつも着ておった、棒縞の浴衣を着ておった」

と云ったが、霜は翌晩もまた政の枕頭へ姿をあらわした。それは伊之助には見えなかった。その霜は何も云わないで政を見て泣いた。そして、町内でだれ云うとなく、人魂を見たと云う噂が立った。そこで、伊之助はますます不鬼魅（ぶきみ）になって、三日目の晩は戸をしっかり締めて寝たが、十時比になると例の通り雨戸を叩く音がした。伊之助は黙って知らない容（ふり）をしていると、十二時比まで根気よく叩いていたが、ふいにその音が止むなり、引窓の方から冷たい風が吹きこんで来て、それにつれてどこからともなく女の

隠々（いんいん）と泣く声が聞えて来た。政は、

「霜か」

と云った。すると、伊之助には何も見えないが、そうだと云う返事が聞えた。それを聞くと伊之助が閃（きつ）となって、

「おい、お前は何に迷って来るか知らんが、なんぼ姉妹でも、お政が怖がってどもならん、思う事があれば、それを云うて、もう出んようにしてくれ、お政の病気が悪うなる」

と云うと、泣き声ははたと止んだが、一方では頷いて、

「よしよしその事なら、引き受けた、安心するがいい」

と云った。伊之助はそれを見て、

「何云うてるのじゃ」

と云うと、

「お霜が末雄の事が案じられて浮ばれないと云うから、わたしが引き受けたと云ったら、あれ、入口へ往って、手をあわしてる」

と云った。そこで伊之助は起って往って戸を開け、

「もう来るなよ、引き受けた」

と云って、戸を締め内に入り、仏壇へ灯明をあげて正信偈（しょうしんげ）を唱え、霜の成仏を祈るとともに、翌日から末雄を引き取って世話をしたが、同時に怪しい事もなくなった。（今田霜葉氏談）

妖蛸（ようだこ）

明治二十二三年比（ころ）のことであった。詩人啄木の碑で知られている函館の立待岬から、某夜（あるよ）二人の男女が投身した。男は山下忠助と云う海産問屋の公子（わかだんな）で、女はもと函館の花柳界で知られていた水野米と云う常磐津の師匠であった。

男の死体はその翌日になって発見せられたが、女の死体はあがらなかった。あがらないのは女は死なないで逃げたがためであった。そして、何くわぬ顔をしていた米は、五稜郭に近い某（なにがし）と云う網元の妾（めかけ）になった。その時網元の主人は、先妻を亡くしているうえに子供もないので、子供が生れたなら本妻になおすつもりをしていた。

そのうちに三年ばかり経って米が妊娠した。網元の主人は非常に喜んで、出産の日を待っていたが、米の妊娠は真箇（ほんとう）の妊娠でなくて、病名も判らない奇病であった。

そして、米の腹は日に日に大きくなって往った。主人は入費を惜しまないで、市の名医と云う名医にかけたが、いずれも手のつけようがないと云って匙を投げた。

それがために米は死んでしまった。主人は泣く泣く米の死体を火葬場に送った。その火葬場へは、米の弟の新吉と云うのも来ていたが、それは真箇の弟でなしに、米がまだ歌妓（おしゃく）をしていた時からの情夫で、土地の人から達磨（だるま）の新公と渾名（あだな）せられている浪爺（あそびにん）であった。

やがて積みかさねた薪の上へ米の死骸が置かれた。それと見て人びとは念仏を唱えた。同時に隠坊が薪に火を点けた。

火は薪から薪に移って往った。気の弱い女たちは遠くの方へ往って、そこには男ばかりいた。隠坊は後から後からと薪を加えたが、米の死体はなかなか焼けなかった。そして、火力が強くなればなるだけ死体から水を吹出して、手足の方は焼けても胴体は依然としてそのままであった。

普通五六十本の薪があれば、完全に焼けることになっているが、もう予定の薪は焚いてしまっても焼けないので、隠坊はがまんしきれなくなって、傍(そば)にあった漁師用の手鍵を執(と)って死体の腹へ打ちこんだ。と、大きな音がして腹が裂けるとともに、その中から大きな蛸(たこ)が出て来たが、それが猛烈な勢いで達磨の新公に飛びかかるなり、真黒い毒どくしい墨をぱっと吐いた。墨は新公の顔から胸のあたりを真黒にした。

新公は悶絶した。それと見て人びとは隠坊に加勢して、蛸を撲殺し、更めて薪を加えて蛸もいっしょに焼いたが、今度はすぐ焼けてしまった。

数日してのことであった。網元の主人が火鉢の傍(そば)でうつらうつらしていると、米の姿が見えて来て何か云ってしきりに謝った。主人ははっと思って眼を開けた。と、そこへあの新公が悶死したと云う知らせが来た。

新公が悶死したことについていろいろの噂が伝わった。それによると、米が海産問屋の公子と立待岬から投身したのは、新公が為(し)くんだ演戯であった。米は茨城県の水戸の生れで、水泳の心得があるところから、投身すると見せかけてそのまま沖の方へ泳いで往った。そこには新公の小舟が待っていた。米といっしょに投身した海産問屋の公子(わかだんな)も、多少水泳の心得があったのでこれも沈めないで体が浮いた。そして、浮いたひょうしに見ると、米が小舟を目がけて泳いでいるので、火のように憤って追っかけて往った。すると新公と米は、舟板を執って男の顔と云わず頭と云わず、さんざんに撲(なぐ)りつけて沈めたと云うのであった。（伊藤晴雨氏談）

蟇(ひきがえる)

歿(な)くなった佐佐木味津三君の故郷は、愛知県北設楽(したら)郡下津具(しもつぐ)村であって、生家は酒の醸造と呉服雑貨商を営んでいた。そして、佐佐木夫人克子さんの生家も隣村の上津具で、尊父は山崎珉平翁。私もこの珉平翁に逢って、翁独創の水虫の薬を贈ってもらったことがある。

　この山崎家は代々の医師であった。天保前のこと、山崎の本家では次男の弁助と云うのを分家さして、上津具の中町に居らした。そこは武田信玄の金奉行依田某の邸址と云われていたが、この弁助には子がなく、後が絶えてしまったので、家は永く空家になっていた。

　弘化比(ころ)になって山崎の本家では、女(むすめ)のツサと云う者に元厚と云う婿養子を迎えて、弁助の後を嗣がした。そこで夫婦が中町の家へ入ってみると、家の内に怪しいことが続いた。

薬鑵をおろして置くと、それがひとりでに転がりだして、室の中をぐるぐると転がり歩いたり、時とすると畳がむくむくと持ちあがったり、また大入道が出ることもあった。

某晩の事、下男が地炉の傍で煙草をのんでいたところで、地炉の縁に異状が起って、芝がにょきにょきと出て来た。下男は驚いて飛びあがった。下男の声を聞いて次の室にいた元厚が出て来て、

「また、何か悪戯をしたか」

と云った。下男はやっと気を落ちつけて地炉の縁へ指をやった。

「これが、これが生えだして」

「これとは、なんだ」

「芝が、芝が生えて来ましたが、もうありませんが」

しかし、そこにはもう何もなかった。下男は眼をぱちくりやった。

「芝が生えた、芝なら、薬鑵よりゃ始末がいい」

元厚には胆力があった。元厚は笑った。と、その時天井の方で大きな物音がしだした。それは人間が喧嘩でもはじめたような物音であった。元厚は天井の方を見た。

「また、はじめやがった、煤が落ちてしょうがない、何をやってるのだ」

下男は小さくなっていた。元厚は下男を見て笑った。

「おい、ありゃ大入道が相撲をとってるぞ」

　下男は怕いので何もいえなかった。

「相撲がすんだら、下へおりて来るぞ」

　元厚はそれから寝床へ入ったが、そのうちにだれか傍へ来た物があった。

「旦那、お休みでございますか」

　元厚は煩さかったが、黙っていることもできなかった。

「起きてる、なんだ」

「他でもありませんが、お宅にはこれまで、変なことがありましたが、あれは何がそんなことをしておったか、御存知でございますか」

「知らん、その方は、知ってるか」

「知っておりますとも、あれは古狸でございます」

「なに、狸じゃ」

「さようでございます、昔からここに住んでおりました」

「そうか、それであんな悪戯をしたか」

「そうでございます」

「うむ」

「しかし、もう、これから何もいたしません、旦那は、わたしを御存じでございますか」

「知らん、何んだ」

「わたくしは、旦那に御恩になっておるものでございます」

「恩とは」

「さようでございます、わたくしが名倉道で、狸に殺されようとしておるところを、旦那が助けてくださいましたから、その御恩返しに、狸を殺しました、さっき天井で大きな音がいたしましたでございましょう」

「そうか、それにしても、わしは名倉道で、物を助けた覚えはないぞ」

「あります、確かに助けてくださいました」

「それでは、その方は何んだ」

「わたくしは、蟇(ひきがえる)でございます」

蟇でございますと云った声がかたまったように、そこからのこのこと一疋の蟇が這いだして来た。元厚は眼を見はった。同時に元厚の夢がさめた。

翌朝になって元厚は天井へあがってみた。天井には一疋の大狸が死んでいた。それ以来山崎家には怪異がなくなったが、そのかわり元厚の往く前ざき(さき)に蟇がいた。

元厚の子息は謙吾で、謙吾の子息は珉平であったが、この謙吾の傍にも珉平の傍にも蟇がいて、往く前ざきで姿を見せた。珉平が東京へ出て来ている時でも、旅館の庭は無論のこと、あまり蟇のいそうにない処でも蟇が出て来るとのことであった。

この話は珉平翁の子息の山崎海平君の話であるが、その山崎君は少年の比(ころ)、庭へ蟇が出て来ると、家の人が、

「家の守神が出て来た、御馳走してやれ」
というので、蛹（さなぎ）などをやったことがあるといって笑った。

廃仏毀釈の比（ころ）

明治の初年、廃仏毀釈の運動が起って、文明開化の乱暴者が到る処で仏寺を破壊したことがあった。その時下津具村でも、仏教を嫌って神道に改宗する者が多かった。その時その下津具に夏目という家があったが、その主人の女兄弟の何人目かが歿（な）くなったので神道によって葬式をしたところで、それから間もなくへんな噂がたった。それは夏目家の墓地から人魂が出て、夏目家の方へ飛んで往くというのであった。

その噂はやがて神道で葬式をしたがために、仏がうかばれないので、己（じぶん）の家へそれを知らせに往くところであるという者が出て来た。

その時夏目家には、伊禄という長男があった。年は十八か九であった。この伊禄は時代の刺戟によって武術を好み、わけて槍が得意で、槍の武者修業にも出たほどの男であったから、その噂を聞いてけしからんことだと思った。

ちょうどその時、下津具へ槍の得意な浪人が来ていて伊禄と交際していた。伊禄はそこでその浪人に話し、それから従兄弟の山崎珉平に話して、怪しい人魂を見定めることにして、その夜三人で墓地の山へ出かけて往った。

その時浪人は槍を持ち、珉平は提灯を持って往ったが、光が外へ漏れてはいけないので袖の中に隠していた。そして墓地の山へ往って、墓地の傍に隠れていると、どこからともなく半纏を着て頬冠りした男が出て来て、それが新墓地に点けてある灯籠の扉を開け、中の火へ何か点けながら民家の方へ向けて投げた。それは鼠花火であった。花火は尾を曳いて飛んで往くのであった。

　人魂の原はそれであった。人間の悪戯と分れば兇器を揮う必要もなかった。そこで、伊禄が、

「こら」

と一喝すると、頬冠りは吃驚して逃げだしたが、逃げだす拍子に竹の切株か何かで足の裏を突いたのか、

「ぎゃっ」

　と云ってよろめいたが、それでも逃げて往った。

　三人はそこで帰って来たが、それからまもなく人魂の噂もなくなった。それは下津具村の旦那寺の金龍寺の和尚が、檀家を嚇して改宗を防ぐために、隣村の上津具の阿弥陀堂にいた堂守に云いつけて鼠花火を投げさしていたものであった。そして、負傷した堂守は、医師の治療を受けなくてはならないが、そこには山崎珉平の家と親類のやはり山崎の二軒しか医師がないので、治療を受けに往く事もできず、しばらく阿弥陀堂の中に寝ていたが、そのうちにどこへか往ってしまった。

愛馬の死

山崎琨平翁の家には鹿毛と云う馬がいた。それは琨平翁が遠い患者の家へ往く時に乗って往く馬であるから、非常に大事にした。従って馬も琨平翁に懐いて、琨平翁が乗ると喜んで走るが、他の人では動かなかった。それで家の人たちが小面憎がって話題にしたものだ。

その時は子息の海平君がまだ少年の比であった。某時二人で名古屋へ往くことになったが、交通の不便な山村のことであるから、途中まで馬で往かなくてはならない。そこで琨平翁は、鹿毛の前輪へ海平君を乗せて出発して海老へ往った。海老からさきには乗合馬車があり、それから汽車に乗るのであった。で、琨平翁は海老で馬をおりて、それを僕の手に渡してから名古屋へ向った。

名古屋では広小路の大橋屋が定宿になっているので、そこへ投宿したが、二人とも疲労しているので、夕飯がすむなりすぐ寝た。

そのうちに琨平翁の眼の前へ、窓の木連格子が見えて来た。見るとその木連格子には、一挺の猟銃があって、それが窓の外へ来るものを覗っているように、銃口を外へ出してあった。琨平翁は、

(何か獲るために据え銃をしてあるだろうか、何を獲るつもりだろう)

と思った。と、その時、窓の外へすうと馬の姿が見えて来た。

（馬か）

と思って眼をやると、それはまぎれもない愛馬の鹿毛であった。珉平翁ははっとした。

（あぶない）

同時に猟銃がどんと鳴った。珉平翁は驚いて駈け出そうとして気が注いた。珉平翁は夢を見ていたところであった。

科学者の珉平翁は、変な夢を見たものだと心で苦笑していたところで、翌日になって家から電報が来た。それは、愛馬の急死したことを知らして来たものであった。

その時珉平翁は、名古屋から帰るなり、家の人をあつめて、

「俺も今まで、妖怪とか幽霊とかは信じなかったが」

と冒頭して、夢の話をした。これは海平君の姉さんの佐佐木味津三未亡人の話である。

天窓の大きな怪物

近藤外科として知られている近藤次繁博士の乃父近藤坦章翁が、愛知県知多郡鷲塚村で洋々医館と云う医学塾をやっていた時のことである。山崎珉平翁もその塾生の一人としてそこにいたが、大浜在の寺に知った和尚があったので、某夜遊びに往った。その時は明治初年の文明開化の時代であったから、二人は東洋と西洋の文明比較論をたたかわ

した。西洋流の医学を修めている珉平翁が、

「これからさきは、西洋風でなければならない」

と云えば和尚は、

「西洋はだめだ、やっぱり東洋風でなければ」

と云う調子で遅くまで話していて帰った。その寺を出るには、竹藪の中を通らなくてはならないが、その晩は微月(うすづき)があったので藪の中も明るかった。珉平翁は悠々と歩いていたところで、何か物の気配を感じたので前を見た。前から背の低い大きな天窓(あたま)で、それで顔の掌ぐらいしかない異形の物がちかちか眼を光らして来ていた。それには怪異を信じない珉平翁も顫(ふる)いあがった。珉平翁はどんどん走って寺へ逃げこんだ。和尚は珉平翁が顔の色をかえて引き返して来たので、

「どうかなされたか」

と云った。珉平翁は、

「天窓(あたま)の大きな妖怪に逢った」

と云った。それを聞くと、和尚は得意になった。

「それごらん、さっきは迷信だとか、科学で説明ができると云いよったが、どうです、妖怪もありましょう」

珉平翁はそれには一言もなかった。珉平翁が苦笑しているところへ、とことこと跫音(あしおと)がして入って来た物があった。見るとそれがかの怪物であった。和尚は笑いだした、そ

れは翌日その寺で大きな法要があるので、近くの寺へ大木魚を借りに往った小僧が、天窓に乗っけて帰って来たところであった。

藤右衛門火事

これも津具(つぐ)村の話であるが、上津具の上町に、藤右衛門という農夫があった。明治初年のこと、その村に浪人あがりの浪爺(あそびにん)が流れこんで来て、脅迫をやり強請(ゆすり)をやるので、村ではだれいうとなしに火の玉小僧と云って、蛇のようにきらって皆でそれをさけた。火の玉小僧の浪爺の方では、村の者が面と向って己(じぶん)に衝(ぶ)つかって来ないので、ますます好い気になってのさばった。そうなると淳朴な村の者もがまんができなくなった。村の者の怒りが一時に破裂した。村の者は手に手に竹槍や棍棒を持って浪爺を襲撃した。浪爺は恐れて井口の方へ逃げた。

「逃がすな」

「やっつけろ」

「今日こそ、殺してしまえ」

村の者は浪爺を追っかけた。そこは山の麓であった、その時山へ往っていた藤右衛門は、昼食を喫(く)うべく山をおりて来たところで、日常憎んでいる火の玉小僧が、村の者に追っかけられて来ているので、前へ来るなり手にしていた枴(おうこ)で撲(なぐ)り殺した。

それは七月の午比(ひるごろ)のことであった。それから間もなく藤右衛門の家から火が出て、その附近に類焼したが、それ以来上津具で火事といえば、きっと藤右衛門の家が中心になって焼けた。今から二十年前には落雷して火事になり、昭和三年には、ガソリンの火で火事になったが、それがいつも七月で時刻は午前後(ひる)であった。

土地ではそれを藤右衛門火事というのであった。

死体を窃(ぬす)みに往く

明治初年比(ごろ)の医学生は、人体を解剖するに材料がなかったので苦心した。

某時(あるとき)矢矧川(やはぎがわ)に水死人があって、身許不詳のために川堤に埋めた。それを岡崎にいた数人の医学生が知って、夜になるのを待って窃(ぬす)みに往った。死体を埋めてある処は、元より淋しい処で、夜に入っては人の往来がないので、死体の発掘には持って来いの場所であるが、火を点けることが出来ないので、星の光をたよりにして掘らなくてはならなかった。しかし、死体は桶にも棺にも入れないで、いいかげんに埋めてあるので、掘り出すに手間はかからなかった。

そしてそれを掘り出して始末にかかったが、皆黙々として声を出す者はない。そこには鋸(のこぎり)の骨に喰い入るきしきしと云う鬼魅(きみ)悪い小さな音があるばかりであった。その時そのうちの一人が、

「おい、あれはなんだ」

と云ったので、皆の眼が上流の堤の方へ往った。そこには地上一二尺の処に小さくて赤い二つのぎらぎらする光があって、それがこっちへ向って来るようであった。

「へんだぞ」

「ほう」

一行はあたふたと起って、それぞれ傍にある物を持って走った。そして、二三町も往ったところで、だれかが、

「おい、首は持ってるか」

と云った。そこで皆で手にしている持物に注意したが、首を持っている者はなかった。

それはそのうちの胆力のある医学生であった。その医学生は引返して往った。そして、

「首をおいて来てどうする、僕が往って執って来る」

死体を掘りかえした場所へ往ってみると、かの赤い二つの光がそこに来ていた。それは狼であった。医学生は手にした鋸を揮りまわして狼を追い、首を執って帰って来た。

死体を喫う学生

北海道の〇〇大学は、後ろに農園があって、側面が運動場になっているが、その運動場の端れから農園にかけて草の堤が続き、そして堤の外は墓場になっていた。

年代は不明であるが、その大学に、某と云う学生がいた。色の蒼い背のひょろ長い陰気な青年であった。その学生はいつも一人で、校舎や運動場の隅で瞑想にでも耽けっているようにぽつねんとしていたので、だれもその存在を認める者はなかったが、ただ一人Ｍと云う学生だけがそれを知っていた。と云うのは、Ｍとその学生は寄宿舎の寝室が一所であるうえに、寝台が並んでいたがためであった。一行の寝室は二階の奥の部屋であって、そこには六つの寝台が置いてあった。

そんなことでＭはその学生を知っていたが、ただ朝晩の挨拶をかわすくらいのことで、無論郷里などは知らなかった。知ろうと思ったこともあったが、対手がひどく嫌うようにするから訊いてもみなかった。

それは霧の深い夜であった。その夜は何故か寝ぐるしかった。そして、やっと眠りかけたところで、微かな物の気配がしたので、Ｍはそっと眼をその方へやった。室は外の白い霧のために微かに明るかった。そこには学生が皆の寝息を窺いながら、寝台からおりて服を着けているところであった。

Ｍはどこへ往くつもりだろうと思った。Ｍはそれに興味を覚えてその後をつけようと思いだした。一方学生は四辺に気を配りながらそっと扉を開けて廊下へ出た。

それと見てＭも上衣を引っかけて廊下へ出た。学生は後を気にするように、時おり揮り返りながら廊下の行詰りへ往って、それから階段をおりて往った。Ｍも蝙蝠のように体を壁へくっつけくっつけして学生を追って往った。階段を降りた処に運動場へ出る扉があって、それには錠をおろしてあった。学生はそれには見向きもしないで、扉の端にある下駄箱の上へよじのぼった。下駄箱の上には明りとりの横窓があった。そこで学生はまた四辺に注意しておいて、その横窓の硝子(ガラス)扉を開けて猫のように這って外へ出たが、それは馴れた身のこなしであった。

　階段の上からそれを見ていたＭも、すぐその真似をして外へ出た。外は運動場であった。見ると学生は白い霧の中へ黒い影を落しながらどんどん向うの方へ往っていた。そうなるとＭも小走りに走らなくてはならなかった。そして、かの堤まで往ったところで学生の姿が見えなくなった。

　堤の向うは墓場であった。Ｍはそこで奴め墓場でだれかと媾曳(あいびき)でもするのかと思った。Ｍはますます面白くなったので、堤を越えて墓場へおりた。

　墓場には学生の姿は見えなかった。しかし、墓場以外に往ったと思われないので、Ｍは石碑と石碑の間を探して歩いたが、どうしても見つからなかった。三十分近くもあっちこっちしてへとへとになったので、一つの大きな石碑の傍(そば)へ立って足を休めながら、見るともなしにひょいと前の方を見た。と一間くらいの処に地を掘りかえしたような処が見えた。Ｍはそこでこれは葬式をするために掘りかえしたものか、それとも掘った址(あと)かと思った。その瞬間掘りかえした土の盛りあがりの傍に蹲(うずくま)っている怪しい物を見つけた。怪しいものは学生であった。学生は微(ほの)明るい霧の中に顔を見せた。その学生の口の周囲には、微(うす)赤いどろどろした物が附いていて、それがために口が耳の根まで裂けているように見えた。

「わ」

Mは夢中になって走った。石碑に躓き石碑を倒した。そして、やっと寄宿舎へ帰って、寄宿舎の扉にぶっつかりながら、

「開けてくれ、開けてくれ」

と大声で喚きたてたので、寄宿生たちが驚いて起きて来た。Mは舌が硬ばって事情を話すこともできないので、そのまま己の寝室へ往って寝たが、睡れるはずがない。Mはやや静まりかけた頭で学生の怪しい行動を考えていたところで、蒲団の端をさっと捲くられた。そこには学生の蒼褪めた痙きつった顔があった。

「見た、貴様見たのだな」

Mは気絶してしまった。そして、同室の者に介抱せられて気が注いた時には、もうかの学生はいなかった。

Mは後になって、かの学生は癩病の系統のあるもので、それには死体が薬になると云う迷信から、そんなことをしていたと云うような噂を耳にした。

煙草を喫む

浜崎文太郎君は高知県吾川郡浦戸村の産、貧しき漁師の児から船長になり、後には造

船会社などを経営していたこともあって、著者の郷里では立志伝中の一人とせられていた。

その浜崎君が十八の時、巽丸と云う和船の炊事夫(かしき)をしていた時のことで、それは大晦日の夜であった。大阪からの帰りに、室戸岬を廻って奈半利(なはり)沖まで来たところで、今まで何も見えなかった船の向うに、数多(あまた)の漁船が見えて来たが、何を釣っているのかそれぞれ船の中で漁火(いさりび)を焚いていた。その晩は曇っていたが追手(おいて)で申し分のない航海であった。ところで、船がそれに近くなると不意に動かなくなった。船頭が船方を呼び集めた。

「おうい、みんなこうい」

浜崎君もその声に応じて胴の間へ往った。胴の間には船頭はじめ二三人の者が坐って、煙草を喫(の)んでいた。

「おぬしも、煙草を喫め」

そこで、浜崎君も皆の真似をして煙草を喫んだ。

「それ、みろ、あれを」

漁船の火はその時一つ二つと消えはじめていたが、間もなく消えてしまった。同時に船が動きだした。船頭は起ちあがった。

「もう、これでええ、これでええ、それ、取り梶いイ」

船はその夜の明け方に無事浦戸港へ入った。

青と赤の航海灯

浜崎文太郎君が村井汽船の船長をしていた時のことで、その時は三千五百トン位の荷物船に石炭を積んで、若松から東京へ往っていた。

その船は熊野灘にかかっていた。ちょうど暗みかけた時で空はまだ明るかった。六時であったろう交替時間が来たので、浜崎君は上へあがるために上衣を着はじめたところで、甲板の方で、

「ばんざあい、ばんざあい」

と云う数人の声がした。それは船員たちが何かを嘲弄しているような声であった。浜崎君は何事だろうと思って、急いで甲板へあがって往った。甲板には五六人の水夫がいて、それが勝浦沖から来ている青と赤の航海灯を見てはやしたてているところであった。その航海灯は早い速度で近づいて来たが、どう云うものか船体は見えなかった。水夫たちはそれを見てまた一斉に、

「ばんざあい」

を浴びせて嘲弄した。すると、航海灯はふいと消えてしまった。消えてしまったかと思うと、またすぐ向うから来るのであった。来ると水夫たちはまた万歳。そこへ水夫長が来た。浜崎君は、

「蜃気楼じゃないか」

と云った。水夫長は妙な顔をしていた。

「船長、あれがやったのは、今日ですよ」

浜崎君はちょっとその意が判らなかった。

「あれとは」

「昨年、ここからやったじゃありませんか」

それは細君に男が出来たので、憂鬱になっていた船員の一人が、そこから投身自殺したことであった。浜崎君はぞっとした。

「おう」

浜崎君が長い間の海員生活に、怪異を見たのは、これと、漁船の火に対して煙草を喫(の)んだ時の二つであった。

真白な大きな帆

高知と阪神の間を往復している汽船は、今でこそ船体も大きく千トン前後になっているが、日露戦争比(ころ)までは非常に船体が小さくて、船に弱い人たちはひどく悩まされたものだ。

明治の末年のことであった。土佐航路に当っている船に高新丸と云うのがあった。ある時雪のちらちらする夜、例によって神戸を出帆して紀淡海峡へかかったところで、真白な大きな帆の帆船が舳へ近くぽっかりあらわれた。高新丸の方では衝突しては大変であるから、左の方へ船首を向けたが、向けるに従ってその帆船も左の方へ曲って来るので、こちらでもしかたなしに左へ左へ船首をやった。
と異様な音がして船は座礁してしまった。同時に帆船はふっと消えた。

高新丸の座礁したところは紀州の海岸であった。その時高新丸には高知の名士で弁護士の宮地榊君が乗っていた。これはその宮地君の話。

美女の棹さす小舟

高知県幡多郡清水町の松尾と云う処に、出張友助と云う壮い漁師がいた。数年前愛媛県から移住したものであるが、某時その友助の女房の花美が釵をなくした。
ところで、この花美は愚かで勝気な女であったが、釵がなくなると精しく調べもしないで、人に盗られたものとしてその嫌疑を近くの紺屋の女房にかけた。

「釵がのうなったが、おまんは知らんかのし」

汚名を被せられた紺屋の女房は菊野と云うのであった。菊野は内気な女であったがさすがに憤った。

「知るものか、ふつごうな事を云いな、あたしが盗っちょると云うには、何か証拠があろう、さあ証拠を出し」

「証拠けよ」

「そうとも、証拠を見せてから云い、どこに証拠があるぜよ」

盗っていない者に証拠のあろう筈がなかった。結局釵は花美がどこかへ落としたと云うことになった。そうなると花美は、世間へ対して顔向けができなくなった。それに花美は県外から来た云わば渡り者であった。花美は何とかして世間の己に対する批難を一掃しなければならなかった。


それからまもなく、花美の家では、花美の大事にしているフェルトの草履が無くなったと云いだした。そして、二三日したところで、花美の仲のいい近所の女房が、菊野の家の縁の下にあったと云ってそれを持って来た。

「それみたことか」

花美は威たけだかになって菊野の家へ怒鳴りこんだ。

「草履を盗むようなおまさんじゃ、このあいだの釵も盗んだろう」

菊野は花美が己を陥れるために己の家へ草履を投げこんだものだと思ったが、証拠がないのでどうすることもできなかった。

「人は見かけによらんものじゃ、あんな綺麗な顔をしておって」

近所の人びとはいつともなしに菊野を疎外するようになった。菊野はすこしも心にや

ましいことはなかったが、世間から冷たい眼を見せられるとすっかり憂鬱になってしまった。菊野は某夜盛装して二人の子供に、

「清水へ往って来るから、おとなしく寝ていなさいよ」

と云って、提灯をつけて出て往ったが、それきり帰って来なかった。菊野の所天の貞次が心配してあちらこちらと探したが、菊野の姿はどこにも見えなかった。それと知って附近の人びとも騒ぎだした。

「あんなことがあったから、ついすると」

捜索の一行は松尾の鼻の方へ往った。そして、あちらこちら捜しているうちに菊野の挘りとったらしい草の痕を見つけた。そこでその附近を探してみると、果して菊野の履いていた下駄が見つかった。

「提灯がちらちらしよったが、それでは、あれが菊野さんであったか」

その翌日の夕方になって、そこからすこし離れた天神の鼻の浪打ち際へ菊野の死体がうちあげられた。

花美は菊野が死んだことを知ると、さすがに気もちが悪かった。花美はその夜から高熱にうかされて、

「あたしが悪かった、あたしが悪かった」

と云って譫語を云っていたが、それから三日目の夕方になってとうとう狂死した。花

美の家では花美が死んでからも病人が絶えなかった。所天の友助はそれを気に病んで、某日猿田という神官に弓祈禱をしてもらったが、その猿田が斎壇の前へ坐って祈禱していると、突然、

「みさきが乗った、みさきが乗った」

と云って悶絶した。菊野の執念は花美の一家ばかりでなく、松尾部落の者には誰彼の区別なくつきまとった。ことに、花美の口車に乗って菊野の悪口を云った者には、かたっぱしから祟った。そして、それ以来松尾の鼻に溺死人があると、それがきまって松尾部落の人ばかりであった。

菊野が死んでから間もないことであった。清水の漁師が松尾の鼻の沖に漁に往ったが、その日は天気と云い潮の具合と云い漁にはもって来いの日であったが、どうしたものか少しも漁がなかった。

「どう云うものじゃろう」

「おかしいぞ」

そのうちに日が暮れたところで、松尾の鼻の方に当ってぽっと青い火が浮んだ。漁師たちは菊野の怪異を知っていた。

「もう去の」

「去の」

漁師たちは急いで釣糸をおさめた。と、青い火が消えてそのかわりに小さい白いもの

が浮きあがったが、それがだんだんと大きくなって、やがて一艘の小舟になり、矢を射るような速度でこちらへ向って来た。

漁師たちは呆気にとられて怪しいその小舟を見つめていた。そのうちに小舟はすぐ前へ来た。それは真新しい白木の舟であったが、それには二人の色の透きとおるように姝な女が乗っていて、一人は艫に立って棹をさし、一人は胴の間に坐っていた。漁師たちの眼は棹を持っている女の方へ往った。深い深い海の中に棹の立つはずがなかった。漁師たちは顫えあがった。と、女の声が聞えて来た。

「違うよ、松尾の者じゃないよ」

「どうしようか」

「松尾の者でなければ、いいよ、このまま帰ろう」

漁師たちははっとしてその方に眼をやった。そこにはもう怪しい小舟も姝な女の姿も見えなかった。

その後また清水の漁師が松尾の天神下で舟がかりをしていると、やはり小舟に乗った姝な女が来て、

「松尾の人じゃない」

と云って消えて往った。

「その当時、松尾の人はびくびくものでしたよ、みさきの中でも、菊野のみさきは、大将株だと云うことでしたよ」

と云って、高知水上警察署の小鷹丸の機関長下城善次郎君が話した。

浦戸港奇聞

一

　明治三十六年四月二十四日の事であった。高知県安芸郡田野村の有沢繁次と云う青年が、住吉丸と云う百石積の所有の荷物船へ、肥料用の生石灰を積んで、浦戸港を出帆して居村の田野へ向ったが、予定の日数を経過しても帰りもしなければ消息もないので家の者は不審した。しかし、浦戸から田野まで陸路にして僅かに十里、浦戸方面が荒天なれば田野方面も荒天で、天候は同じであるうえに、住吉丸が出帆した日から四五日間は、至極海上も平穏であったから難破するような事はないが、そのままにしても置かれないので、近親の者は元より近隣の者も同伴(いっしょ)になって捜索したが、杳(よう)として判らなかった。その船には浦戸港内に面した吾川郡御畳瀬村(みませむら)の銀次と云う男が雇われて乗っていたので、銀次の家でもそれに協力して捜索したが、やっぱり判らなかった。

　そのうちに七十日ほど経過した。その時浦戸港口から西になった諸木(もろぎ)村の沖あいで、御畳瀬の漁夫が手繰網を曳いていると、半ば糜爛(びらん)した人間の首が懸って来たので、御畳瀬の村役場では取りあえず仮埋葬に附したと云う噂が伝わって来た。

繁次の近親の者は、もしやと思って御畳瀬へ往って、吏員立会いの上で発掘したところ、肉は腐っていたが特徴のある歯並びが繁次に相違ないので、引き取って田野の有沢家の墓地へ改葬した。

その時繁次は二十二歳。兄の鉄太郎と云うのは兵庫へ出ていたので、母親のキチもそこへ往っていた。某夜母親の枕頭へ繁次が姿を現わして、

「俺は、いま、御畳瀬に隠れておる、その仔細は直きに判る」

と云った。繁次の事を心配していた母親は、繁次が近親の者の心配も思わずに、御畳瀬に隠れていると云うのが、怨めしくもあれば腹だたしくもあった。

「皆が心配しておるに、そんな処におって、済むと思うか」

母親はいきなり繁次にむしゃぶりついた。母親がむしゃぶりついたのは、繁次でなくて傍に寝ていた鉄太郎であった。母親は夢を見たところであったが、その夢を見た時は、繁次の首が海からあがって御畳瀬の村役場に届けられた日の晩であった。

二

繁次の生死が判明して間もなく、やはり御畳瀬の定吉と云う漁夫が夕方漁から帰っていると、諸木の沖あいで溺死者の死体の浮んでいるのを見た。死体は糜爛して男とも女とも判らなかったが、そのままにして帰れないので、一枚の苫をその死体へかけておいて帰って来た。家へ入ったところで定吉はがたがたと顫いだして、怪しい容態になり、

「俺は、四月の二十四日に殺されたぞ、口惜しい口惜しい、敵を執ってくれ、敵を執ってくれ」

と云って喚きたてた、家の者は驚いて執り鎮めようとしたが、どうしても鎮まらなかった。

「口惜しい、口惜しい、敵を執ってくれ」

家の者はどうにも手のつけようがないので、大久保と云う神主に来てもらった。定吉は神主を見るとまた喚きたてた。

「俺が判らんか、俺は銀次じゃ、俺は殺されたぞ」

「銀次とは、住吉丸に乗っておった銀次か」

「そうとも」

神主はそこで、審神者を頼んで、

「その銀次なら、田野の繁次と一所に殺されたか、どうか、理を云え」

「云うとも、云わいじゃ」

銀次の死霊と思われる者は、断続に遭難当時の事を口にした。それによると、四月二十四日の薄暮、住吉丸が浦戸港の沖あいへ出たところで、前方から銀次と同村の杉本亀吉の船が順風に帆をあげて矢を射るように来たが、亀吉の船は船体も大きいので衝突しては大変であった。銀次は驚いて声をかぎりに叫びたてたが、亀吉の船は舵を変えなかったので、みるみる衝突して住吉丸は沈み、銀次は横舵で放ね飛ばされて、そのまま溺死したと云うのであった。

銀次の死霊はまたこんな事も云った。

「俺の姿も見ておるし、俺の声も聴いておるのに、助け綱一つ投げてくれなかった、亀吉の船には亀吉と女性（ねっしょう）と、その弟もおれば、由蔵もおった、彼奴らは鬼じゃ、どうぞ敵を執ってくれ」

女性とは亀吉の女房をさして云った事で、由蔵は安芸郡吉田村の者であった。神主はそこで、

「その時繁次は、どうしておった」

と云って聞くと、

「繁さんは、舳（みよし）におったが、これも死んだに違いない」

三

被害者の方では、それ以来、亀吉一家に探索の眼を向けて調べたが、物的証拠がないのでどうする事もできなかった。それで三年を経過して、明治三十八年十二月になった。その時繁次の兄の鉄太郎はじめ両親は、大阪の木津川一丁目へ出て船宿をしていたが、某日（あるひ）その店へ土佐の客があった。それは田野村の武井熊之助と云う男であったが、その熊之助は店頭で、これも投宿して来た同郡安芸町の蔭山巳之助と云う知人に逢ったので、二人は奇遇を喜んで酒を飲みながら何か話しだしたが、その話の中に亀吉とか由蔵とか

云う名が交っているので、家の者はその席へ跳りこむように入って往った。

「一生の頼みじゃ、どうぞ今の話を聞かせてくれ」

一家の者の血相が変っているので、二人は困ってしまったが、黙っていられないので、巳之助が代って話しだした。

「実は由蔵から聴いたが」

巳之助の話は、銀次の死霊の云った事とかわらなかった。そして、巳之助は由蔵の、

「銀次が浮きつ沈みつしながら、助けてくれ助けてくれと云うたが、凄かったぞ、今、想うてもぞっとする」

と云った詞を附け加えた。そこで繁次一家の者は、二人に証人になってもらう事にして、翌三十九年の三月、土佐へ帰って銀次の遺族とも打ちあわせて、田野署に告発したところで、田野署では安芸署へ往けと云った。安芸署に出頭したところで、今度は遭難地たる伊野署へ往けと云った。一行は評議の上、高知市へ往って地方裁判所の検事局へ告訴した。

告訴一件は高知市発行の土陽新聞に掲載せられて世間の注目を惹いた。そして検事局の取調べとなったところで、証人になるはずの巳之助と熊之助二人が、後難を恐れたのか、それとも被告側から脅迫されたのか、曖昧な事ばかり云うので、事件は証拠不充分で不起訴になった。

不起訴になってから間もなく、銀次の死霊が再び定吉に憑って喚きたてた。

「お上の手で敵が執れないなら、俺の手でやって見せる」

そのうちに由蔵は崖の山から転がり落ちて来た材木に打たれて即死し、亀吉は発狂して泳ぐような恰好をしながら畳の上をのたうっていたが、とうとう悶死した。これは被害者の遺族に跟いて告訴に往っていた田野村出身の有沢宇太郎君の談話である。

曾我兄弟の墓

今回開港場となった高知港の東岸に種崎と云う部落があって、そこに曾我兄弟の墓と云われている古い石碑があった。それは路傍に面した屋敷跡のような地所の隅にあって、傍に一本の松の木があったのを筆者も少年の時に見ている。

明治年間の事であった。種崎に某と云う者があって、毎晩のように東隣の仁井田と云う部落へ碁を打ちに往った。その仁井田の山の麓になった淋しい処に清導寺と云う寺があって、そこに碁の上手な住職がいた。

好碁家某は、その日も例によって夕飯をすますなり、仁井田へ出かけて往った。この種崎と仁井田の間に、火除けと云って数町の間人家のない処があって、そこには桑畑があり、竹藪があり、また種崎の出はずれには、赤井戸と云う井戸枠の周囲を赤く塗った井戸があって、頸の無い馬が出るとか河童が出るとか云うので、少年たちは恐れたものだ。

その時は陽が入ったばかりの時であった、某(なにがし)が火除けの中央へ往ったところで、一人の老婆が路の真中へ坐って両足を投げだしせっせと苧(お)を紡(つ)んでいたが、路が狭いので老婆が足を引っこめてくれなければ通れない。某は老婆の注意を惹くように咳(せき)をしたが、老婆はすまして苧を紡んでいて、足を引っこめそうにないから某も癪(しゃく)に触って跨(また)いで往った。

そして、清導寺へ往って住職敵手(あいて)に碁を打ち、遅くなって家へ帰った。家では平生のように五右衛門風呂をたててあったので、某は早速それに入って体を洗いながら、座敷の方にいる女房と話していたところで、何者かが来て背を叩かれた。某は吃驚(びっくり)した。同時に敵手(あいて)の声が聞えた。

「おまえさん、何をしよるぞよ、そんな事をして」

某は曾我兄弟の古碑を洗っているところであった。そこには夜が明けたので、井戸の水を汲みに起きて来た隣の老婆が立っていた。

飛び交う火の玉

高知水上署の巡邏船小鷹丸の機関長下城喜次郎君が、まだ観音丸と云う発動機附の漁船に乗っている比(ころ)のことであった。

それは大正五年の十一月で、その時観音丸は鮪(まぐろ)漁のため幡多郡の清水港から足摺岬の沖へ出漁していた。そこは足摺岬から東南十五浬(かいり)の地点であった。

その日は朝から烈しい風が吹いていたが、それが午後二時比(ごろ)になるとますます烈しくなって、船は木の葉のように激浪に翻弄された。

「日が暮れたらおおごとじゃ、早う縄をあげよう」

一行は一生懸命になって縄をあげたが、しかし、激浪のために作業が思うように運ばなかった。そのうちに日がとっぷりと暮れてしまった。

船が足摺岬の灯台の灯をたよりに、清水港に向って疾走しはじめた比には、烈しい東南の風に乗って盆をくつがえすような雨が降って来た。船はその豪雨の中を時速六浬の発動機と帆の力によって走った。

そして、二時間近くも走ったと思う比、下城君はひょいと機関室から首を出してみた。と、今まで見えていた灯台の灯がどこにも見えなかった。

下城君は不思議に思って、船長室の方へ声をかけた。

「船長、灯台が見えんが」

すると船長がそれに応えた。

「そうじゃ、さっきから見よるが、どうしても見えん」

と、その時であった。観音丸の前方を、同じ方向に向って進んでいるやはり帆をつけた一艘の発動機船があった。それは有水式と云う旧式の船であったが、一行はそれに勢いを得てその後を追った。そして、一時間近くも走ったかと思う比、機関の調節に夢中になっていた下城君の耳に漁師たちのきれぎれの声が聞えて来た。

「あれゃ怪しいぞ」

「そうじゃ、風に向うて帆をまいちょる」

「あ、火の玉じゃ」

下城君ははっと思って顔をあげた。今のさきまで走っていた有水式の発動機船は、影も形もなくなって、船の舳（へさき）から二間ばかり離れた処に、直径三尺ばかりの大きな火の玉が浮んでいた。

「おや」

下城君は無意識に艪の方を見た。そこにも船尾から二間ばかり離れた処に、同じような火の玉が浮んでいた。そして、その前後の火の玉は見えたり消えたりした。それは前後の火の玉が、非常な速力で交互に飛びこうているので、その明滅は前後に入れかわった時に起るのであった。

そのうちに足摺岬の灯台の灯がぽっかりと見えて来た。下城君はそれに力を得てぐんぐんと船を進めたが、なにしろ暗夜のうえに激浪と風雨で磯が判らないので、足摺岬から二浬ばかり隔った臼礁（うすばえ）沖の風かげへ往って碇泊したが、火の玉は依然として船から離れなかった。

しかし、一行は安全な場所へ碇泊することができたので、もう火の玉に恐れなかった。一行は平気でその火の玉を見ていたが、そのうちに夜が明けかけたので、火の玉もどこへか往ってしまった。

死人の船室

上海を出帆したK丸は、真暗な海上を長崎に向って勢いよく走っていた。船の中は深い眠りに落ちて、機関の音ばかりが無鬼魅(ぶきみ)な音をたてていた。

佐村も二等船室でぐっすりと眠っていたが、ふと気がつくと自分の足を引っぱる者があった。佐村は夢を見ているのだなと思った。そして、やはりうとうとしているうちに、寝台の下から細い手が出るのがはっきりと見えた。佐村はあっと言って思わず身を起した。そして、無意識に自分の額に手をやってみると、油のような寝汗がべっとりと掌を濡らした。

「なあんだ、夢だったのか、馬鹿ばかしい」

彼は自分の神経を嘲るように呟いて再び身を横たえた。しかし、考えてみると場あいが場あいだけにいい気もちはしなかった。

彼は一週間前に川へ墜ちて変死した友人の遺骨を、その郷里へ届けるために乗船しているのであったが、他の乗客にそれを知られると厭がられると思ったので、骨壺をトランクに納めてわざわざ自分の枕頭へ置いているのであった。佐村の頭には土色をした友人の死顔や、火葬場で見た頭蓋骨などが次つぎに浮んだ。そんなことを思い出すと、彼の神経は針のように鋭くなるばかりで容易に眠れなかった。

それからどのくらい時間が経ったか、突然彼の室のドアをノックする音がした。

「どなたです」

佐村は眠そうな声でそれに応ずるなり、あわてて躍び起きてスリッパを穿いた。

「どなたです」

佐村はドアの内側からもう一度怒鳴った。

「僕だよ、開けてくれ給え」

それはたしかに聞き覚えのある死んだはずの友人の声であった。佐村はぞっとしたが、直ぐにそれは自分の神経のせいだと思いかえした。彼は勇気を出してドアを開けた。が、ドアの外にはだれもいなかった。

彼は夢中でボーイを呼んだ。ボーイは眠そうな顔をしてやって来た。

「どこでもかまわない、大急ぎで室をかえてくれ」

彼はボーイに気のどくななどと思いやってはいられなかった。ボーイは蒼褪めた佐村の顔をちらと見たが、別に不審そうな顔もせず、

「そうですか、ではどうぞ」

と言った。佐村はトランクを取るために室内へ引きかえそうとした。それを見るとボーイはあわてて、佐村を呼び止めた。

「トランクは、そのままにしといてください」

佐村は変なことを言うなと思ったが、訊きかえしている余裕もないので、そのままボーイに随いて別の室へ往った。

船が長崎へ着いてからボーイが佐村に向って、

「あなたはあの室で、何か不思議なことにお遭いになったのじゃないですか」

と訊いた。

「実は変なことがあったのだ、それより、君は、何故あの時トランクを、そのままにしとけと言ったのだね」

「でも、あのトランクには、お骨が入ってるのでしょう」

「どうして、それが判る」

「いや、ちゃんと思いあたることがあるのですよ」

「ほう」

佐村はボーイの話に引きこまれた。

「どういう訳ですか、あの室に当った方は、必ずお骨を持って帰る人ですよ、そんな人が乗り合わせない時には、きまってあの室は空いているのです、で、船ではあの室を、死人の客室と呼んでいます、そんな訳ですから、あなたのトランクにも、きっと遺骨が入れてあるだろうと思いましたから」

豆腐を買いに往く水夫

小説家里見弴氏の話である。

柳宗悦君に、柔道二段で船乗りをしていた一人の兄があった。その兄なる人は部下の船員たちから親のように慕われていたが、船が伊豆の下田へ往った時、例によって部下の船員を伴れて宿屋へあがり、そこで地炉を囲んで酒を飲んでいたところで、親しい水夫の一人がやって来た。それは長い間部下にいて最近他の船へかわったばかりの者であった。

「やあ、君か、よく来た、皆連中ばかりだ」

と云って座敷へあげようとしたが、豆腐がほしかったので、

「すまないが、あがらないうちに、ひとっ走り往って、買って来てくれないか」

と云って頼んだ。すると水夫は心よく、

「往って来ましょう」

と云って味噌漉を持って出て往ったが、それっきり帰って来なかった。後になってその水夫の来た時は、水夫の乗っていた船が沈没して、彼が溺死した時刻であったと云うことが判った。

欺された幽霊船

数年前のことであった。第十八宇和島の船長をやっていた小野田君が、土佐沖にさしかかったところで、前方から赤と青の航海灯を点けた一艘の帆船が走って来たが、長い間経験のある小野田君は、その帆船がどうしても普通の船でないと云うことを直覚したので、帆船がすぐ眼の前へ来ると、

「おうい、その航海灯はなんじゃ、それゃ反対じゃないか」

その時帆船の航海灯は、正規のとおり赤を右に青を左に点けていたが、小野田君がそう云うとともに、ふいとその灯が消えて同時に船も見えなくなった。小野田君はそれを人に話して、

「違ってると云われると、違ってなくても火を消すところを見ると、やっぱりこちらの云うことが判るのですね」

と云って笑った。

不思議な帆船

大正八九年のことであった。鶴島魚市場の専務理事をしていた三善定雄君が、某夜急

に激しい暴風雨になったので、持船をしっかり繋ごうと思って、数人の雇人を伴れて海岸へ出た。ところで、そこに繋留してあった己の舟の真向うから、一艘の帆船がするすると入って来たが、それが今にも己の船へ衝きあたりそうになったので、三善君があわてた。

「あ、いかん、これは」

三善君は夢中になって駈けだした。そして、磯際まで往ったところで、もうその帆船は影もかたちもなかった。

海坊主と取組みあう

壮い漁師が某夜一人で漁に往っていた。そこは愛媛県の深浦の附近であった。烏賊か何かをかけていたのであろう、舟には松明を点けてあった。そして、せっせと釣っていたところで、不意に舳へ来て立ったものがあった。おやと思って見ると、それは大きな海坊主であった。気性の烈しい壮い漁師のことであるから、それと見るやいきなり摑みかかった。

「やい、糞坊主、何しに来やがった」

しかし、坊主も強かった。二人は組んずほぐれつどたんばたんとやっていたが、そのうちに夜が明けかかって来た。すると坊主はどこへか消えてしまった。

馬乗りになっていた海坊主

愛媛県の某(なにがし)と云う汽船の船長が、まだ帆船に乗って近海を往復していた比(ころ)のことであった。某夜(あるよ)甲板(かんぱん)に出てみると、大きな坊主が何かに馬乗りになったようにして、うんうんといきんでいた。船長は飛んで往って、

「こら」

と云って怒鳴りつけると、そのまま坊主の姿が消えてしまった。

海坊主

これは小説家泉鏡花氏の話である。

房州の海岸に一人の壮(わか)い漁師が住んでいた。某日(あるひ)その漁師の女房が嬰児の守をしながら夕飯の準備をしていると、表へどこからともなく薄汚い坊主が来て、家の中をじろじろと覗き込んだ。女房はそれを見て、御飯でも貰いに来たのだろうと思って、早速握飯をこしらえて持って往って、

「これを」

と云って差しだしたが、坊主は横目でちらと見たばかりで手を出さなかった。女房は

やさしかった。それではお銭がいるだろうと思って、今度は銭を持って出て、

「それでは、これを」

と云ったが、坊主はそれにも見向きもしなかった。女房は鬼魅わるくなって、金を持ったまま後すざりして庖厨の方へ引込んで往ったが、怕くて背筋から水でもかけられたようにぞくぞくして来たので、早く所天が帰って来ればと思いながら慄えていた。そのうちに四辺がすっかり暗くなって、時化模様になった海がすぐ家の前でざわざわと浪をたてだした。坊主はと見ると最初の処に突ったったまま身動きもしない。その影のような真黒い坊主の姿を見ると、女房はもういてもたってもいられないので、そっと裏口から隣へ遁げだそうとした。と、そこへ附近の壮い漁師たちがはしゃぎながら船からあがって来た。それと見て女房は駈け出して往って、

「だれか来ておくれよ」

と云って事情を話した。皆血の気の多い連中のことだから、

「そいつは怪しからん、やっつけろ」

と云って、坊主を取り囲んでさんざんに撲りつけ、倒れるところを曳きずって往って、浪うち際へ投げだした。

まもなく所天の漁師が帰って来たので、女房はその話をすると、漁師は何かしら気になるとみえて、飯の後で磯へ出てみたが、そこには暗い海が白い牙をむいて猛り狂っているだけで、それらしいものは見えなかった。

漁師はそれから間もなく寝たが、夜が更けて往くにしたがって外はますます荒れ、物凄い浪の音が小さな漁師の家を揺り動かすように響いた。そして、一時すぎと思う比どこからともなく、

「おうい、おうい」

と云うような悲痛な呼び声が聞えて来た。眠っていた漁師ははっとして眼を開けた。悲痛な人声はまた聞えて来た。

「あ、難船だ」

漁師は飛び起きて女房のとめるのも聞かず、裏口から飛び出して磯の方へ走った。と、すぐ眼の前の岩の上に一人の坊主が突っ立っていた。それを見ると漁師は思わず、

「やい、何してるのだ」

と云った。すると坊主は、ぐっしょりと濡れた法衣の中から手を出して、黙ったままで漁師の家の方へ指をさした。

「何だ」

漁師が突っかかるようにすると、坊主はまた黙って家の方へ指をさした。漁師が不思議に思って揮りかえったところで、己の家の方から火のつくような嬰児の泣き声が聞え、それに交って女房の悲鳴が聞えて来た。漁師は夢中になって、

「何しやがる」

と云って、いきなり坊主につかみかかろうとした。と、坊主は白い歯を見せてにたに

たと笑ったが、そのまま海の中へ飛びこんで見えなくなった。そこで漁師は己の家へ駈けこんだ。家の中では女房が冷たくなった嬰児を膝にして、顔色を変え眼を引きつっていた。

飯坂温泉の怪異

今はもう故人になった小説家の佐佐木味津三君がよく人に話した話である。

某日佐佐木君の友人がやって来て、

「君、えらい物を見て来たよ」

と云った。佐佐木君はその友人が数日前、飯坂温泉に往くと云っていたので、そこで何か見て来たものだろうと思って、

「鼻のかけた美人でも見て来たのか」

と云うと、友人はひどく真面目な顔で、

「いや、美人は美人だが、たいへんな奴だよ」

と云った。そこで、

「私窩子（じごく）か」

「そんなものじゃない、ぞっとする奴だよ」

「お化（ばけ）か」

「そうだよ」

「まさか」

「いや、ほんとだ、僕は飯坂のかってが判らないものだから、汽車の中で聞いた××館と云うのへ往ったのだ、ところが、それがたいへんな処だったよ」

「ほう」

佐佐木君もついつりこまれた。

「飯がすんで、机に向ってたが、そうだなあ、十一時比(ごろ)だろう、睡(ねむ)くなったから、湯にでも入ろうと思って、下へおりて往って、湯につかっていると、浴場の一方になった硝子(ガラス)戸へ、髪の毛をもじゃもじゃと垂らした顔の真蒼な、男とも女とも判らない者が、はっきりと映ったじゃないか、僕はぞっとして立ちすくんだよ」

「何かの錯覚だろう」

「いや、そうじゃない、僕も今時分お化なんかあってたまるものかと思って、見なおしたのだ、すると、そ奴がふらふらふららと風のように往って、すぐ見えなくなったのだよ」

佐佐木君はもうまぜかえさなかった。

「そうか、なあ」

「そんなわけで、僕は、一晩でその家を逃げだしたよ」

友人はそれから他の旅館へ往って二三日いたが、その夜のことが頭にひっかかって、仕事をする気にもなれないので帰って来たと云った。その友人が帰った後で、佐佐木君は夫人と友人が見たと云う怪しい物について話しあっていたところで、佐佐木君の許(もと)へ出入りしている大学生が遊びに来た。で、早速その話をすると、学生が、

「それはおもしろい、僕が往って調べて来ます」

と云って、その夜のうちに一人の朋友(ともだち)を伴(つ)れて出発して、飯坂へ往き、問題の××館へ往った。そして、夜の十一時になるのを待って、学生は伴れて往っている朋友に、

「それでは、僕が先へ往く」

と云って、一人で手拭いを持って浴殿へおり、そして、湯に入ったが、何かしら鬼魅(きみ)がわるくてじっとしていられない。それを強(し)いて押えて、手を洗ったり頸(くび)のまわりを洗ったりしていた。と微(かす)かに物の気配がするので、おやと思って硝子戸の方を見た。骸骨のように痩せて、真蒼な顔をして髪を振りみだした怪しい人の姿が映っていた。

(これだな)

学生の心は顫(ふる)えた。同時に怪しい物の姿はちらちら動いて、風のように向うの方へ消えて往った。

学生は夢中になっていた。学生は浴槽から飛び出すなり、体も拭わないで浴衣をひっかけたまま廊下へ出た。廊下には電灯が明るく点いていた。

廊下の行詰めには二階へあがる階段があった。学生はどかどか階段をあがった。中程へ往ったところで、微かな衣ずれの音がした。だれか人が来たなと思ったので、学生はほっとした。華美(はで)な振袖姿の女の子が、その袂をひきずるようにして降りて来るところ

であった。それは十六七の可愛らしい雛妓であった。学生はますます心に余裕ができた。

「こんばんは」

するとお雛妓は莞としながら摺れちがっておりて往った。

朝になって学生は、朋友を伴れて主翁の室へ往った。主翁は帳計処で新聞を読んでいたが、二人が来たので急いで眼鏡を除った。

「お早いじゃありませんか」

主翁はそう云い云い愛想笑いをした。学生は主翁をきっと見た。

「へんなことを聞くようですが、この家には、何か変ったことがないのですか」

「へんなことと申しますと」

「怪しい物だよ」

「それじゃ、見なすったか」

主翁は膝をなおした。

「やっぱりほんとですか」

「どこで見なすった」

「昨夜おそく湯に入ってると、あそこの硝子戸へ」

「どんな恰好をしてました」

「真蒼な顔をした髪の長い」

主翁はちょっと眼をおとした。

「お客さん、それは、家の倅ですよ、お恥かしゅうございますが、高等学校の試験をしくじって、気がへんになったものですから、十一時までは出さないことにしてありますが、それなら何でもありませんよ」

それなら何でもないと云うからには、他になんでもあるものがなければならぬ。

「それでは、他に、何か」

「他にはなにもありませんが、あなたは他に、べつに変ったものにも、お遇いにならなかったでしょう」

学生はちょっと考えたが、べつに怪しい物にも遇っていなかった。

「そうだなあ、べつに何にも遇わなかったが、湯殿から飛び出して、二階へあがってくる時、上から雛妓のような女がおりて来たが、その他には」

「雛妓のような女に、その女に遇いましたか」

主翁の眼が光った。学生はそれが気になった。

「遇った、遇ったが、あれは、なんだね」

「お遇いになったなら、隠しませんが、それですよ」

「それ、それとは、その雛妓が、お化に関係があるのか」

「関係じゃない、あれが、そうですよ」

「え」

「そうだと云うのですよ、昔からこの家にいるのですが、家内(うちのもの)には見えませんよ」

疫病神

長谷川時雨女史の実験談であるが、女史が佃島にいた比(ころ)、令妹の春子さんが腸チブスに罹って離屋(はなれ)の二階に寝ていたので、その枕頭につきっきりで看護していた。

それは夜であったが、その時病人がうなされていた。女史は何の気なしに床の間の方へ眼をやった。そこの床の間の隅に十五六ぐらいの少年がいて、それが腕ぐみしてじっと蹲(かが)んでいたが、その髪の毛は焦げあがったようで、顔は細長い茄子(なす)の腐ったような顔であった。女史はびっくりしたが、かねて疫病神のことを聞いていたので、ここで負けては病人が死んでしまうと思って、下腹へぐっと力を入れてその少年を睨みつけた。すると、少年の姿が煙のように消えるとともに、うなされていた春子さんが夢から覚めたようになった。

そのうちに春子さんの病気もすっかり癒ったので、女史は箱根へ出かけて往った。国府津(こうづ)で汽車をおりて、そこから電車で小田原へ往ったが、電車が小田原の幸町の停留場へ着いた時、何の気なしに窓の外を見ると、停留場の名を書いた大きな電柱に寄りかかって、ぼんやりと腕ぐみしている少年があった。それはあの茄子の腐ったような顔色の少年であった。

女史はそこでまた下腹へ力を入れてぐっと睨みつけた。と、少年の姿はまた消えてしまった。

座蒲団大の男の顔

　長谷川時雨女史が牛込の赤城下に住んでいた時のことであった。ある時阿郎（おっと）の三上於菟吉君が、銚子にいた詩人の今井白楊君に誘われて、銚子へ遊びに往っていたところで、歯に故障が出来たので帰って来た。阿郎が帰れば留守居があるので、女史はその翌日、久しぶりに鶴見の実家へ往って夕方になって帰って来た。女史は阿郎が待ちかねていると思うし、己（じぶん）でも早く阿郎の顔が見たいので急いで帰って来たが、女史の家は煉瓦塀に沿うた巷（こうじ）の奥で、そこには櫟（くぬぎ）があって、頭の上にその青葉が覆いかぶさるように繁っていた。

　女史は微暗（ほの）くなったその青葉の下を通って門口まで帰りつき、耳門（こもん）の扉を開けて入ろうとして何気なく耳門の上になった青葉の中へ眼をやった。と、そこに座蒲団大の男の顔があって、それがこちらのほうを覗きこむようにして美しい白い歯を見せていた。それは今井白楊君の顔であった。

　女史はびっくりして家の中へ駈けこんだ。家の中は真暗で三上君はいなかった。女史は急いで電灯を点けた。机の上の原稿紙に三上君の筆蹟で、

「三富と今井が死んだ、死骸を探しに銚子へ往く」

と書いてあった。三富とはやはり詩人の三富朽葉君のことで、今井君とともに銚子の別荘に住んでいたが、その日二人は銚子の海で溺れて死んでいた。

女花子

正月の十五日というのに、南風が吹いて寒さがゆるみ、蒸気のような白いもやもやした雲が飛んで、それが時おり月の面を掠めていた。出版書肆改造社の社員某は、その時大阪郊外の岡本に住んでいた谷崎潤一郎の家から帰っていた。

それは夜半に近い比であった。正月になって初めて往ったし、出版のことではあるし、谷崎の家では、屠蘇の膳を出してこの益友を大いにもてなした。で、某もすっかりいい気もちになって、時間のことも忘れて飲んでいたが、そのうちに十二時近くなった。そうなると大阪の旅館へ帰らなくてはならないし、大事な著者の家へあまり迷惑をかけてもならないので、思いきって帰って来たところであった。

そこは爪さきさがりになっていた。某はその爪さきさがりの路をおりていたが、月はあるし、寒さもゆるんでいるので、体がのびのびしていた。

路の右側には浅い谷川があって、その縁には磯山にあるようなひねくれた小松が生えて、それが蟹のはうようにたけ低く黒い枝葉を見せていた。

某は時とすると顔をあげて月を見た。月の面をまた白いもやもやした雲が掠めた。某は瀬戸内海に沿うた土地の生れであるから、その雲から故郷の天候の事を思いだした。地方によって盆時化(ぼんしけ)といっている于蘭盆(うらぼん)の前後に起る暴風の前の雲の容(かたち)であった。

(お盆の比(ころ)に、よくこんな雲が飛ぶ)

某の足はしだいに早くなった。それは降り坂のうえに体が潑剌として、ちょうしづいて来たがためであった。

某は岡本の停留場へ往くところであった。すこし往ったところで、向うから人の来るような気配がした。谷崎家を出て人っ子一人に逢っていない某は、ひどく人がなつかしかった。

(どんな人だ)

某は急いで眼をやった。その眼に黒い影のような物が映ったが、それっきり何も見えなかった。

(おや、消えたのか)

消えたのかというかんじは残ったが、人であったか物の影であったか、それさえはっきりしなかった。

(人が来たように思ったのは、頭のぐあいであったのか)

某は己(じぶん)で己をあざけりながら歩いた。そして、またすこし往って眼をやった。その眼にはっきりと人の影が映ったが、二町ばかりも距(へだた)っているので、男か女かわからなかった。

(なんだ)

男にしろ女にしろ、このあたりの住宅へ住むものなら、相当な地位のものであろうが、こんなに遅いのに女が一人で帰ることはない。女でなければ無論男であるが、男とすると今まで何をしていたのであろう。

(女のところにいて、帰って来るところかもわからないぞ)

某は壮(わか)かった。某は軽い好奇心から対手(あいて)の顔を早く見たくなった。某の足は早くなった。二人の距離は二十間ばかりになった。

(どんな男だ、老紳士か、青年紳士か)

某は酔ってちかちかする眼に力をいれて見た。

(う)

某はたちまち立ち縮(すく)んでた。髪を振りみだした女が宙に浮いたようにして来るのであった。それは絵で見、演戯で見る妖しい物の姿であった。

(う、う)

某は血が頭にのぼった。某は気が遠くなっていた。

怪しい物は風に漂わされるようにして音もなく進んで来た。某の眼はその時やっと動いて怪しい物の脚下へ往った。

(足はあるぞ)

足があるように見えても、それはほんとに有るか無いかはわからない。某の眼はその時左のほうへ往った。左側には月に照らされてたくさんの石碑が並んでいた。

（墓地か）

某はがたがた顫いだした。と、怪しい物は墓地のほうへ折れて、そこにある入口から入って往った。

（まさか今の世に）

今の世にという考えが浮んで来る、と、某はやや人心地がついて来た。

（つきとめてやれ）

某は怖くはあったががまんしいしい墓地の入口へ往った。怪しい物はもう見えなかった。

某はもうじっとしていられないので、いきなり走りだした。しかし、その路は墓地に沿うて左に曲っているので、そこをはなれるまでは生きた心地がしなかった。

そして、大阪へ引返して、大阪方面の用事をすまして東京へ帰った某は、逢う人ごとに、

「僕は、ほんとに幽霊という物を見たよ」

といって話したが、それから二箇月ばかりして、また谷崎へ往く用事が出来た。某は谷崎へ二度と往く気はしないが、社用であるからしかたなしに出かけたものの、帰りが夜になることが禁物であるから、予め谷崎へ書簡を出して日中に用件をすますことにしておいて出かけた。そして、谷崎へ往って潤一郎の顔を見るなり、正月十五日の夜の事

を話すと、潤一郎は彼のくるくるした眼に笑いを見せて、

「あれは、女花子（おんなこじき）だよ、児があって、それが死んじまったので、気がへんになってるのだ、彼処（あすこ）で寝ているのだよ」

といった。

窓に腰をかけた女

これは子母沢寛君の直話であるが、某年（あるとし）の夏、子母沢君は青森県の日本海に面した小さな町へ旅行して、某と云う一軒の小さな旅館へ入った。僻遠な田舎町に気のきいた旅館のあろうはずはないが、それにしてもあまりに汚い家で、そのうえにランプであった。

そこは二階が二室になって、階段の昇り詰に堺の襖があった。子母沢君はその左の室（へや）へ通されたが、灯明がランプで薄暗いので物を読む気もしない。それに疲れてもいたので飯がすむとすぐ寝たが、幾時比（ころ）であったか眼が覚めた。すると、隣の室から微（かす）かな女の啜（すす）り泣くような声が聞えて来た。寝る時までだれもいなかったが、それでは遅くなって客が来たのか、何にしろ覗いてやれと、そっと這い出して往って襖の隙間から覗いてみた。そこには一方に角形に切った窓があってそれに一人の女が前方向に腰をかけていた。無論前方向になっているので、顔も年齢ごろも判らなかった。と、女は、

「だれ、そこから覗いているのは」

と云って咎めたが、こちらはランプを消しているので見えるはずがなかった。それにその声が陰気であった。子母沢君は厭な気がして寝床の中へ潜りこみ、朝になるのを待ちかねて、再びそっと覗いてみたがだれもいなかった。それでは早く発(た)って往ったのかと思って、火を持って来た婢(はしため)に聞くと、だれも泊った者はないと云った。

結いたての島田髷

大震災の直後のことであった。若山牧水の門下の青年の一人が旅に出て、越後から長野県の野沢町へ往った。

そこは小諸から二里ばかり離れた処で、小さな製糸工場の数多(あまた)ある町であったが、青年はそこの工場の一つを経営している某氏を歌の上で知っていたので、その家へ往って数日間滞在した。

ところでその青年は酒徒で、毎晩酒なしにはいられないが、主人が下戸で酒を飲まないので、夜になるのを待って、そっと街へ出て街の酒店で飲んで来た。

その夜も例によって街へ出て、一ぱい飲んで良い気もちになって帰って来たところで、便所に往きたくなった。しかし、便所へ往くには主人の寝ている傍(そば)を通らなくてはならないが、通れば酒を飲んでいることが知れるので、しかたなしに外へ出て、女工たちの使用している便所へ往った。

それは十一月の中旬で、月の明るい晩であった。便所には一方に窓があって、葉をふるった桑畑の桑がその前に霧か何かのかかったようにぼうとなっているのが見えた。青年はそれからそこへ蹲(かが)んでいたところで、淋しいと云っていいか鬼気が迫ると云っていいか、へんな不安な気もちになったので、後ろへ何か来て立っていはしないかと思って、気にしながら後ろを見た。しかし、後ろには何もかわったこともなかった。

そのうちに青年の頭を掠(かす)めたものがあった。それは己(じぶん)が用をたしているのに、すこしも音のしないと云うことであった。

「へんだぞ」

青年はそこで袂(たもと)へ手をやって、袂の中からマッチを出して火を点けたが、それは風のためにすぐ消えてしまった。で、二本目のマッチを擂って下の方を覗きこんだ。ぽっかりとしたマッチの火は、島田髷のような物をうっすらと見せながらすぐ消えた。

青年はぞっとした。しかし、はっきり物を見きわめないと気がすまないので、恐ろしいのを強(し)いてがまんして三本目のマッチを擂った。そこには確かに結いたての島田髷があった。青年は転げるように外へ飛び出して叫んだ。

そこで邸内が大騒ぎになり、主人はじめ数人の雇人が提灯を点けて便所へ往った。便所の中には青年の云ったように結いたての島田髷があった。しかし、それは女工の一人が妊娠したために世間体をはじて、そこの天井へ紐をかけて縊死(いし)しようとしたが、紐が切れて下へ落ち、それで気絶していたところであった。

書物を返しに来る

某年の五月九日の夜、大阪市の某図書館では閲覧者が少ないので、Bと云う司書は手近にあった書物を手にして弄っていた。と、

「Nさんはいらっしゃいませんか」

と云う声がした。Bはだれだろうと思って顔をあげた。そこに二十七八に見えるロイド眼鏡をかけた、頬のすっこけた青年が立っていた。

「N君ですか、N君は今日は休んでますが」

すると青年は血の気のない顔を淋しそうにして、手にしていた一冊の書物をさしだした。

「それでは、これをお渡しを願います」

それは曾てB司書がNに貸しておいた大切な書物であった。B司書はNが友人に貸してあったと云うことを知ったので、

「承知しました、で、お名前は」

と云うと、青年は小さな声で、

「渡していただけば判ります」

と云ったと思うと、その姿が不意に見えなくなった。閲覧者がすこしの物音もさせな

いで往ってしまうのは普通であるから、B司書はべつに気にもかけなかった。そして、青年がいなくなると習慣的に検閲すべく頁をばらばらと繰った。と、書物の間からなまなました血がぽとぽとと落ちた。

B司書は顫(ふる)えあがって床の上へ眼をやった。そこにも点々として赤い物が滴(したた)っていた。B司書は眼前が暗(くら)んだようになったが、すぐ心を落ちつけて再び書物を繰ってみた。書物には何の異状もなかった。床の上の血は古くから点いているインキであった。

「錯覚だ」

そこで司書は、念のために受附けへ往って聞いてみた。

「今、こうした方が帰ったはずだが」

受附けの女は知らなかった。

「さあ、そんな方がいらっしったのでしょうか」

そこで下足の方へ往って聞いたが、そこでも判らなかった。B司書は不思議でたまらないので、翌日出勤したNを地下室の食堂へ伴(つ)れて往って、紅茶を啜りながら聞いた。

「君は僕の書物を、だれかに貸してあったね、昨日返しに来たよ」

「返しに来た、どんな人が」

「ロイド眼鏡をかけた、頬のげっそり瘦せた男だよ」

「幾歳くらいだ」

「二十五六かなあ」

Nはたちまち顔色をかえた。

「それじゃ、Mだ、Mが返しに来たのだ、これを見てくれたまえ」

と云ってNは衣兜(ポケット)から一枚の葉書を出した。それはMがトラックに轢(ひ)かれて死去したと云う知らせであった。それによるとB司書が書物を受けとったのは、Mが死んだ翌々日であった。

Mの怪異は他にも一つあった。それはその年の七月、Mを知っている数人の青年が、高師の浜の海水浴場へ往った時のことであった。一行は海水浴場へ往くなり、毎年往きつけの葭簀(よしず)張(ばり)の脱衣場へ往った。そこには馴染(なじみ)の老人がいて客の衣服をあずかっていた。

「おっさん、頼んまっせ」

青年たちはさっさと衣服を脱ぎにかかった。老人は青年たちの数を読むようにした。

「今日は、いっしょやおまへんか」

と云ったが、青年たちにはその意が判らなかった。ただその中のDと云うのが、

「ああ」

と気のなさそうな返事をしただけであった。老人は、

「この前の日曜に来やはりましてな、D君は来ますかと云って聞いてはりました」

「何、M君が」

Dはそう云って己(じぶん)の耳を疑うようにした。

「そうですよ、まあ、おかけなはれ、お茶でも入れまっせと云いましたら、今日は伴(つ)れ

があるよって、また来ます云うて、どこかへ往かれましたよ」

Dはじめ一行の者はそこに立ち縮んだ。青い鳥と云う喫茶店を経営していたMは、文学青年でDたちとも親しかった。それで夏になるとDたちとこの海水浴場へ来ていたが、そのMには一人の恋人があった。それはT百貨店に勤めているSと云う文学少女であったが、それも一行に加わるようになった。するとDたちは、おかやき半分にその少女をからかったが、そのうちに少女の心がDに移って来た。Mは驚いて少女に結婚を申しこんだが、少女はそれをうけいれなかった。MはDたちを怨みながら店も畳み、悶々の日を送っているうちに変死したものであった。

「図書館へも本をかえしに往ったと云うじゃないか」

一行はもうだれも海に入る者はなかった。

華表の額の怪

名古屋西川流の宗家西川司津さんが、金沢へ出稽古に往った時の事である。それは昭和七八年の五月比の事であったが、司津さんは例によって西廓の事務所に泊っていた。その事務所の隣に天神祠があったが、某日の夕方、事務所の中は蒸し暑いので、司津さんは天神祠の前へ往って涼んでいると、知り合いの歌妓屋の主翁が来て、傍にある華表を見あげて、

「あなたは、この華表の額の話を御存知ですか」

と云ったが、司津さんは何も知らないので有りのまま知らないと云うと、主翁は真顔になって、

「それはこうなのですよ」

と云って話した。それによると、その前々年の夏の夕、その主翁が華表の前で涼んでいて、何の気なしに華表の上の方を見ると、菅原神社とした石の額の金文字が見えない。おやと思って見なおすと、その額には僧侶の姿が映っていた。

そこで大騒ぎになって、警官まで立ちあってもらって調べたが、依然として文字が無くなって僧侶の姿があった。そこで何者かの悪戯(いたずら)ではないかと云う事になったが、石に彫(きざ)んだ文字であるから俄(にわか)に削り除(と)る事はできない。外から持って来て掛けかえるにしても、附近へ知れないように出来るものでない。そこでいろいろ話しているうちに、何かの知らせだろうと云うことになって、それをおろして祠(ほこら)の中へしまいこんだ。

司津さんは主翁(あるじ)の話を聞いて、それを確かめるために翌朝天神祠へ往ってみた。祠の中には僧侶の肖像入りの額があった。司津さんはそれ以来、金沢へ往っても天神祠の華表の前には立たなかった。

天井裏の妖婆

鏑木清方画伯の夫人が産褥熱で入院した時の話である。

その夫人が入院した時は夜で、しかもひどく遅かった。夫人はその時吊台で病院に運ばれたが、その途中吊台の被の隙から外の方を見ると、寒詣りらしい白衣の一面に卍を書いた行者らしい男が、手にした提灯をぶらぶらさせながら後になり前になりして歩いていた。そして、目的の病院へ着いたが、玄関の扉が締まっているので、しかたなく死体を出し入れする非常口から入った。

それから二三日してのことであった。夜半比、何かのひょうしに眼を覚ました夫人が、やるともなしに天井の方へ眼をやったところで、そこに小紋の衣服を着て髪をふり乱した老婆がいて、それが折れ釘のような頸をさしのべて夫人の顔をぎろりと見た。夫人はびっくりしたが、すぐ、かかる際に取るべき伝説に気が注いた。

（こやつに負けてはたいへんだ）

と思ったので、きっと唇を噛んで老婆の顔を睨みかえしたが、一所懸命であるから数瞬もしなかった。と、老婆が忌いましそうに舌打ちをして、

「おまえさんは、剛情な女だね」

と云ったかと思うと、後すさりして隅の方へ往くなり、消えて見えなくなった。そこ

へどたどた跫音（あしおと）がして、受持ちの看護婦が飛びこんで来たが、看護婦は呼吸（いき）をはずませながら、

「何か変ったことはありませんでしたか」

と云った。夫人が、

「べつに、なにも」

と云うと、看護婦ははじめてほっとしたような顔をして、

「今、奥さんの室（へや）からだれか出て往ったような気配がしますから、不思議に思ってますと、この次の次の病室にいる患者さんが、ふいに天井へ指をさして、何か来た、何か来たと云いながら、呼吸を引きとりました」

と云った。それを聞くと気丈な夫人も思わずぞっとした。

老婆の幽霊

昭和十二年十二月、東宮御所と四谷鮫ケ橋とのあいだの道路に、怪しい老婆が出ると云う噂が立ったが、その老婆は、衣服を尻端折（しりはしょ）りにして、汚れたネルの腰巻を垂らしていたとのことであった。

私の知人某氏は、その老婆について話した。その知人は子息が神経衰弱のような病気になったので、それを師匠筋の家で心配して、今度霊能の有る者が来るから、君も来て

令息の事を見て貰ってはどうかと云って来てくれた。そこで知人はその家へ往って霊能家に逢った。霊能家は壮い男であった。壮い男は両手を組みあわして、精神の統一でもするようにした後で、

「あなたの坊ちゃんには、あなたの先妻が憑ついておりますよ」

と云った。知人には三十年前に別れた先妻があった。その先妻には一人の兄があって、それが妹と知人の結婚を好まなかった。で、結婚後、先妻が里へ遊びに往くと兄が離別を強いた。その結果、先妻の家から知人の許へ離縁してくれと云って来た。知人は壮くもあるし血の気も多かった。

「ふざけてやがる」

と云って、その日の中に先妻の箪笥長持から一切の物を送り返した。そして、一ケ月ばかりしたところで、突然先妻が尋ねて来たので、玄関へかけさせると、

「わたしは、あなたと別れる気はなかった、今日はお湯に往くと云って出かけて来ました」

と云った。知人は女の気もちの判らない事もないが、今となってはどうにもならない。で、なだめて帰そうとしていると、兄になる人が追っかけて来て伴れて往ったが、それっきり知人は女がどうなったかも知らないでいるところであった。知人は霊能家に向って、

「別に喧嘩したでもなし、きれいに別れたのですが、それが憑つくとは、おかしいじゃ

ありませんか」

と云った。霊能家は、

「この女は、貴下（あなた）と別れて、間もなく入水して死んでおります、それで坊ちゃんに憑ついております」

と云うような事を云って、それを祓ってくれる事になったが、その時その霊能家は、あ

「私は、昨年、東宮御所と鮫ケ橋の間に出る婆さんを出ないようにしてやりました、あれは道路が出来て、自分の地所を奪（と）られたから、その怨念が残って出ておりました」

と云った。

怪しい老婆の事は、当時東京日日新聞にも出ていた。

東京の納豆

震災の前年、即ち大正十一年の春のことであった。神戸から上京して下戸塚の下宿にいて、早稲田大学の入学試験を受けていた学生があった。学生は村井と云う姓であった。その村井は無事に試験に合格したので、その事を国へ電報で知らしてやったところで、折り返し国から電報が来て、一応帰ったうえで更めて上京せよと云って来た。

村井は両親とも相談して、合格したらそのまま東京にいることにして、その準備をして出て来ているので、わからんことを云うとは思ったが、親の詞（ことば）であるから、さからわ

ないで帰ることにして、東京駅から夜行に乗った。そして、汽車が大船へ往ったとき、ふと思い出したことがあった。

それは納豆のことであった。村井には祖母があったが、その祖母が非常に納豆が好きで、だれか知己の者が上京でもすると、必ず納豆を買って来てくれと云って、金まで渡して頼むのであった。だから孫の村井が上京するに頼まないはずはない。

「ほんとに買って来ておくれよ、おばあさんは、それをたのしみにしておるからね」

と云ってだめを押されていた。村井はしまったと思ったが、納豆を買うために途中から引き返すこともできないので、祖母が何とか云ったらどうせすぐ上京するから、その時鉄道便で送ってやると云おうと思いだした。

東京から神戸まで三等急行で揺られるとかなりくたびれる。村井もくたびれて家へ帰ったところで、両親が待っていて、

「くたびれてるだろうから、とにかく一休みするがいい」

と云うので、早速奥座敷へ往ってごろりと横になった。村井は祖母に可愛がられて小さい時から祖母に懐いているので、平生であったらすぐ祖母の処へ往くのであったが、納豆を買って来ないので、妙にぐあいがわるくて往けなかった。村井はそれを気にしながら横になっているうちに睡ってしまった。

そして、村井が眼を覚ました時は、もう夕方で、室には間が抜けたように電灯がぽつりんと一つ点いていた。村井はよく睡ったものだと思いながら、一つ大きな噯気をする

なり起きあがった。と、そこへ祖母が平生のように白い入歯を見せて莞にこしながら入って来て、何も云わないで片手を差し出した。村井は頭を掻きながら、

「やあ、こいつは、おばあさん、今度東京へ往きしだい、鉄道便で送ってあげますよ」

と云って苦笑した。祖母はやはり莞にこしながら出て往った。村井は祖母の後を追いながら廊下へ出て、

「おばあさん、そう怒るなよ、今度はきっと送るよ」

と云ったが、なんとなしに滑稽でたまらないから村井は大笑いに笑った。村井の声を聞きつけて父が来た。その後には母もいて、

「何を笑ってるのだ、夢でも見たのか」

「なに、夢じゃないのですよ、おばあさんに頼まれた納豆をすっかり忘れて来たものだから、東京へ往くまで待ってくれと云うと、おばあさんは物も云わないで、出て往くものだから、笑ってるのですよ」

それを聞くと父はみょうな顔をして母を見た、その容子がどうも変であるから、

「どうしたのです、おばあさんがどうかしたのですか」

と云って聞くと、母が眼を潤ませた。

「おまえが試験中だから、知らしてやらなかったが、おばあさんは歿くなりましたよ」

その日は祖母の初七日であった。

善方寺の符籙（かじふだ）

秋田市の北を流れている雄物（おもの）川、その川は海が荒れたり雨が降り続いたりすると、水が充満（いっぱい）になって両岸の堤防を越すほどになるので、心ある者に恐怖を与えた。

明治四十四年比（ごろ）、森正隆が知事をしている時の事であった。その時一隻の軍艦が来て、雄物川の沖あい二里の処に碇泊した。秋田市は元より附近の人びとは、それを参観しようとしたが、折柄荒天で波が高いので、往く事ができなかった。

秋田中学校の短艇部の学生は、短艇部の意気を見せるはこの時とばかり、二隻の短艇を漕ぎ出して参観に往ったが、それにはそれぞれ十名の学生が乗っていた。

名だたる日本海、黒みだった沖あいから寄せて来る波は、鬼魔（まもの）が歯をむいたように白く大きく畝（うね）っていた。

前へ往っていた短艇は、傍視（わきめ）も振らず一直線にその波を切って突き進んだので、無事に沖あいに出る事ができたが、後の短艇は川口の波の畝りに怖れをなして、舵を斜めにしたので、たちまち波のあおりをくって、あっと云うまもなく顛覆してしまった。

それと見て海岸は大騒ぎになった。救助船を後から後からと出して、遭難者の救助に努めた結果、七名だけ救助して後の三名は行方不明になった。その三名のうちの一人は、秋田きっての富豪の子息であり、後の二人は角田と云う家の兄弟の学生であった。角田兄弟は秋田中学の水泳部の選手で、水泳は同校きっての熟練者であった。

秋田市は全市をあげて騒いだ。捜査は徹宵続けられた。それには市長は元より知事まで出張していたが判らなかった。

遭難の学生の生存の望みは絶えた。このうえは死体でもと云う事になって捜査を続けた。秋田中学の校友は、一里おき位に海岸へ天幕を張って、その捜査に力を添えたが、二週間ばかり経過してもその死体はあがらなかった。

遭難者の家では他に手のくだしようがないので、善方寺の符籙（かじふだ）と云うことになった。酒田港の善方寺は船員の信仰する寺で、海上で遭難して死体のあがらない時は、そこの符籙を流せば、死体の所在が知れると云われていた。

そこで善方寺へ往って符籙をもらった。符籙は経木（きょうぎ）のような札を五六枚束ねた物で、それには一枚一枚梵字を書いてあった。符籙をもらった者は、やがて秋田へ帰って、雄物川の口へ舟を乗りだし、遭難の場所へ往って流したところで、符籙は左へ左へと流れて、やがて束が解けてばらばらになった。符籙のばらばらになった処に死体がある事になっているので、そこへ網を入れてみると果して死体があったが、それは三人の死体でなしに角田の兄の方の死体であった。そして他の二名の死体はその後になって離ればなれにあがった。

箱を背負った女の姿

秋田の雄物(おもの)川の川口には、平生荷物船が船がかりしているので、菓子や鮓(すし)の類を売りに往く者があった。

某時(あるとき)梅雨で川の水が充満(いっぱい)になっている時、物売りの女の一人が、例によって長方形の大きな菓子箱を背負って、菓子を売りに往ったが、荷物船は船を破損しないように岸からはなれて船がかりしているので、それに往くには僅かな距離であるが、艀(はしけ)に乗らなくてはならぬ。

その女も艀に乗って櫂(かい)を漕いで往ったが、流れが早いので自由が利かず、艀はみるみる押し流されて、荷物船から岸の方へ張った綱の下へ入って、体を綱に弾かれ、川の中へ落ちて溺死した。

その女には所天(おっと)もあり子供もあったが、貧しい家で一家は女のかせぎでやっと生活(くら)していたので、後の者は困ってしまった。

土地の者でその家の事を心配していた者が、某夜(あるよ)その前を通っていると、家の前の縁台にだれかいるようであるから、声をかけようとして見ると、大きな箱を背にして腰をかけている者があった。それは溺死した彼(か)の女の髪も衣服もびしょ濡れになった姿であった。

姉の死

君江が電報を受取ったのは、十二時を過ぎて間もない比であった。君江の姉は心臓を病んでから、もう半年近くも病床に就いていたが、その電報は姉の病の革まったことを知らして来たものであった。

姉の家は君江の町から二里ばかり離れた処で、途中厭でも淋しい田舎路を通らなくてはならぬが、君江は人一倍臆病な質であったからわざわざ屈竟な壮い車夫を選んだ。君江の乗った車は、町を放れると松並木の立ち並んだ県道へ出た。淋しい田舎道のことではあるし、殊に夜更のことなので、君江の車以外には何一つ動くものはなかった。

君江の心は車に伴れて揺れた。君江は恐ろしくもあれば、姉の事も気がかりであったが、その中に距離は縮まって往った。

(もう一走りだ)

そう思って君江は顔をあげて前方を見た。と、遥か彼方に蛍火のような小さい青い火が一つぽつりと見えた。しかし、季節が季節であるから蛍ではなかった。蛍でないとすれば何だろう。

「あんな処に火が、何でしょう」

車夫は事もなげに云った。

「だれか自転車にでも乗って来るのでしょうよ」

「そうか知ら」

君江はもしかすると自分を迎えに来る使いの自転車かも知れないと思った。そのうちに青い火は提灯ぐらいの大きさになった。

「おや、あんなに大きくなって、でも提灯の火にしては色が青いじゃないの」

「なるほど青い、すこし変だぞ」

車夫の言葉が終らないうちに、その火はまるで風船玉のように、ゆらりゆらりと揺れながら空に浮いて見えたが、それが不意に矢のような勢いでこっちへ向って飛んで来た。

「あ」

君江は顔を伏せた。君江はその火が顔へ打っ衝かったと思った。車夫も驚いて背後を振り向いた。その時その火は君江の頭の上を越えて、傍の小山の方へ往ってすぐ消えてしまった。

「畜生、驚かしやがった、今のは確かに人魂だ、白い尾のようなものを曳いていたのですぜ」

君江はそれを聞いて、恐ろしいよりも不吉な暗示に怯えた。その地方では死人があると、その人の魂が火玉になって飛び去ると云われていた。君江はいらいらして車を急がした。

君江の車が姉の家へ着くと、家の人は待ちかねていたようにして門口へ出て来た。

「遅かった、今のさき息を引取ったところで、もう一足早かったら」

「では、やっぱり」

君江はその場へ昏倒してしまった。

按摩の阿岩（おいわ）

昭和八九年の事であろう。俳優の中村時蔵が兄の吉右衛門と九州を巡業して、その帰りに東海道を登って来た。そして、某市で興業した晩、唯（と）ある旅館へ泊ったが、ちょうど夏の月の佳（よ）い晩であった。そこは離屋（はなれ）になっていて、廊下を距（へだ）てて吉右衛門と時蔵が向いあいに泊っているばかりで、他には客がなかった。その晩は蒸し暑い晩で、時蔵は眠れないので電灯を消して、廊下へ出て涼んでいた。もう一時を過ぎていた。と、吉右衛門の声がした。

「おい、どうだ、おまえも按摩を執（と）らないかね」

注意すると吉右衛門は、按摩を執っているようであった。時蔵もそれと知って按摩を執ろうと思った。

「執ってもいいです」

「それでは、後でやってもらうがいい」

「そうですか」

「それで、按摩がすんだら、名を聞くといい」

名を聞いて何にするだろうと思ったが、別に気にもとめないで蚊帳の中へ入って、横になっているうちに眠ってしまった。そして、しばらくして眼を覚ましてみると、按摩が来て脚を揉んでいた。その時開けっ放しにしてある室の中へは、蒼白い月の光がさしこんでいた。時蔵はどんな按摩だろうと思って月の光に透してみた。髪の毛の薄い中年の女で、それが左の眼の縁に黒い大きな痣があって、そのうえ眼が赤んべいをしたように瞼が捲くれあがり、おまけに鉄漿を附けていた。時蔵は一眼見るなりぞっとして総毛だった。

「あ、あんたは、何と云うのだ、何と」

按摩はすましたものであった。

「いわと申しますよ」

「い、いわだ」

「はい、阿岩でございますよ」

時蔵ははじめて兄が名を聞けと云ったのは、これだなと思ってやっと安心はしたものの、気もちが悪いので按摩の手を蹴除けるようにして脚を引いた。

「いい、いい、もういいから帰ってくれ」

「よろしゅうございますか、それでは按摩代をどういたしましょう」

「帳場でもらって往け」

時蔵は按摩が往ったので清せいした。時蔵は苦笑しながら枕をなおしていると、またその按摩が入って来て蚊帳の外へ立った。

「帳場は、みんな休んでおりますが」

時蔵は忌(いま)いましいので枕頭の鞄から銀貨を摑んで放りだした。按摩はその銀貨を大事そうに拾って出て往った。

北海道から帰った男

昭和六年のことであった。淀橋町角筈(つのはず)の安斎古四郎の家は、僧侶を呼んで古人の法会を営んでいた。

そこでは大正二年十二月一日に、古四郎が突然行方不明になったので、家人は心配して心あたりを探したり、警察に届けたりしたが、それっきり帰って来なかった。そして、二年経ち三年経ちして、大正八年になったが、どうしても古四郎の行方が判らなかった。

家人はいよいよ古四郎を死んだものとして、郷里の福島区裁判所へ失踪の届け出をしたので、裁判所の方でも死亡したものとして失踪宣告を与えた。そこで、家人は古四郎の着ていた衣服を棺に入れて葬式をすませ、盆にはこうして法会を営んでいるのであった。僧侶はお経のあいまあいまに鐘を叩いた。鐘の音は地の底へでもしみとおるような淋しさがあった。

その時玄関の障子をがたがたと開けて入って来たものがあった。それは四十四五の痩せたひょろ長い男であった。その男は玄関前で何か云っていたが、だれも出て来ないのでそのまま上がって来たところであった。その時僧侶の横に坐っていた年とった女が顔をあげたが、その男の顔を一眼見るなり、

「あ」

と云って物におびえたような眼をした。と、その声を聞きつけてちらと後ろをみた僧侶が、これも物におびえたような眼をして、

「で、でてござった」

僧侶はそれから顫(ふる)えだした。入って来た男は眼をぱちくりやっていたが、やがて事情が判ったので苦笑を浮べた。

「じょうだんじゃない、北海道から、今かえったところじゃないか」

それは仏の主の古四郎であった。

艮(うしとら)の金神

『心霊と人生』の中に、無無道人が古代の降神術の事について書いてあるが、それによると無無道人はじめ数人の者が九鬼隆治子爵邸に参会した時のこと、子爵は今日は諸君のために、我家の秘伝たる古代の降神(かみおろし)の法を行ってお目にかけようと云って、奥の神室

へ席を替え、門下の某女を台人にし、子爵自身が神招人(かむまぎて)となって、古法の型をやったが、非常に珍らしかった。子爵家の遠祖天種子命は、神武天皇に仕えて神祇総官であり、子孫七代それを継紹したと云うことであった。

それから子爵は無無道人たちの伴(つ)れて往った神伝人(かむつて)（台人）を用いて、神懸りを試みられたところで、予期に反して天種子命の高祖たる素盞嗚尊(すさのおのみこと)が出て、厳しい声で、艮(うしとら)の金神とは我が事なるが、しばしば我名を冒したる彼(か)の奥山の禍津(まがつ)の退治を図りくれよと語り、後で「言霊の崩れたる今の世の言葉をもって、人に語るはこれが始めにして終りなるぞ」とて強く大らかに云い放った時は、一行はぐんと胸を衝かれる思いがした。

素尊の詞(ことば)に対して、初めから低頭敬聴の姿勢でいた子爵は、微力を尽くして神慮を安んじ奉ることにいたしますと応えると、尊は図ぬけた銅鑼声で「ウワハッハッハ、これで胸がすいたぞよ」と如何にも満足されたようなさまであったが、たちまち四隣(あたり)を動かすばかりの猛烈な声で、「エーッ」と云う雄叫(おたけ)び的な気合をかけた。子爵夫妻に奮闘の気力を扶植する意味だと思われたが、子爵夫妻並びに、その背後に両手を突いて畏(かしこ)まっていた令嬢令息たちは、平然たるものであった。

大本教が艮の金神を強調しだしたのは、元来綾部の鶴山は、九鬼子爵の城趾で、その頂上には子爵家の祖神として艮の金神を祀ってあったのを、大本教の出口王仁三郎が十万円ばかりの金を献上するようなふりを見せて、子爵家から金神の株を譲り受けたものであった。さてこそ素尊が、我が神名を冒したと怒号されたわけである。

首切り石段

筑波山麓の茨城県真壁町の古城に、桝形という豪家があって、そこの倅の一郎というのが放蕩をはじめて家産が傾きかけたので、両親は持てあまして、真壁警察の署長上川名源一郎に説諭を頼んだ。そこで署長は、一郎を呼びだして懇々と不心得をさとしたが、やけになっている一郎は、おとなしく署長の説諭を聞かないで、何かと抗弁した。署長は業を煮やして、

「汝(てめえ)のような腸の腐った奴は、腹でも切って死んでしまえ」

と云って叱りつけた。それは明治四十一年の三月十日であったが、その翌日の未明、一郎は警察へ往って玄関口の石段へ腰を掛け、剃刀(かみそり)で腹を真一文字に搔き切って、その上咽喉(のど)を突いた。当直の警官がそれを知って玄関口へ出たところで、血に染まって斃れていた一郎は、

「署長さんの仰せに従って、この通り腐った腹を切りました」

と云って、一方の手で臓腑を摑み出そうとするようにして絶命した。そして翌四十二年八月十七日になって、同郡中里村の女殺し犯人大目田と云う女が、やはりその石段で剃刀で咽喉を搔き切って自殺した。

こうして二人の自殺者があって以来、その石段は首切り石段と云われる因縁つきの石

段となり、それを踏んで出勤した署長は、長くて一年、短い者になると半年位で休職か左遷かになった。その警察へ赴任して休職となった署長は、山中貞次郎、山口芳造、渡辺某などであり、永田金次郎と云う署長は、首切り石段の事を知って、その石段を踏まずに出勤したので、不思議に首が助かって、取手警察の署長になって往った。永田署長について赴任した玉沢三郎と云う署長は、首切り石段の事を知らずに、うっかり踏んで出勤したのですぐ依願免職になった。それは昭和元年の七月一日の事であった。

そこで玉沢署長の後で赴任した川崎常雄と云う署長は、石工を呼んで首切り石段を改造するとともに、神人（かんぬし）を呼んで霊魂の慰藉（いしゃ）をやった。

大蔵省の大法会

昭和三年四月十四日、大蔵省では将門（まさかど）の首塚の大法会を営んだ。将門の首塚は大手町大蔵省構内左手の瓢（ひさご）形の池に面した処にあって、将門の霊祭と云われる神田明神の祭礼には祝詞（のりと）奉仕があり神輿（みこし）も担ぎ込む事になっていたが、震災後は祠（ほこら）も焼け池も埋まって、陽（あらわ）になった首塚の石棺の上には、主計局のバラックが建ち、石棺の上にあった高さ五尺ばかりの石塔は、邪魔物扱いにされて、主計局と営繕局の間で風雨に晒される事になり、従って神田明神の祭礼日の行事もなくなった。

ところで、大蔵省内殊（こと）に主計局と営繕管財局の官吏に、病人が出る。負傷人が出る。

死人が出る。早速大蔵大臣はじめ、営繕局工務部長矢橋工学博士と相次いで死去した者が十四人、負傷人の方では、時の政務次官武内作平君、荒川事務官などを筆頭に、一時は足を負傷せぬ者はない位であった。しかもその負傷は申しあわせたように、アキレス腱が切れるという厄介至極なものであった。それでだれ云うとなく、将門の首塚を荒した祟りだと云いだした。頑固屋で通った前蔵相片岡直温も、その噂にまいってしまって、その前年の三月法会でもやろうと云っていたが、例の財界のパニックに逢って、内閣ごと打っ潰れたので、その後は沙汰止みになっていたところで、またまた最近になって、営繕管財局の属官がぽっくり死んだ。それを見て主計局と営繕局がまず顫いあがって、いよいよ大法会を営む事になり、将門の過去帳のある浅草日輪寺について調べてみると、将門の命日が四月十四日と判明したので、それでその日法事をやる事になった。

擂鉢山の怪談

昭和三年の東京博覧会では、三月二十四日開会以来、四月五日には第一会場西二号館のモーターの過熱から発火したのを始め、翌日は見晴台新天地の天井裏の漏電騒ぎ、その翌七日は西三号館内東京貴金属組合出品の貴金属の盗難、五月七日は第一会場西三号館大同電気製鋼所広告用活動写真のフィルムに引火して火事騒ぎを演じ、同日更に同館の長崎市垣立、武谷、吉村三氏の出品にかかる鼈甲細工が何者かに盗み去られた。ついで九日には見晴台から正門に通ずる陸橋際の桜組売店が盗賊に襲われ、十一日は第二会場内市電変圧所の小火（ぼや）があるなど、次から次へと不祥事が勃発して、博覧会当局が困っていると、放送局の出張所のある擂鉢山（すりばちやま）は、将門時代の墳墓であって、その山に建物を建てると必ず祟りがあるので、先年の平和博覧会の時も空地にして置いた。

今回の火災や盗難の不祥事件もそれがためであるとて、例の大蔵省の将門の慰霊祭に続いて、また奇怪な風評をたてる者が出て来た。

浦戸署をめぐる怪聞

高知市の表玄関浦戸署では、昭和十二年、快男児署長として尊敬せられていた中村留吉君が、仮染（かりそめ）の病気が昂じて嘘のようにぽっくり死んだ。病名は盲腸周囲炎。二三日前まで例の調子でぴんぴんしていたので、そのような事もあるものかと、だれもその死去を真箇（ほんと）にする者がなかった。それほど中村署長の死は意外であったが、それとともに奇々怪々な噂がぱっと立った。

それは水上署の昔から歴代の署長中、三人までが中村署長とほぼ同じような死に方をしているので、古老の中には、浦戸署の在る辺りは、元竹藪で狸や狐の巣があって、妖怪変化の巣のように云われていたが、明治年間情け容赦もなく切り拓いたので、そこに住んでいた狐狸の類は、棲む家なく、それ以来警察を恨んで、時どき署長に禍（わざわい）すると云う者もあれば、目と鼻の間の西孕みの大膳様を淫祠として取り潰したので、その祟りであると云う者もあって、後任署長としては鬼魅(きみ)の悪い噂であるが、それで嘘か真(まこと)か、浦戸署では悪魔払の家祈禱を執行する事になったと、高知新聞は串戯(じょうだん)まじりに報じていた。

地蔵屋敷

大正年間の大阪の新聞記事。大正の今日、しかも厳しい巡査駐在所に地蔵さんが祟って、巡査がいられないと云うのは眉唾のようだが、論より証拠、事実であるからしかたがない。

場所は北條警察署の管内で、加西(かさい)郡広原駐在所である。その駐在所は建ててから十年にもなるが、そこへ駐在を命ぜられた巡査は、どんな頑丈な者でも、しばらくすると皆病気になるが、殊(こと)にそれが年とともにはげしくなるので、皆が同所へ勤務するを嫌うのである。村民の噂では、その駐在所の敷地は、元地蔵屋敷と云って、数多(あまた)の石地蔵や五輪塔があったが、駐在所を建築する時、無造作に取り除(の)けたからその祟りだと云っている。なるほどそう云えばその附近には、今も首の無い石地蔵や胴体の割れた石地蔵が数多転がっている。

矢野署長はそんな馬鹿な事のあるはずがないと云って、地質水質、その他科学的に種々調査してみたが、これと云う事もなかった。しかし、駐在する巡査が片っ端から病気になるのは事実であるから、腕に覚えのある巡査でも、その駐在所だけは御免を蒙り(こうむ)たいと云うので、署長も薄鬼魅(うすきみ)が悪くなり、駐在所を今の位置から一町ばかり北の方へ移転することにして、村当局とも交渉の結果、いよいよ近く移転工事に着手することになった。村の方では、移転後は大施餓鬼(おおせがき)でもして駐在巡査の健康を祈らねばならぬと云っている。

警察の宿直室

昭和十年三月二十三日の東京の某新聞に、警察署の宿直室に若い女の幽鬼が出ると云う記事があったから、粉飾せずにそのまま掲げることにした。

東京のまん中、しかもこわい小父(おじ)さんの巣に妖怪が出るという話が持ちあがっている。処は日本橋久松警察署高等係の宿直室、毎夜若い女が夢枕に立って何のかんのと優しい言葉でさびしい宿直員を喜ばすというのだ。事のおこりは、最近同署に転勤して来た田中巡査部長が、三度も続けて若い女の夢を見たので、「妙な事があるもんだ」と同僚に話した事から、そう云えば僕も見た、僕も見たと云って、大騒ぎになったものである。

何でも関東大震災の時、その部屋に負傷者を収容していろいろ面倒を見た事があり、そこで息を引取った若い女もあったので、その霊魂がおとずれて来るのだと、まことしやかな説をなす者もあって、この比(ごろ)の同署はこの怪談で持ち切っている。

何でも夢枕の女は感謝めいた事を云って、莞と笑って消えると云うので、ベッドの向きをかえてみても一向効果がない。それには流石の怕い小父さん達も鬼魅を悪がり、近く関署長の手でお祓いをする事になった。

古碑の怪異

高知県幡多郡下川口に麴屋屋敷跡と云う処がある。そこは昔庄屋が住んでいたが、いつとなしに断絶して、その後その家に住む者はだれも永住する者がなく、借家人は次から次へと変って往った。その家に某時小林区長が住んだ事があったが、某夜白髪の老人が出て来たので、その時から化物屋敷と云うようになった。

白髪の老人が出るすこし前、近くの田中文左衛門と云う者が、その家の周囲を歩いていると、突然倒れて腰を打ち、非常に痛むので、神主を呼んで祈禱をしてもらうと、その神主に何者かの霊が憑って、

「その方は、乃公の石碑の上を通ったから、罰があたったぞ、早く石碑を掘り出せ」

と云った。翌日になって田中は倒れた場所を掘った。果して二尺あまりの自然石の石碑があって、表の石の方に唵阿盧利迦娑婆訶、中央に南無阿弥陀仏、左の方に唵髷髷〇娑婆訶、裏に施主田中氏、元禄十五午八月七日と彫ってあった。そこで田中は、その石碑を海岸へ運んで建て、それを祭ったがそれは当座だけで、後はそのままにしてあった

ところで、そのうちに跛者になった。そして、その石碑はいつの間にか共同墓地に移された。

大正十年三月比（ごろ）の事であったが、麹屋屋敷の近くに住んでいた喜之助と云う漁師が、長崎県の五島へ出漁中、突然発狂して、女房を殺すと云って騒ぎ出した。その漁船の持主である尾島道太は、しかたなしに喜之助を迎いに往って、下川口の家へ連れ戻り、いろいろ治療に手を尽くしたが癒らないので、三崎村の神主西山亀太郎を招いて祈禱をしてもらった。すると、喜之助がこんな事を云った。

「乃公は原（もと）越中富山の生れで、高山の行者の田中甫仲郎と云う者じゃ、麹屋屋敷に墓があった、麹屋屋敷も後は絶え、後の居住者も皆満足なことはない、これは皆乃公の墓を粗略にするがためだ、近隣の者にも、それとなくこの事を知らしても、乃公を祭る者がない、乃公を祭るならきっと栄えさしてやる、もし祭るなら、旧三月十二日と旧五月十五日の二日を祭日としてくれ、そして、別に神社として祭るにも及ばない、講者の如きものにして、幟（のぼり）を立て賑やかに祭ってくれ、喜之助は高山へ行に往ったら、その足で直ぐ乃公の石碑の方へお詣りをせよ、田中文左衛門はせっかく乃公の石碑を掘り出しながら、十分なお祭をせぬから、跛者になった」

と云った。村の者はこれを聞いて、すぐその石碑を祭ったところで、喜之助の病気はけろりと癒った。

桜の間の大入道

奈良の御所町に近い掖上村茅原の茅原寺は、役行者の開基で、今は見るかげもなく荒廃しているが、元は堂宇壮麗、明治の初年比までは大峰登山の行者で賑わったものである。その茅原寺に桜の間と云う八畳二室続きの室があって、その周囲には欄間と云わず、一面に咲き乱れた桜の花を画いてあるが、この室は昔から魔の室と云ってだれも寝る者がなかった。たまたま好奇があって、

「なに、ばかばかしい」

と云って寝ることがあっても、夜半すぎになると、きっと蒼い顔をして飛び出して来て、

「畳といっしょに投げだされた」

などと云って顫えた。それは昭和三年の夏であった。その時そこには六十になる尼僧と、森という青年がいたが、青年はすぐ近くの者で、勉強するために二階の一室を借りているところであった。某日その寺へ東京の某大学の学生が来て、暑中休暇を利用して無銭旅行をしている者だと云って宿を乞うた。尼僧は心よく承知して上へあげ、その夜は遅くまで三人で話したが、そのうちに魔の室の話が出た。すると学生が、

「昭和の時代に、そんな事を云ってると笑われますよ」

と云った。で、青年は、

「それでは、今晩、寝てみてはどうです」

と云った。無銭旅行をするほどであるから学生は気が強かった。

「いいですとも」

そこで学生は桜の間へ蚊帳を釣ってもらって寝たが、尼僧から聞いた怪しい話が頭の中にあるのですぐは眠れなかった。しかし、一日歩いて労(つか)れているので、その労れが出ていつの間にか眠ってしまった。と、ふいに体が重くなって、首のあたりにひどい圧迫を感じたので眼を開けた。背たけが七尺もあろうと思われるような大入道が己(じぶん)の上へ馬乗りになって、怕(こわ)い眼をして首を締めつけているところであった。学生は顫(ふる)いあがって跳び起きようとしたが、体が痺(しび)れて動かないうえに声もたてることもできなかった。学生は一所懸命になって身をもがいた。と、ふいに大入道の姿が消えてしまった。学生は尼僧の宅へ駆けこんだ。

翌日になってその学生が調べたところによると、その寺が真宗になる時、当時の住職が強硬に反対したので、檀家の者が無理やりに住職を追い出してしまった。で、住職はそれを怨んで寺の近くで変死したが、それ以来桜の間に怪が起るようになったと云うことが判った。

手を洗う亡者

私は少年時代から肺が悪かったので、少年期から青年期へ移る二年間と云うものは、郷里岡山県小野田町の町端(はずれ)にある天龍寺という臨済派の寺へ静養がてらに寄寓していた。実家は同じ内山下元町にあったが、ここは色街が近くて騒々しいので、私のような者には不向きであったからだ。

その寺は森に囲まれた見るからに禅寺らしく物さびていた。寺格は大してよくはなかったが、檀家にいいのがあると見えて内福(ないふく)であった。寺が内福と云う事は、葬式が多くて寺の収入が多いと云う事になるのである。

某日(あるひ)のことであった。夕飯の後で自分の部屋へ帰って、雑誌を見ていると、住職がにこにこしながら入って来た。

「あんたは、昨夜、何か変な音を聞かなかったかね」

「変な音とは、どんな音です」

「台所へ手を洗いに来ますよ、その音ですよ」

私は住職の云う事が判らなかった。

「だれが手を洗いに来るのですか」

住職は莞(にこっ)とした。

「新しい仏ですよ」

「新しい仏」

「そうですよ、今日の葬式がそれですよ」

住職の説明するところによると、新しく死んでその寺の墓地へ葬られる者は、自分で寺へ知らせに来ると云うのであった。私は住職の迷信がおかしかった。

「そんな馬鹿げた事があるものですか、迷信でしょう」

「迷信か迷信でないか、気をつけていらっしゃい、今に判りますよ」

その晩になって、私は住職の言葉が気になったものか、寝床に入っても眠る事ができなかった。

そのうちに夜はだんだん更けて十二時近くなった。その時私は本堂から廊下へ通ずる杉戸の辺に微かな物音を聞いた。それはだれか杉戸をそっと開けているような音であった。私は盗人でないかと思った。思っているうちに弱よわしい足どりで廊下を歩きだしたが、それが袖でも当てて往くのか、私の部屋の障子がさらさらと鳴って、そして台所の方へ往ったが、やがて手でも洗っているような水の滴れる音が微かに聞えて来た。

「おや、あれか」

私はその時住職の言葉を思い出してぞっとした。私はたまらなくなって隣室に寝ている二人の小僧を起した。その小僧の一人は、天海で、一人は天山と云うのであった。二人は私の声に驚いて私の部屋へ来た。そこで、私はその事を話すと、天海が笑いだした。

「いくら葬式が商売の寺でも、そんな事があってたまるものか」

私はそれでも恐ろしいので、二人に各自夜具を持って来さして泊ってもらった。

私はすっかり安心したので睡ろうとしたところで、すぐまた異様な物音で目が醒めた。そこでむっくりと頭をあげて廊下の方を見た。廊下の障子に黒い物の影がちらちらと映って、それがすうと過ぎて往くと、また杉戸の軋る音がした。

「おい」

私は二人を小声で起した。

「何だ」

「それ、あの音が聞えないか、あれだよ」

私は震えていた。二人は怪訝な顔をした。

「何も聞えやせんじゃないか、君は、今晩、どうかしてるよ」

その時水の音がまた聞えていた。

「あの音が聞えないなんて、ほら、あの通りしてるじゃないか」

けれども、二人はどうしても聞えないと云った。そこで、私は杉戸がまだ締まりきらないうちにと思って、起って往って障子を開けた。しかし、不思議にも杉戸は少しも開いていなかった。

「それ見ろ」

二人は私の顔を見て笑った。その時突然、本堂の方でどたんと云う大きな音がした。

「あ」

私は思わず跳びあがった。

「おい、どうしたのだ、君は、今晩は、ほんとにどうかしてるよ」

その物音も二人にはすこしも聞えなかった。翌朝になって私は住職にその話をした。住職もその物音を聞いていた。

「ほう、あんたも聞いたか、また葬式じゃ」

翌々日の午前十時比（ごろ）、果して立派な葬式が山門をくぐって来た。新仏（にいぼとけ）は町内の佐竹という材木屋の姑（しゅうとめ）であった。

本堂へ来た女

相州三田村清源院の住職和田巌室は、その夜遅くまで書見をして床に就いたが、どうしたものか妙に眼が冴えて眠れなかった。それで蒲団の中で腹這いになって、読み残した書物を見ていたが、そのうちに柱時計がちんちんと二つ鳴った。

「いけない、もう二時だ」

巌室は書物を閉じてまた仰向けになった。その時巌室は、本堂の灯明（あかし）を消し忘れていたような気がした。しかし、折角いい心地に温まった体を蒲団から出すのは、大儀でもあり惜しくもあった。巌室はそこで消したか、そのままにしてあったか、もう一度自分の記憶をたどってみたが、やはり消したようにも思えるし、消さなかったようにも思えてどうもたしかでなかった。巌室はしかたなしに現場（げんじょう）をたしかめることにしたが、小僧の眠りをさまたげてはいけないので、そっと身を起して寝室を出た。そして、本堂の襖を開けて見ると、淡い灯明（あかし）の灯があった。

（いけない、やはり消さなかったんだ）

　巌室は起きてみてよかったと思いながら、本堂の中へ足を入れた。そして、仏前に向って本堂の中ほどまで往ったところで、何かにつまずいてよろよろとした。巌室は体の平均を取って眼をやったが、そこには障害になるような物はなかった。巌室は変だなと思いながら、また一歩足を踏み出した。するとその足はまた何かに引っかかった。巌室はいよいよ不思議に思ってそこへたちどまった。すると、巌室の前にちらと人影のようなものが見えた。巌室は、盗人ではないかと思った。

「だれじゃ」

　と叱るように言ったが対手（あいて）は答えなかった。巌室はもし怪しい物であったら、取り押えて意見してやろうと思いながら、対手の容子（ようす）を窺った。よく見るとそれは女であった。女はその時まで俯向いていたらしかったが、静かに顔をあげて巌室の顔を見た。女は二十ばかりの細面のやさしい顔であった。巌室はふとどこかで見たことがあるように思ったが、急には思い出せなかった。

「お前さんはだれじゃ、こんな深更（よふけ）に何の用事で来なされた」

巌室は対手が女であるし、それにどこかで見たことがあるような気がするので言葉をやわらげた。女はそれに答えないでぴょこりと一つお辞儀をした。その時、

「今晩は」

と言ったように思ったが、同時に女の姿は消えてしまった。巌室は驚いて四辺（あたり）を見廻したが、女の姿はもうどこにも無かった。

巌室は寝室へ引っかえして床の中に入ってからも、怪しい女のことが気になるので、どこの女だろうと考えているうちにふと憶いだした。それは檀家の吉田と云う家の娘に違いなかった。巌室は吉田家へ仏事で往った時に、お茶を持って来た娘の顔を覚えていた。


翌朝になって巌室が顔を洗っているところへ、吉田家から使いが来て、昨夜不幸があったから来てくれと言った。巌室はさてはと思って、

「不幸というのは、娘さんのことではないか」

と云って聞いてみた。使いの者は不審そうな顔をして、

「どうして、それを御存知ですか」

と云ったが、巌室はそれに答えないで、

「その娘さんは、いつ比歿（ごろな）くなられた」

と云って聞いた。

「夜半の二時比に、息を引きとったそうです」

使いの者の答えは巌室の予期したとおりであった。

ブロッケンの幽霊

古い新聞の切抜きを見ていると、昭和十年七月の名古屋新聞に、ブロッケンの幽霊の記事があった。

『中部日本のハイキング好適地として知られた長野県下伊那郡智里(ちさと)村富士見高原に、ブロッケン妖怪と称する珍奇な現象が現われて興味をそそっている。

これは山上に立って雲海を望むと自分の投影が数千尺の大入道となって雲に映じ、頭から五彩の御光を放って一分間乃至三分間くらい継続するものである。

飯田商工会議所では、見物団体を募集して、八月四日出発し、一泊の予定で、この山上の妖怪に接する計画を立てており、また下条村出身の日本画家亀割隆志氏も、今夏登山してこの現象を彩管に納めて、帝都に紹介することとなった』

これは古くから独逸(ドイツ)のブロッケン山で見られた現象で、ブロッケンの幽霊と云うのであるが、日本でも高山へ登って日の出を見る者は、時としてその現象を見る事がある。それは日の出を見てその荘厳さにうたれた時、眼を転じて背後の方を見ると、朝霧の中に大きな大きな入道の姿を見、また信仰的な御来迎を拝むと云うような者には、阿弥陀如来の姿が現われるが、これは日の出の陽光が光源となって、登山者自身の影が濃霧に映り、それが大入道となり仏体となるのである。

春の初め比（ごろ）、一時的な現象で急に暖かになって、濃霧のかかった晩などに、窓を開けて電気スタンドを座敷の中央に置き、窓際へ往って腰をかけていると、あのブロッケンの幽霊を見る事ができる。もっともそんな時は、光源が弱いから極めてぼんやりした幽霊であるが、それでも大きさだけは素晴しく大きいのである。

セントエルモの火

一

昭和九年七月十三日の夜、富士山の頂上にセントエルモの火が現われた。それを見たのは富士山頂高層気象観測所にいた沼津測候所の勝亦技師であった。勝亦技師が新聞記者に語ったところによると、

「去る十三日夜八時三十分から九時二十分まで、五十分間継続したエルモは、曾（かつ）て筑波山と伊吹山に現われて目撃者を驚かしたもので、富士山としては非常に珍らしい現象である、同夜は雷雨が相当激しく、倉庫の屋根、風力計、風信機、日照計などに、薄紅白の柔かな光の長さ五ミリを認め、蠟燭の火のゆれる如き有様を呈した。そして、火の光は電光がひらめいているうちは消え、やめば柔かな光を発していたが、今度のは筑波、

伊吹などのエルモと異なり、棟木などに光が広い範囲に現われたのが特徴であって、頭髪などにも多少この現象を認めた。

このセントエルモの火は、高山に時折見る現象で、霧や雪の関係で、空中に電位差が生じた場合、その辺にある物体の先端が美しい放電作用を起すもので、人間の髪の毛、木の梢等からパチパチと一二寸の火花が飛ぶが、別に危険な事はない」

とのことであった。

二

昭和十三年二月十七日午後二時比から、岐阜県一円に猛吹雪が襲来して八寸も積ったが、その夜八時五十分から十分間にわたって、屋根と云わず電柱と云わず、その他避雷針、アンテナなどから一寸位の紫色の焔が立ち昇って、それがピリピリと云う小さな音を立てたので人びとは驚いた。

それはセントエルモの火と云われているもので、高い山の上で時たま、時たまと云っても年に一度か二度位現われるものであって、平地では見られない現象である。それは地上と空中との電力の差が甚だしい時に起る放電作用で、一種の雷のようなものである。焔は紫色が普通で、それは何万ボルトと云う電力の物であって、電気の流れが遅いために、人体には別に危険はないが、同夜のように平地に明瞭見られたのは、日本最初の事であろうと岐阜測候所では云っているが、岐阜市はそれがために電車が停電した。

狐狗狸の話

コクリと云う遊戯は、海外から渡来したものであって、渡来期は正確には判らないが、明治十六年比、米国船が伊豆の下田へ寄港した時、水夫の一人がそれを伝えたと云われている。

コクリの遊戯をするには、まず女竹を見つけて来て、節を揃えて一尺二寸に切った物を三本作り、それを交叉して中心を麻糸で括って、上に飯櫃の蓋または盆を伏せ、三人以上の人数で手をその上へ軽く載せて、指と指を接触さし、コクリの来るのを待っていると、しばらくして感じがあるので、そこで吉凶禍福などを問うと、竹の脚をあげてその意を示すものである。またコクリの上に卵を載せると良く踊り、三絃を弾くと大いにうかれる。

コクリを狐狗狸と書くは当字で、右に左に傾くからコクリと呼ぶと云う者があり、また米国がえりの益田某が、天理を告ぐ器であると云って『告理』の文字を用いたので、それがコクリの名の起源となったと云う者もある。文献としては、石渡賢八郎編の『西洋奇術狐狗狸怪談』と骨皮道人著の『狐狗狸と理解』の二書があるが、皆明治二十年比の刊行である。

要するにコクリはスピリチュアリズム降神術であり、或いはテーブルトルニングと云

う遊戯で、人体電気の作用であると云う者もある。それで、コクリが何故動くかと云うに、それは、

一、三本足の装置が動揺し易きこと
二、動物の常性として手の動揺を伝える習慣性の規則に因って回転を助くること
三、心性の自動作用と刺戟に応じて起る無意識作用である

と説明すればいいだろう。明治四十年比、独り判断の出来るハート形の軽い板へ、三つ足の後の二本へ陶製(せともの)の円い物を附け、前足は鉛筆で、いろいろな問を筆答する仕組の物が現われたが、この比(ごろ)もまたその流行を見るのは、適中率の高いのと、意識的な易断トランプに優るところがあるためであろう。（西郷兵衛氏談）

タッピングで弟の死を予知す

名古屋享栄商業学校の教諭高野貞一郎君は、大正十三年一月二十七日午前二時、弟さんを失ったが、弟さんはその時八事(やごと)の某病院に入院していた。

高野君の家は大曾根の近くにあった。それは二十六日の夜の十一時比(ころ)であった。高野君と夫人はまだ起きて八畳の室(へや)で話しており、義弟はその隣室の四畳半で寝ていた。その双方の室と室との間には、一枚の板戸が入っていたが、そのうちにその板戸が鼠でも走るようにコトコトコトと鳴った。続いてその板戸がミリッミリッと木のはちくれるよ

うな音がした。そして、最後に人間が掌で打つような、ペタペタパタパタと云うような音がした。高野君はその間が五分間位のように思ったが、夫人は十五分間位続いたと云った。高野君たちはその現象によって、

「弟が死んだのではないか」

と云いあった。それと云うのは夫人はこうした現象と実験を両三回有ってい るので、最初から弟さんの死の通知だと云ったが、高野君はそれをできる限り、物理上の理由によって解釈したいと思った。それはその板戸のミリッミリッと鳴るのは、温度の関係でないか、それは八畳の室に火のかんかんしている火鉢があって、四畳半の室は火を消しているので、温度に高低がある。板戸の音はその関係ではないかと思ったが、しかし、そんな事は毎晩の事で、その夜に限った事ではなかった。それでは何かと云っても、他にこれと云って説明すべき物理的理由を発見する事ができなかった。

そこで高野君は、こんなことを考えだした。それは、西洋の書物に、人の死ぬる時には、よく肉親のもとや、知人のもとへ、その死人の霊が訪問して、諸処を叩く、即ちタッピングが起ると云うことが書いてあるので、或いはこれかもわからないと思った。それに義弟に聞くと、義弟が寝床に入って間もなく、夢とも現とうつつもなく姿を見たとのことであったから、なおさらそのことを考えた。

それで弟さんの死亡の報らせを受けたのは翌朝であった。高野君はその前四五日、多忙で弟さんの病床へ往く事ができなかったが、弟さんは高野君に逢いたがっていたとの

ことであった。

高野君はその後、二三回夢に弟さんを見たが、いつも平和な顔をしていて、「兄さん、私は今、幸福です、私は先へ往って、兄さんの来るのを待っています」と云うような事を云った。それについて高野君はこう云っている。

「どうもこうした事実は、普通事(ただごと)でない、心霊現象か、それとも精神作用か、いずれにもせよ、物理上の作用ではないようです、しかし、私はなお一層この現象を物理的現象として研究したいと思っています」

猫

備後の尾道市の向うに、向島と云う小さな島がある。大正三年比(ごろ)その向島に阿島(おしま)と云う婆さんがいた。阿島は所天(おっと)に先だたれて、一人で糸を紡いだり洗濯したりして暮していた。その阿島は酒も飲まず煙草も吸わず、べつにこれと云う道楽もなかったが、ただ猫が好きで、平生二疋か三疋かの猫を飼っていた。

某日(あるひ)、近所の女房が洗濯物を持って阿島の家へ往った。それは夏の白昼のことで、外には焼きつくような陽の光があった。その時阿島は縁側で糸繰台を傍(そば)へ置き、一方の手に糸を持ったなり仮睡(うたたね)をしていた。女房はそれを見て、

「媄(おば)さん、媄さん」

と云って呼んでみたが起きないので、無理に起すのも気の毒だと思って、洗濯物をそのままそこへ置いたものの、縁側では不用心であるから、座敷の内へ投げこんで置こうと思ってひょいと座敷の方を見た。

そこには阿島が可愛がっている三疋の猫がいて、それがそれぞれ手拭で鉢巻して、前脚に椀や杓子などを持ち、後ろ脚で立ちながらかっぽれのようなものを踊っていた。女房は鬼魅が悪いので逃げだした。

それから半年も経った比、その阿島が病気になったので、近所の人びとは独身者の婆さんを気の毒がって、代る代る見舞いに往って雑用をたしてやった。

某夜、阿島の家の隣の女房が、平生のように阿島の病気を見舞いに往ったところで、阿島の枕頭にあの三疋の猫がちょこなんと座っていた。女房は不思議に思って容子を見ていると、その中の一疋の猫が、まるで人間のするように、一方の前脚を阿島の額へやって何か考えるように首をかしげた。

女房はちょっと驚いたが、帰ることもできないので、

「姨さん」

と云ってあがって往った。すると猫はどこかへ往ってしまった。

そこで女房は、阿島の枕頭へ往って声をかけたが阿島は何も云わなかった。女房はもしやと思って阿島の額へ手をやった。阿島の額は氷のように冷たくなっていた。阿島は死んでいたのであった。そして、あの猫はどこへか往ってしまって、その翌日から姿を

見せなかった。

愛犬の死

神戸の飛田信と云う人の家には、ロバートと云う一頭の愛犬を飼っていたが、有福な家ではあり、家族もすくないので、ロバートは家族の一員のように優遇せられ、殊に令嬢からは弟のように可愛がられていた。

大正十二年正月の事であった。飛田家では鼠が跋扈しはじめたので、それを駆除するために、例の『猫いらず』を入れた食パンを台所へ置くことになった。

飛田の主人は、愛犬に間違いがあってはならないので、家族にも云いつけて注意を怠らなかった。

正月が過ぎて二月になったところで、主人は某夜愛犬が『猫いらず』のパンを喰って死んだ夢を見た。主人ははっと思って眼を覚ました。夜はもう明け離れて日の出に近かった。

「心配してたから、あんな夢を見たものだろう、まさか」

それでも気になるので、寝衣のまま台所へ往った。台所の棚の上には、毎晩置く事になっている三片のパンがそのままあった。

「やっぱり夢だ、だから夢なんか的にならない、しかし的にならなくて幸福だった」

主人は安心して戸を開けて外へ出た。外へ出るなり飛びついて来たのは、愛犬のロバートであった。

「おい、猫いらずを喰わないでよかったな」

主人は愛犬を伴れて、裏門の扉を開け、それから台所口へ引返して、そこからあがろうとして、ふと見ると、あの猫いらずのパンが二片になっていた。

「鼠が出て来て持って往ったのか、それとも」

主人は愛犬の事が心配になったが、犬は自分に跟いて歩いていたので、それが喰ったとは思われなかった。

「犬じゃない、犬でなければ、鼠か」

主人は婢に云いつけて後のパンを取りかたづけさしたが、一つなくなったパンの事が気になるので、朝食を喰いながらもこの事を云って、それから食事を終って縁先へ出た。愛犬は主人の出て来るのを待ちかねているように、そこの庭前に遊んでいたが、すこし体に異状があった。それは肢体をびくびくとさす事であった。

「おや、いけない」

主人は驚いて手当てにかかったが、やっぱり猫いらずのパンを喰ったものとみえて、主人の見た夢のようにその翌日家畜病院で死んでしまった。

呪いの絵姿

玉谷高一君の話。

私の故郷広島県御調郡三原町に切立神社と云う稲荷を祀った社があった。その社は町の後方に聳えている山の麓にあって、そこへ往くには勾配の急な坂道を二町ばかりも登って往かなければならなかった。今では両側に住宅が建ち並んで、軒灯も点いているので、夜分でも淋しくはないが、その比は住宅もなく、坂道の両端には鬱蒼たる樹木が茂っていて、昼でも狐や狸が出そうに思われた。それは私が十二か十三の比であったが、その時某と云う好奇な素封家があってそこへ別荘を建てた。

別荘の建築を請負ったのは、私の友達のKの父親であったが、それが殆んど竣成近くなった比私たちは一晩その別荘へ泊りに往ったことがあった。

それは桜の蕾がやわらかにふくらんでいる時分であった。その別荘へ仕事に来ている大工や左官が、夜は仕事道具をそのままにして帰るので、用心のために交替で一人ずつ残っていたが、その晩になってKの兄がその番にあたったところで、淋しいから泊りに来てくれと云うので、ちょうど土曜日であったし、Kを初め私たち十人ばかりの少年が出かけて往った。

Kの兄は喜んで菓子など買ってくれた。私たちは遠慮する者もないので、さんざ騒いだ結句、疲れて床に就いたのは十一時過ぎであった。

その比私は、夜半比に必ず小用に往く習慣があった。その晩も私は例によって眼を覚ましたが、一人往くのが淋しいので、傍に寝ているKを揺り起した。Kは私の臆病なことを知っているので、便所の前まで跟いて来てくれた。

そこで用をたしながら遣るともなしに窓の外へ眼をやった。と、坂下の方からあがって来る奇怪な物の姿が見えた。私は顫えあがって小声でKを呼んで、二人で見た。それはどうやら女らしく、白衣を着て頭へ灯の点いた蠟燭を立て、胸には何やらきらきら光る物をかけていた。

二人は寝室へ引き返して皆を起した。二人の話を聞いたKの兄は、

「それは、丑の時詣りだ、知られたらたいへんだぞ」

と云った。私たちは平生老人から、丑の時詣りの人に往きあったが最後、その場で殺されてしまう。それは参詣の容を人に見られると呪詛が利かないばかりか、却って祈願者自身にその呪いが返って来ると云うことを聞かされていたので、Kの兄の注意を受けるまでもなく、丑の時詣りだと聞いただけで小さくなってしまった。それでも恐いもの見たさから、またそっと縁側へ往って雨戸の隙から眼をやった。

その時女は私たちの前へ来ていた。よく見ると、胸にかけたきらきら光る物は円い鏡であった。黒いたくさんある髪の毛を後ろへ垂らして、顔にこってりと白粉をつけ、そして、俊徳丸の演戯で見る女のように、一本歯の足駄を履いていたが、蠟燭の光に照ら

し出されたその姿は、一目見ただけでぞっとするほど物凄かった。

私たちは床へ入ってからも、容易に寝つくことができなかった。私はその夜とうとうまんじりともせず夜を明かした。朝になって私たちは、Kの兄を先頭にして稲荷の社へ往った。そして、あっちこっち探していると、社の横の老樹の幹に女の絵姿があって、それに数本の釘を打ちつけてあった。

この話は私たちの口から伝わって、その日のうちに町中の評判になり、好奇な連中は、夜になってわざわざ出かけて往った者もあったが、女がそれを知ったのかもう姿を見せなかった。

後になって判ったが、その女は良吉と云う大工の女房であった。その女房が丑の時詣りをした原因は、夫が近所の女髪結(かみゆい)と関係して己(じぶん)たち親子を捨ててどこかへ往ってしまったので、女髪結を呪(のろ)っていたところであったが、私たちに参詣姿を見られたと云うわけでもあるまいが、その後その女は肺を患って死んでしまい、良吉と逃げた女髪結も、間もなく旅で死んだと云う噂であった。

大樽滝の白蛇

高知県高岡郡越知(おち)町越知の大樽の滝の地炉(いろり)が淵、そこには昔から大蛇が棲んでいると云われていた。藩政時代にも、越知町に近い佐川町の斗郷と云う処に住んでいた篠原与助と云う郷士が大蛇を殺した事があった。

昭和六年のこと、高知市にある稲荷教出張所の所長某君は、数名の信者を伴れて地炉が淵へ往き、そこの滝水に打たれて荒行をして祈っていると、白い大蛇が淵の上へ現われたので、それはそこの龍王権現が姿を現わしたものだと云いだした。それから越知町の元町会議員川村重義君、衛生組合長仲正蔵君、元本県巡査青木某君はじめ十数名の者が、彼の稲荷教の某君と地炉が淵へ往って、某君の祈りによってまた白い大蛇を見たと云う噂がたったので、附近の町村は元より高知方面からも参拝者が押しかけた。

四月十七日になって、前夜から龍王権現の通夜堂で通夜していた越知町青年訓練所の教官予備役陸軍歩兵軍曹和下田亀秀君、川村重義君、青木某君はじめ十数名の者が、またその稲荷教の某君に伴われて地炉が淵へ往ったが、やがて某君の祈りがはじまると、白い大蛇が水の上へ姿を現わして、二三分間位して見えなくなった。それは二丈五六尺位ある大きな物であった。高知市の新聞記者が和下田亀秀君を訪問して真疑をたしかめると、和下田君は緊張して語った。

「今月十七日の午前中、大蛇が水上へ姿を現わした事は事実で、僕も確かに見ました、僕は平素迷信を一笑に附しておりましたが、今度と云う今度は、不思議でなりません、龍王権現のお姿です、随分大きかったのです」

平山婆

福岡県嘉穂郡漆生村に平山と云う処があって、そこに坑夫の一家が住んでいた。家族は坑夫の息子夫婦とその両親の四人であった。

明治末季比、その両親夫婦、即ちお爺さんとお婆さんが、ちょっとした病気で僅かの間に死んでしまった。ところで、その爺さんと婆さんが死んでから間もない時のこと、そこの息子の細君が何かの用事で壁厨を開けたが、開けるなり、

「わ」

と云って外へ飛び出した。庭では息子が薪を割っていた。息子はその声に驚いて、

「何だ、どうしたのだ」

と云って聞いたが、細君は真蒼な顔をして顫えているばかりで何も云わなかった。そこで息子がまた聞いた。

「おい、どうしたのだ、何かあったのか」

「お爺さんとお婆さんがおった」

と云って、細君は家の中を恐ろしそうに見た。息子はばかばかしかった。

「ばかだなあ、死んでしまった者が、どうしておる、神経だよ」

「神経じゃないよ、ほんとだよ、嘘と思や往ってみるがいい」

「ばかだなあ、今の世に、そんな事があるものか」

「だって、ほんとだよ、往ってみるがいい」

細君の物脅えの顔色が治まらないので、息子はとうとう上へあがって、細君の締め残してあった壁廚の襖を開けた。壁廚の中にはお爺さんとお婆さんが並んで、行儀よく坐っていた。息子もそれにはぎょっとしたが、家長として責任があった。

「何か云いたいことがあるかね、あるなら云ってもらおう、そんなことをせられては、みっともない」

と云うと二人の姿はぱっと消えてしまった。

夜になって細君が蒲団を出そうと思って壁廚を開けた。壁廚の中には昼間のとおりにお爺さんとお婆さんが坐っていた。細君は夫が傍にいるので気が強かった。

「そんなに、いつも出てどうします、困るじゃありませんか」

細君は二人にかまわずさっさと蒲団を出そうとした。すると二人の姿は消えてしまった。

朝になって細君が蒲団をしまおうとしてその壁廚を開けると、また二人がその中に坐っていた。

それから昼でも夜でも、壁廚を開けさえすれば、二人の坐っている姿が見えたが、ただ坐っているばかりで何もしなかった。この壁廚の怪異は、やがて村中の評判になり、村の人はそれを平山婆と呼んだ。

平山婆の噂があまり高くなったので、息子夫婦はそこにいられなくなって、別の炭坑地へ引越したが、そこにも爺さんと婆さんがやはり壁厨(おしいれ)の中に姿を見せるので、また別の家へ移ったが、そこへも爺さんと婆さんは蹤(つ)いて来た。

寄席の没落

少し古い土地の人なら、八丁堀に岡吉と云う色物専門の寄席があったのを記憶しているはずである。その寄席の経営者は米と云う仕事師であった。

その米の叔父に一人の僧侶があったが、それが廻国に出かけることになって、僧侶には路銀は不要だと云うので、三百円の金を米に預けて往った。そして、諸国を遍歴しているうちに病気になったので、東京へ帰って来て、預けておいた金を受け取りに往った。

すると、米は驚いたような顔をして、

「叔父さん、冗談云っちゃ困りますよ、かりにも三百円と云う大金ですぜ、あっしが、いつそんな金を預りました」

と云って不知(しら)を切った。叔父はさすがに腹をたてた。

「冗談とは何だ、たしかに預けたじゃないか」

「たしかに預けた、おい叔父さん、いくら叔父甥の間だって、他の事とは訳がちがう、かりにも三百円と云う大金を、そんな金を預けるからには、何か証書を受取らねえはずはない、さあ、それを見せてもらおう」

一心同体のように思っている甥のことである。証書などを取っているはずがない。

「証書を取らないことは、おまえも知ってるじゃないか、それを今になって、証書なんて云うのは、それでは、おまえはあの金をごまかすつもりか」

「おっとごまかす、外聞の悪いことを云ってもらいますまい、これでも岡吉の米と云やぁ、ちっとばかし人様にも知られた男ですぜ、いくら叔父だからって、そんな云いがかりをつけられちゃ、腹の虫が納まらねえや、さあ出せ、証書を出せ」

叔父は米の権幕がすごいので、こんな時に云ってもいけないと思ったので、その日はもう何も云わないで帰って、日を更めて往ったが、米は不知をきって頭から対手にしなかった。信じきっていた甥に大金をたばかられた叔父は、口惜しくってたまらなかった。そこで叔父は最後の決心をして、もう一度強硬なかけあいに往った。それはちょうど日没で、米は岡吉の木戸に坐っていた。二人の間にはいつものような口論がはじまった。米は例によってさんざん毒づいた結果、客商売に坊主は縁起が悪いと云って戸外へ突出し、下足番に言いつけて叔父の頭へ塩を撒かした。

その翌日のことであった。米が朝起きて顔を洗っていると、町内の白木と云う材木屋の小僧が顔色を変えて駈けこんで来た。

「頭、大変だ、お店の軒下に縊死人があるのだ、すぐ来ておくんなさい」

「そうか、すぐ往く」

米は羽織を引っかけながら小僧の後を追うた。白木の軒下に微汚い僧侶が首を吊っていた。米は一目見るなり立ちすくんだ。それは前日戸外へ放り出した叔父であった。それにはさすがの米も当惑したが、駈けつけた手前そのままにもいられないので、踏み台を持って来て叔父の死体をおろした。

その米の詞が白木の主人の耳に入った。白木の主人は、これには何か仔細がありそうだと思った。で、岡吉の下足番を呼んでその死体を見せると、下足番はあっと云って慄えあがった。下足番は米に口止めをせられた事も忘れて、べらべらと喋ってしまった。白木の主人は米の不人情に腹を立てて、その日から米の出入りを差留めるとともに、自分の家から叔父の葬式を出してやった。

「畜生奴、場所もあろうに、あてつけがましく、俺の出入りさきでやりやがって」

そんなことがあってから後のことであった。某日、五明楼玉輔が人形町の末広亭から岡吉へ往って、木戸から客席の庭を通って楽屋の方へ往こうとしたところで、縁側の障子の外に微汚いよれよれの法衣を着た男がしょんぼりと坐っていた。玉輔はたぶん寄席へ来た客が、気分でも悪くなって風にあたっているのだろうと思って楽屋へ入ったが、何となく無鬼魅に感じたので、そこにいあわせた前座の者に話すと、

「その坊さんなら、一番太鼓を入れた時に、客席の隅にしょんぼり坐ってましたよ」

と云った。また時とすると、その僧侶が便所の前に立っていたり、楽屋の入口に立っていたりして人びとを驚かしたので、その噂がいつともなしに外へ洩れて、岡吉には坊

主の幽霊が出ると云いだした。そのために客足が遠くなり、間もなく店を閉めてしまった。

劇場売店の怪異

昭和十二年のこと、都々逸作家協会の雑誌『どどいつ』の編輯をしていた野崎可豊と云う都々逸作家があった。生粋の江戸っ子で、浅草に住んでいたが、七月十五日発行の七月号の雑誌が数日で出来あがろうと云う時、突然急病で歿(な)くなった。そこで同人の船井小阿弥君が後始末をして雑誌が出来あがると各劇場を廻って、新旧雑誌の取換えをしたが、それまで雑誌の取換えには、平生可豊君と同伴に往っていたので、小阿弥君は淋しかった。

そして、小阿弥君はまず歌舞伎座の売店へ往った。売店には顔馴染(かおなじみ)の老媼(ろうば)がいた。小阿弥君は老媼に挨拶したが、老媼は小阿弥君を迎えながら店の横窓の方へ眼をやって、何か探すような容子(ようす)をして、

「可豊さんは、どこへ往らしたのだろう」

と云った。死んでいる者がそこにいるはずがない。

「御冗談でしょう」

「ほんとですよ、たった今、貴方より一足先に来て、それ、そこの窓の蔭へ往らしたの

ですよ、御同伴じゃないのですか」

小阿弥君はぞっとしたが、黙っている事もできないので、可豊君の歿くなった話をして、雑誌を包んでいた風呂敷を見せた。それは故人の初七日の供養に配った引き物の風呂敷であった。老媼は、

「ヘエエ」

と云ったきりでしばらく何も云わなかったが、まだ疑っているように小首をかしげて、

「確かに可豊さんでしたよ、浴衣の柄まで覚えておりますよ」

と云って、それから合掌して念仏を唱えた。

金の義歯

大正八年、寺崎広業の門下の阿部広洲君は、東京本郷の駒込病院の脇に借家を見つけて移転したが、移転した晩、来てくれていた伯母と玄関に隣った六畳の室で寝ていると、室の中央に吊りさげた電灯の下部から下が急に微暗くなったが、それは電灯の下ばかりでなく室全体であった。阿部君はおやと思うと同時に体が総毛だった。そして、伯母さんはと見ると、伯母は既に怪異を見て恐れているように頭から蒲団を被っていた。

阿部君はこれからどんな事になるだろうと思いながら、次の室と境になった襖の方を見るともなく見た。と、締めてあったはずの襖が消えて、次の六畳の室がきれいに見え、

中央の畳の上から線香の煙のような物が一条細ぼそと立ちのぼっていたが、それがしだいに大きくなって釜から立ち昇る蒸気のようになり、風に吹かれるようにこちらの方へ来て、阿部君の枕頭に近くなると、色が濃くなり、輪廓が出来て人の形になった。阿部君は顫いあがって眼をやった。それは二十五六に見える壮い女であった。女は阿部君を見ると、莞と笑ったが、笑う拍子に口の中の金の義歯が光った。

「よくいらしてくださいましたわね」

阿部君はわっと叫んで飛びあがり、蒲団の上から伯母にしがみついた。そして、恐る恐る女の方を見たが、もう女の姿はなくなって、電灯も明るくなり、消えていた襖も宵のとおりに締っていた。

その時伯母は気を失っていた。阿部君は伯母を介抱しながら夜の明けるを待って、明けるなり次の室へ往った。次の室の中央には線香でも倒れて焼けたような五寸位の長さの焼痕があり、それを中心に周囲に小さな黒い斑点があった。それは血の痕のような斑点であったが、何だか因縁の有りそうな家であるから、家の内を隈なく検べる事にして検べていると、台所の揚板の下にオブラートの空殻が数多あった。

そこで阿部君は、出入りの小廝や近所の者について検べてみると、その家には某と云う文学士とその妹で二十六七になる女の二人が生活していたが、つい最近になって女の方が肺病のような病気で歿くなったので、他へ移ったと云う事が知れた。そしてその妹は金の義歯をしていて、あの室で寝ていたと云うことも判った。（石塚直太郎氏談）

隠形術

昭和元年比の事である。奉天から帰った高橋と云う岡田蒼溟君の知人は、隠形の術を行う中学生の話をした。

その中学生は内地人で、奉天中学校の三年生であるが、曾て内地で、神隠しに逢って、天狗界に伴れて往かれ、その際、天狗から隠形の術を教わったが、家へ帰って後に、天狗から戒められていた食物を摂ったので、それがために全身を隠すことはできなくなったが、半身を隠すことはできた。

奉天中学校では、再三その少年に半身隠形をやらせた。少年が隠形を行う時は、えッ、えッ、えッと云うような気合をかけた。すると、その少年の右半身か左半身かが、みるみる消えてなくなるのであった。これは同地の新聞にも書きたてられた有名な話である。

被服廠で死んだ友人

大震災の翌年のことであった。某雑誌社の壮い記者が、某日長い間音信不通になっていた生田可久と云う友人から、突然葉書をもらった。それは、

「何月何日に、芳賀先生をお訪ねするつもりだが、君もいっしょに往かないか」

と云う意味のものであった。それを見ると壮い記者は、急に旧友が懐(なつ)かしくなって、心待ちにその日の来るのを待っていたが、生憎(あいにく)その日になってはずすことのできない用事が出来たので、しかたなしにそのままにしておいたところで、某日旧友を知っている友人に遇ったので、

「このあいだ、生田から葉書をもらったよ、あいかわらずやってるらしい」

と云うと、友人がふきだした。

「冗談云うなよ、死人が葉書をよこすかい」

「何、死人、そんなことはないよ、芳賀先生を訪問するから、いっしょに往かないかって、葉書をもらってるよ」

「そんなばかなことがあるものか、君、生田君は、被服廠で死んだじゃないか」

壮い記者はそれでも信用ができないので、帰って状差へさしてあったあの葉書を見ようと思って探したが、いくら探しても見あたらなかった。

蛇屋の娘の物狂い

昭和六年比(ごろ)のことである。下関市田中町に松山大助と云う蛇商があって、そこの長女の阿花(おはな)と云うのは、姝(きれい)なうえに気だても佳(よ)いので、あちらこちらから縁談があったが、それに耳を藉(か)さなかった。藉さないのは店に飼ってある蛇の中に、可愛い二疋の蛇があ

って、それを懐に入れたり寝床の中へ入れたりして、可愛がるのが面白いからであった。ところで、陽気のかげんか二疋の蛇が前後して死んでしまった。阿花はそれを裏の山へ葬ったが、それから店にも出ないで、暇さえあれば裏の山へ往っていた。

両親の方では小娘の感傷だろう位に考えていたが、某夜母親が阿花の室へ往ってみると、死んだ蛇の死骸を寝床の中に入れて寝ていたので驚いた。そこで母親は父親に話して、その蛇の死骸を上田中町の陸軍火薬庫附近の山の中へ埋めた。

するとその翌日になって阿花がいなくなった。附近の者が手を分けて捜していると、夜になって火薬庫近くの蛇を埋めた処へ坐りこんでいるのを見つけたので、家へ伴れて来たが、附近では蛇との神秘な交渉があったからだと噂する者があった。

遁げて往く人魂

二人の仕事師が某夜夜廻りに往っていると、すぐ眼の前でふうわりと青い火が燃えた。二人は驚いて手にしていた鳶口で、それを敲こうとすると、火の玉は吃驚したように向うの方へ往った。

二人は鳶口を揮りながら追っかけた。そして、数町往ったところで、その火の玉は唯ある巷へ折れて、その突きあたりの家の櫺子窓からふわふわと入ってしまった。と、家の中から苦しそうな呻きが聞えて来た。それと同時に年とった女の声がした。

「お爺さん、これお爺さん、何をそんなに魘されてるのだよ」

すると老人の声で、

「ああ怕かった、乃公が街を歩いてると、何をかんちがいしやがったのか、二人の仕事師が、だしぬけに鳶口を持って追っかけて来たのだから、命からがら逃げて来たのだよ」

と云った。

空を見る女

小説家の綿貫六助君が、仙台の歩兵連隊にいた比、大工の家に下宿していたが、そこは広瀬川に沿うた微暗い樹立ちの中の二階家であった。

ある蒸し暑い月の明るい晩であった。一ぱい飲んで良い気もちになって眠っていた綿貫君は、ふと何かの気配を感じて眼を開けた。開け放した窓の外に夜更の湿っぽい風をうけて、廂に覆いかぶさった桐の葉ががさがさと鳴っていた。と、枕頭になった縁側で、ばさりと云う音がした。おやと思って顔をあげたところで、すぐ眼の前に墨絵のような黒い影がぼんやりと浮んだ。綿貫君はじっと瞳をこらした。と、その時黒い影がするすると動きだしたが、同時にそれが美しい女の姿になった。真白い襟元へ乱れかかった鬢の毛を夜風になぶらせて、うつむきかげんに歩いて往くその女は、大柄な紺と茶の縦縞の銘仙を着て、淡紅色の伊達巻を締め、朱鷺色の袖口をちらちらさせながら梯子段の方へ往った。綿貫君は数瞬もせずそれを見つめていたところで、女はやがて梯子段の処まで往ってちらとこちらを揮り返った。それは何とも云いようのない凄艶な顔であった。それには綿貫君もぞっとした。

翌日になって綿貫君は、気もちがわるいので、近くの下宿へ移ったが、その夜のことが気になるので調べてみると、そこにはこの春まで肺を患っていた壮い娘と老夫婦が住んでいたが、その娘はいつも二階の窓から華美な模様の衣服を見せて、寂しそうに空を見ていたが、やがて病気が重くなったので他へ越して往ったと云うことであった。そして、まもなくその娘の死んだのと、綿貫君が怪異を見た時刻が同一であると云うことも判った。

手鏡

ある夏、詩人の瀬田弥太郎君の友人が旅に出たことがあったが、時間のつごうで次の部落へ往くことになり、月の夜路を歩いているうちに、道に迷って野の中の一本路へ出た。

友人はしかたなしに悲観しいしい歩いていると、後ろの方からだれか来た。友人はほっとしてその人の近づいて来るのを待っていた。と、きゃっきゃっと云うような変な女の笑い声が聞えて来た。淋しい野中でしかも女が一人で何を笑っているだろうと思った。

友人は不思議でたまらなかった。

うしろから来た者は、ますます近づいて来たが、それがどうも髪を揮りみだした女のようであった。友人は足が硬ばり体が縮んだが、それでも怕いものみたさにおそるおそる対手を見た。と、その対手の頭の上に円いきらきらする鬼魅わるい光があって、それが消えたり光ったりしていた。

友人はそこへへたばってしまったが、それでも正体を見きわめないと猶さら怕いので、また恐る恐る眼をやった。同時に怪しい女はその前を通りすぎた。それは壮い女で、それが小さな柄のついた鏡を空へ投げ投げしているところであった。きゃっきゃっと云う笑い声は、投げた鏡をうまく受けとめた時の喜びの笑いであった。それは狂人であった。友人はやっと安心して女の後ろから歩いて往った。

瘤の運動

大正八年比のことであった。京都市外上嵯峨の中院の某君は、南天棒四天王の一人と云われたほどの禅の凝り屋で、約十五年は禅行のみに費したが、某時、禅と人生の問題に想到した結果、禅が現代の活生活とあまりにかけ離れているのに気が注いて、修禅抛棄の決心をした。

すると氏の体に奇怪なことが起るようになった。それは従来病気などの無かった体が、だるくなって変調を来したり、また時とすると軀の随所に瘤が現われたり、寝ようとすると、何者とも知らない者が、目を衝つき耳を撮んだり、鼻の穴を擽ぐったりして就眠を妨げた。

その上妖怪的な物象が現われて、大入道に睨まれるような事もあったので、これは精神的な産物でない。自分が禅を廃める気になったので、邪僧の霊が来て妨害している。これを駆逐するには神道の外にないと思って、静岡県の清水港へ往って、浅間神社の神人長沢雄楯翁に就いて、毎日鎮魂をしてもらって禅魔撃退に努めた。その結果、禅魔が某君の体から退去するようになったが、その時の状態は聊斎志異の中の話のようなことがあった。

それは彼の体の随所に現われた瘤であるが、その時その瘤は、右の肩端に現われていたが、それがことんことんと恰も鼠や猫が二階から梯子段をおりて来る時のような音を立てながら、そろそろと右の手へ移り、それから二の腕を越して手頸に移り、手頸から小さくなって食指へ移り、それがまた食指の端まで往ったところで、不意に腹の処が縦に五分ばかり裂けて、そこから鰻の胆のような物が出て畳の上へ落ちたが、落ちたかと思うとすぐ消えた。それから同君の体は平穏になった。ただ右の食指の裂けた処は、日を経て癒着したが、その傷痕は永く消えなかった。

格子戸に挟まれた老婆

新橋の花千代と云う歌妓(おしゃく)がしていたと云う話である。

麻布の市兵衛町に常磐津の師匠をしていた老婆があって、新橋方面へも時どき出稽古に来ていた関係から、花千代もその弟子の一人になっていたが、そのうちに老婆が病気になって死んでしまった。老婆が死んでから数日して、老婆の遺族が一枚の葉書を持って花千代の許(もと)へ来て、

「こんな葉書をいただきましたから、あっちこっち差出人を探しましたが、どうしても判りません」

と云って来た。その葉書には、

「御病気と承わりましたので、×月×日の午後×時すぎにお見舞いにあがりますと、お宅の格子戸を細く開けて、痩せたお婆さんが格子戸に挟まれたように家の中を覗いていましたので、ぐあいが悪くてどうしても入ることができませんから、そのまま失礼して帰りましたが、どうぞ一日も早く御全快あそばしますように」

と書いてあったが、その日時がちょうど老婆の呼吸(いき)を引きとった時刻とぴったりあっていた。

謎の客

東京からすれば鶴岡市のちょっと手前になる吹浦（ふくら）は、日本海に面した戸数三百戸ばかりの漁村であるが、温海（あつみ）温泉の入口として知られている。その吹浦に戸田屋と云う魚問屋があった。

某日（あるひ）の黄昏（たそがれ）時、その戸田屋へ見なれない客が来た。それは粗末な半纏を着て、脚に茶色のゲートルを無雑作に巻いていたが、その容子（ようす）からおして、仕事にあぶれた労働者以外には見えないので、店の者は胡散そうにその顔を見た。

「何か用かね」

「魚をすこしばかりもらいたいが」

「さあ、ここでは、あまり小売をしないのだよ」

店の者は一尾（びき）や二尾の雑魚を売るのは面倒だと思った。

「これ、これ、何を云うのだ」

店の者を叱って主人が顔を出した。店の者は不服そうな顔をした。主人は愛想笑いをして客に対した。

「魚は、何をあげましょうか」

「小魚でいいから、これだけおくれ」

客は腹掛のどんぶりから無雑作に一枚の紙幣を取りだした。それは十円紙幣であった。店の者は驚いて客の容子を見た。十円ぐらいの金はたいしたこともないが、魚商人でもない者がそんなに魚を買うことはめずらしいことであった。それに魚の値段も聞かないで、いきなり十円だけくれと云う無頓着なところは、どこか普通人と違ったところがある。主人は呆れている店の者を指図して、鯵（あじ）や鰈（かれい）などを籠へ詰めて客に渡した。客は買物を受けとるとさっさと帰って往った。

　店の者はその後で客の素性について話しあったが見当がつかなかった。ところで、その翌日の夕方になると、またその客が来て、その日も同じくらいの小魚を買って往った。戸田屋では何の必要があって、そんなに数多（あまた）の小魚を買って往くのだろうと云って不審した。

　三日目になって戸田屋では、まさか今日はもう来ないだろうと云っていた。ところで夕方になるとまた来た。戸田屋では驚いてしまってたが、客はまたその翌日もその翌日も来た。そして、いつ来ても同じ粗末な半纏を着ているうえに、来る時間が毎日きまって夕方であるから、戸田屋ではますます不思議がった。

　ちょうどその頃、吹浦から吹浦の隣の遊佐（ゆざ）へかけて、不思議な噂がひろまった。遊佐の某家では、朝起きて見るとだれが置いて往ったのか庖厨元（かってもと）に数多の小魚が置いてあった。また吹浦の某家でもそれと同じようなことがあった。また某家ではだれからともなしに白米の寄贈を受け、また某家では、朝起きたところが、枕頭へ衣服を置いてあったとも云った。

そう云う噂がたつと、俺の家でも何をもらったとか、こんな物をもらったとか云う者が次から次と出て来たが、それが皆云いあわしたように貧民ばかりであった。そして、その寄贈者の正体を知っている者は一人もなかった。そこで人びとは、その奇篤な寄贈者は狐だと云いだしたが、中には鼠小僧のような義賊かも判らないと云う者もあった。

この噂を聞いて首をかしげたのは戸田屋の主人であった。主人はもしかするとその貧民の助けの主は、己（じぶん）の家へ毎日小魚を買いに来る謎の客かも知れないと思った。

その日も例によって謎の客が来たが、その日はその地方で汽車籠と呼ばれている大きな籠を持っていた。

「明日は、ちょっと振舞いごとがあるものだから」

と云って、平生より多くの魚を買って往った。胸に一物ある戸田屋の主人は、客が出て往くなり直ぐその後を見えかくれにつけて往った。

客は吹浦の駅から上りの列車に乗って遊佐駅でおり、踏切を渡って西の方へ急ぎ足で往ったが、一度も振り向かなかった。

十町ばかりも往ったところで、岡田と云う竹藪に囲まれた十軒ばかりの民家のある部落へ出た。客はそこでちょっと立ちどまって、それからＴと云う家へ入って往った。

戸田屋の主人は、それを見届けると安心して吹浦へ帰り、翌日店の者に手土産を持たしてＴ家へ挨拶に往かした。ところで、Ｔ家ではへんな顔をして、そんなことを云われる覚えがないと云った。そう云われてみると、そのT家は森閑としていて、振舞いごとなどがありそうにも見えなかった。それにかんじんの謎の客の風体についても、T家の家人は全然知らないと云った。

同時に謎の客は戸田屋へ来なくなった。それを聞いた人びとは、その謎の客は古くから岡田に棲んでいる狐だと云いだした。その後も遊佐の人びとは、夕方籠を背負った労働者風の男が、汽車からおりるのを見かけることがあるが、いつの間にかどこかへ往ってしまうと云った。そのために夕方になると、女や子供は恐れて岡田附近を通らなくなった。

そうなると、所轄の警察署でも棄てておけないので、その真相を糺(ただ)すべく、刑事をあちらこちらに走らしたが、終(つい)にその正体を突きとめることができなかった。

今ではその附近の人びとも、そのことを口にする人もないが、その当時は酒田新聞はじめその地方の新聞が、盛んにそれを書きたてて騒いだものであった。筆者は昭和九年十一月温海温泉へ往った時に、某氏からそれを聞かされた。

天井からぶらさがる足

小説家の山中峯太郎君が、広島市の幟(のぼり)町にいた比(ころ)のことであった。それは山中君がまだ九つの時で、某夜(あるよ)近くの女学校が焼けだしたので、家人は裏の畑へ往ってそれを見ていた。その時山中君は、ただ一人台所へ往って立っていたが、何かしら悪寒を感じて眼をあげた。と、すぐ頭の上の天井から不意に大きな足がぶらさがった。それはたしかに人間の足で、婢室（じょちゅうべや）の灯をうけて肉の色も毛の生えているのもはっきりと見えていたが、その指が大人の腕ぐらいあった。山中君は怖いと云うよりもただ呆気にとられてそれを見つめていた。と、二三分も経ったかと思う比、その足が烟（けむり）のようにだんだんと消えてしまった。

奇蹟の処女

昭和九年六月の事であった。名古屋市西区寿町に都屋と云う袋物商があった。主人は都築忠太郎。そこには数多（あまた）の子女があって、その六番目の鈴子と云う二十一になる処女（むすめ）は、金城女学校へ往っていたが、体が弱いので中途で退学して養生していたところで、前年の七月、風邪が原（もと）で肺を悪くし、爾来病床についていたが、晩春から病勢が募ったので、母親の曾宇はかねて信仰している中島郡明治村の矢合観音へ、三七日の水垢離（みずごり）の願をかけて参拝していたところ、その満願の十七日、現代の科学常識では解く事のできない奇蹟があらわれた。

それはその前夜のこと、鈴子の病気を心配して毎日のように都築家へ来ていた、遠縁で親友の恒川俊子と云うのが、その晩は鈴子の枕頭へ附きっきりで看護していたが、朝になって鈴子がすやすやと眠ったので、自分も疲れを休めるために中区西角町（にしかど）の自宅へ帰って、夕刻両親同伴で再び鈴子の家へ往く事にしていた。

　一方病床でうつらうつらしていた鈴子は、午後四時比（ごろ）になって、俄（にわか）に歯を喰いしばり眼を釣りあげて危篤の状態となったので、同家に詰めていた医師は、家内の者に臨終の近づいた事を知らしたが、それから約十五分位して、蒼褪めて生気のなかった鈴子の顔に、みるみる紅の色が浮んだ。と、鈴子は眼を見ひらいて大きな声で、

「お父さん」

　と云って、まず父親の忠太郎を呼び、それから順々に枕頭にいた十数名の家族の名を呼んで、澄みきってすこしも濁りのない声で感傷的な話をして、それから静かに目を閉じようとした時、俊子が血相をかえて飛びこんで来た。

　俊子はその朝、自宅へ帰るなりぐっすり寝こんでいると、鈴子が枕頭へ来て、

「わたし、これから観音様へお参りに往くから、迎えに来たのよ」

　と云ったので、はっと眼が覚めたところで、鈴子の家から電話がかかって来た。俊子は夢の事で胸騒ぎがしているところであったから、電話は宜（よ）くも聞かないで飛び出した。そして、名古屋駅前まで往って、ぱったり倒れて気を失っていると、だれかにぽんと背を叩かれたので、それで気が注（つ）いて駈けだして来たものであったが、その間の時間がばかに短かった。俊子はいきなり臨終の鈴子の手を握って、

「鈴子さん、しっかりしてくださいよ」

と云うと、鈴子は微かに頷いて、そのまま呼吸を引き取った。

殺した実母が迎えに来る

昭和三年六月二十七日夕刻、大阪玉造署へ四十位の男が母親を殺しましたと云って自首して出た。

同人は東区八丁目東寺町の箪笥仕上職西村金次郎と云う者であるが、去る大正十年八月二十八日午前二時比、当時同人が港区九条通りの天理教会所に住んでいたところ、その時六十二になる実母の中西イワは、胃癌で永らく病床に就いていたが、病気が良くならないうえに、可愛い伜夫婦が看病と薬代に困っているのを見るに忍びず、どうせ死病なら自分の腹を痛めた伜の手で往生したいと、金次郎に一思いに殺してくれと云った。金次郎は最初のうちは、そんな痴な事がと云っていたが、母親が頻りに云うし、生活難に追われていた際ではあるし、某夜ふらふらとその気になって、母親の云いつけどおり、手拭いで咽喉を絞めて殺し、何くわぬ顔で葬式を済まして、その日まで黙っていたが、その比になって毎晩のように、殺した実母が夢に現われて、「お前を迎えに来た」と云うので、自首して出たものであった。

所轄署でも時日を経過している事と、適確な証拠が無いところから、本人の自首に基き、ひとまず尊族殺人罪として取調べ中との事であったが、その後はどうなったか判らない。

母の変死

よく肉親の身の上に変事があると、その知らせがあると云いますが、私にもそうした経験があります。

私の母は六十七歳で変死したのですが、今でもその時の事を思いだしますと、悲しくてしかたがありません。それは秋のことでしたが、母は長い間口癖のように云っていた善光寺参詣をする事になって、喜んで家を出ましたが、出たっきり何の音沙汰もありません。もっとも母は無筆ですから、自分では書くことはできませんが、宿屋へ着く度に宿屋で書いてもらって投函するように約束してありましたから、私は心配でなりませんでした。母が家を出てから丁度七日目のことでした。夜半に私は大変うなされたらしく良人（おっと）に揺り起されました。

「おい、どうしたんだ、随分変な声を出したじゃないか、夢でも見たのか」

良人にそう云われて、私ははじめて夢であった事を知りました。その夢と云うのは、母が突然帰って来て、土産だと云って懐（ふところ）の中から蠟燭や線香を出した夢なのです。それが十本や二十本ではありません。それで懐の中の分が無くなると、今度は両方の袂（たもと）から、それが済むと、更に風呂敷包みの中からと言うふうにするので、室（へや）の内はたちまち蠟燭

や線香で充満になりました。私は呆れてしまって、

「お母さん気でも違ったのですか、こんなに蠟燭や線香ばかり買って来ても、使いようがないじゃありませんか」

と云いますと、母は済まして、

「なあに、毎日使えば、直ぐになくなるよ」

とこうなんです。そして、私が呆れている間に、またどこかへ出かけようとしますので、あわてて引き停めると、

「心配しないでもいい、私はとても佳い処へ往って来たが、また往かなくてはならない」

と云って笑うのです。その嬉しそうな容子と云ったら、母はむっつり屋で滅多に笑顔を見せるような事が無いので、却って無鬼魅に思えたくらいでした。で、私はますます怪しんで母を停めようとする。母は往こうとする。こうして二人で争っていたところを、良人に起こされたのでした。良人は私の夢の話を聞くと、

「なあに、それは、あんまりお母さんのことを心配してるから、気のせいでそんな夢を見たのだよ」

と云って笑いましたが、私は気になって仕方がありませんでした。もしや、母の身に何か不吉なことがあったのではあるまいか、などと思うと、もうとても眠る気にはなりません。すると、その時仏間の方でちイんと言う鉦の音がしました。私はぞっとして思わず良人にしがみつきましたが、良人はもう眠っておりました。

それから私は、朝までまんじりともせずに夜を明かして、平生の時間に起きて雨戸を開けようと思って、玄関へ出て見て私はまた驚きました。昨夜寝る時に確かにかって置いたはずの心張棒が外れているのです。私はいやあな気持になりましたが、勤めに出る良人に変なことを聞かすでもないと思って、良人には素知らぬ顔をして更衣(こうい)の手伝いをして、そしてオーバーを着せておりますと、だれか玄関へ来たようですから、傍(そば)にいたその時四つだった女の子に、

「お客様だから、玄関へ往って御覧」

と云いました。子供はちょこちょこ走って玄関へ往きましたが、やがて引き返して来て、妙な顔をして私を見ますので、

「どうしたの、だれもいらっしゃらなかったの」

と聞きますと、子供は両手を胸の処へ持って往って、だらりと垂れ、

「おばけエ」

と云うじゃありませんか。私は何かしらぞっとしましたので、

「何を云うのです、この子は」

と云って叱りつけました。その声がよほど激しかったと見えて子供は泣きだしました。それから、良人(おっと)に叱られるやら、私は私で泣くやらで、変な事になりましたが、子供の云った事が気になりますので、良人が出勤した後で、私は易断所へまいりました。そこでは、

「決して間違いはありませんよ、この卦は動いておりますから、生きております」と言われましたが、そんなことでは安心ができませんから、また三四軒の易断所へまいりましたが、どこでも皆同じような卦でしたから、稍安心して家へ帰りました。

それから一週間も経って、身許不明の女の溺死体があがったと云う記事が土地の新聞に載りましたので、早速駆けつけて見ますと、それはやはり私の母でございました。母は途中の某と云う川の土手を歩いていて、過って川の中へ落ちて溺死したものでした。それから、これはずっと後に聞いたことですが、易に動いているように出たのは、死体が流れていたからだそうでございます。（某女談）

石地蔵の首を締める

栃木県芳賀郡中村に大字若旅と云う一部落があって、その部落がまた上、中、下の小字に分れているが、栃木県は人も知る干瓢の産地で、その村でも干瓢は重要な耕作物になっていた。

明治四十三四年の比であった。その部落の小字の下に、石島某と竹田某と云う二軒の農家があって、畑を並べて干瓢を作っていたが、収穫期になって干瓢がたびたび盗まれるので、石島の方では竹田を疑い、竹田の方では石島を疑ったが、被害が絶えないので、たまりかねて石島では、実証を摑もうと、某夜畑へ往って番をしていた。すると、竹田の畑の方でがさがさと云う物音がした。

「だれだ」

と云うと、前方から、

「それより汝(きさま)はだれだ」

と云って近づいて来る者があるので、石島も用心しながらその方へ往った。近づいて来たのは竹田の主人であった。

「あんたか」

「ほほ、これは」

と云う事になって話しあってみると、竹田の方でも干瓢の被害があるので番に来ているとのことであった。

「それでは、あんたの方でも盗まれるか、私はまた盗まれるのは、自分の畑ばかりと思ってたが」

「どうして、私の方も始終(しょっちゅう)盗まれる」

そこで平生親しい仲であるから、打ち明け話になって、石島が、

「失礼だが、私はあんたを疑ってた」

と云えば、竹田も、

「ほんとを云うと、私もあんたを疑ってたよ」

と云って、二人は大笑いになり、それから二人で協力して盗人を捕まえる事になった。

そこで二人は、一晩おきに畑の番をする事にして、それを実行してみると被害がない。被害のないのにいつまでも番をするのは痴(ばか)ばかしいので、番をやめてみるとまた盗まれる。

二人は困ってしまって、その土地で有名な地蔵尊へ盗人がだれであるか、それを知らせてもらいたいと祈願して、毎晩二人で参詣したが、干瓢を盗まれるだけで何の効験(ききめ)もなかった。

二人は十四日目の晩、荒縄を持って往って地蔵の首へ巻きつけ、二人でぐいぐいと締めつけながら、

「おい、地蔵、毎晩毎晩参詣しても、盗人を知らしてくれないばかりか、反対(あべこべ)に干瓢を盗ましやがる、さあ、どうだ、地蔵、痛いか、痛いか、苦しけれゃ、盗人に祟れ、さあ、どうだ、地蔵、これが苦しけれゃ、盗人の首を締めろ」

と云い云い一生懸命になって締めていると、生物を縛った時のような手応えがあった。二人は恐ろしくなって縄をそのままにして逃げ帰った。

するとその翌日の事、中の某(なにがし)と云う男が、前夜急病が起って、

「首が締まる、首が締まる」

と狂いまわってると云う噂が伝わって来た。

石島と竹田の二人は、噂をたしかめた後で、伴(つ)れだって某の家へ往って、地蔵の事を云って、

「何か思い当ることはないか」

と嚇したりすかしたりしていると、某はとうとう干瓢の盗人である事を自白した。そこで二人は、地蔵尊に供物を供えて願解きをしたので、某の苦痛もすぐ癒った。（鈴木霊嶺氏談）

池の中の足首

明治四十四年の頃であった。高知県土佐郡一宮村の薊野と云う処に城戸と云う豪農があって、その隠居が婢と云う名儀で妾を置いていたところが妊娠した。隠居は世間体もあるので、息子に相談して生れた児を息子の児として出生届を出さしたが、そんなことで息子と妾の間が変なことになった。

それを息子の細君で、土地の人から奥さんの代名詞で呼ばれている細君が知って嫉妬を起した。そして、ごたごたがあったあげく、細君は遺書を残してどこへか往ってしまった。

その時は挿秧の時であったが、村の人たちは挿秧もそっちのけにして、虫送りの時に用いる鐘を叩き太鼓を打って、附近を探したが見つからなかった。

その時江ノ口村の比島に岡崎と云う農家があって、城戸の屋敷に近い処に田があったので、そこへ挿秧に往っていた。その日は雨が降っていたが、城戸家では細君がいなくなって、村の人が探してくれている際であったから、人の出入りが繁しかった。それに捜索隊の打ち鳴らす鐘や太鼓の音がするので、お祭でもあるように賑やかであったが、そのうちに日が暮れかかった。

その日はちょうど城戸家の細君がいなくなってから七日目であった。岡崎さんは急いで挿秧をすまして、城戸家の正面になった池へ鍬を洗いに往った。城戸家から池までは僅か一丁ばかりしかなかった。岡崎さんはまず鍬を池の中へつけておいて、水際の浅い処へ入って手足の泥を洗った。微黒くなりかけた池の面には陰気な雨が降っていた。岡崎さんは手足の泥を落としたので、それから鍬を洗うつもりで鍬を引き寄せた。ところがその鍬には、女の長い髪の毛が一握りぐらいかかってきた。岡崎さんははっとして水の上を見た。

そこに一本の足首が出ていた。それは水脹れのした白くただれた足であった。岡崎さんは胆がすわっていたが、さすがにそれには驚いた。そこで池の縁へ飛びあがるなり人を呼んだ。

「人が死んじょる、人が死んじょる」

城戸家からはすぐ数人の者が駈けつけて来た。そして、引きあげてみるといなくなっていた細君であったから、早速城戸家へ運んで、その夜の九時、家の後ろの小山の麓になった墓地へ葬った。

その後しばらくたって、岡崎さんは用事が出来たので、夜、一宮の方へ来た。その一宮街路は、城戸家の前方を通じているので、岡崎さんはその前へ往くと、あの日のことを思いだして、まず池を見、それから城戸家の建物を見、それから、後ろの墓地のある小山の方を見た。と、小山の麓に微紅い小さな火がとろとろと燃えた。

「や、あれは」

岡崎さんが眼を見はった時、その火はすぐ見えなくなったが、見えなくなったかと思うまもなく、城戸家の屋根の上がぴかりと光って、そこに提灯の灯ぐらいある火の玉が見えて、それがころころと屋根瓦を転げ落ちるように下へおりるなり、池の上を飛び越えて、はっと思うまに岡崎さんの脚下へ来て、一尺ばかりの処をくるくると廻りだした。岡崎さんはじっと立っていたが、気が落ちついたので、

「奥さん、それは間違うちょれやせんかよ、わしは、おまさんを見つけてやっちょるじゃないか、礼を云われても恨まれる筋はない、考えてみい」

と云った。すると火の玉は廻ることをやめて飛んで往った。それは墓地のある小山の方へ。

蟹

香川県綾歌(あやうた)郡宇多津(うたづ)町の西海岸に長さ一間半ばかりの船の形をした岩がある。その岩は金比羅様が讃岐へ渡って来た時に、乗って来た石船であると云い伝えられているが、

その底に穴があって雌と雄の二疋の大蟹が住んでいた。

大蟹は雌雄ともに一貫五六百匁はあろうと云われていた。その大蟹は年に一度か二度、干潮の時に出るのであった。大蟹が出ると西海岸は、その見物で賑わったが、町の人は金比羅様のお使いだと云って、一人としてそれに悪戯をする者はなかった。ところで、大正十三年の夏、その大蟹が姿を見せた時、町の船乗りで谷やんと云うのが好奇心を動かした。谷やんは四十位で、平生は無口で温和しい男であったが、時どき突飛なことをして喜ぶ癖があった。その谷やんが衣服を脱いで干潟へおりた。

「谷やん、殺生なことをするな、その蟹は、金比羅様のお使いじゃぞ」

「それを獲ると、金比羅様の罰があたるぞ」

人びとはそう云って、谷やんの乱暴を留めようとしたが、谷やんはきかなかった。

「金比羅様が、いつ蟹を獲られんと云った」

谷やんの姿を見て雄蟹はすばやく石船の下へ隠れたが、雌蟹は逃げおくれてつかまってしまった。そこで谷やんは、その雌蟹を縄で縛って得々として陸へあがり、驚く人びとを尻眼にかけて家へ帰って往った。

谷やんの女房は、蟹を見て顔色を変えた。女房は谷やんの奇行に慣れていたので、たいていのことには驚かなかったが、それにはさすがに色を失った。

「いや、いや、そんな事をしては、それゃ金比羅様のお使い蟹じゃないか」

「ばか云うな、それは迷信と云うものだよ」

「迷信でも何んでも、いや、いや、そんな事をするは、逃がしておやりよ」

「こんな旨い物を逃がしてたまるか、おまえがいやなら、俺だけが喫う、文句を云うな」

谷やんは自分で火を起して釜をかけた。谷やんは蟹の味よりも、その蟹を喫って迷信家たちを驚かすことが愉快であった。谷やんは胡坐をかいて、前夜の飲み残りの酒を飲んでいたが、気が注いて女房の方に頤で知らせた。

「おい、往ってみろ、もう煮えたはずだ」

女房はしかたなしに起って勝手元へ往ったが、間もなく何か云って叫んだ。

「どうした、おい」

谷やんは片手に盃を持ったまま庖厨を覗いた。

「どうした」

「大変よ」

「何が大変だ」

谷やんは土間へおりて笊の中を見た。笊の中には赤く茹だった蟹があった。

「もったいない、御紋が」

女房は赤くなった蟹の甲羅へ指をやった。そこには何か円い模様のような印があった。

「もったいない、金比羅様の御紋だよ、ほら、円い輪のなかに、金の字があらわれてるじゃないか」

なるほど直径一寸ぐらいの輪の中に、黄色な文字のようなものが微かに出ていた。それは見かたによっては金と云う字のように見えるものであった。谷やんはちょっと鬼魅悪く思ったが、すぐ何かの時に受けた傷痕だろうと思いなおした。

「おまえは、神経病みだな、それゃ傷じゃないか」

谷やんは甲羅を剝いで肉をむしった。蟹の肉は甘かった。

「おい、おまえも喫わんか、旨いぞ」

「わたしは厭だよ」

谷やんは一人でその蟹を旨そうに喫ってしまったが、夜になって体に異状が起り、幾度も便所へ往っているうちに、夜中になって腹が痛みだした。谷やんは額に油汗を滲ませて身をもだえながら、

「蟹が這う、蟹が這う」

と云いつづけた。そして払暁になって死んでしまった。

今でもその石船の下には、取り残された雄蟹がいて、時どきその大きな甲羅を見せることがあるが、町の人は相警めあって決して悪戯をしない。

竹杖に芽を吹く

高知県吾川郡御畳瀬村は、浦戸港の咽喉部に屛風をたてたような小山を背にして、一団になった小さな漁村である。その御畳瀬村に山本音吉と云う漁師があって、それが女

房の利栄と云うのに死なれた。

それは大正五年であった。音吉の家には七人の子供があったが、それが皆小さいので、音吉は漁にも往かれないことがあった。ところでだれ云うとなしに、音吉の家へ死んだ女房が夜な夜な来て、下の五人の子供の頭を撫でるので撫でられるたびに子供が驚いて泣くと云いだした。

音吉の家の近くに北川亀というきかぬ気の女がいた。某時(あるとき)漁のぐあいで音吉が数日遠くへ往ったので、亀は子供が可哀そうであるから、音吉の家の留守居をしてやった。ところで、亀も怪しい噂を聞いているので、今晩こそはほんとに来るか来ないかたしかめようと思って、床に入ったまま睡(ねむ)らないで起きていると、二時頃になって庖廚(かって)の天井窓から赤いぼうとした物がおりて来て子供の周囲をぐるぐると廻った。すると下から順に五人の子供が魘(うな)されるように呻(うめ)いた、同時に赤い物がふわりと上へあがった。それと見て亀が起きた。

「利栄さん、待っとうせ、云うことがある」

すると赤い物はちょっとたゆとうた。

「おまえさんは、子供が可愛いから来るが、それでは子供が病気になる、子供は皆大事に世話をしよるきに、これから出て来てもろうては困る」

亀の詞(ことば)は鋭かった。赤い物はそのまま天井窓の方へ消えて往ったが、その晩から何も来なくなった。ちょうどその時、家の後ろの墓地にある利栄の墓へ、葬式の時に挿してあった竹杖に芽が出たので非常な評判になった。これは今四谷に住んでいる北川亀さんの話である。

掠奪した短刀

松山寛一郎は香美郡夜須の生れであった。寛一郎は元治元年七月二十七日、当時土佐の藩獄に繋がれていた武市瑞山を釈放さすために、野根山に屯集した清岡道之助一派の義挙に加わろうとしたが、時期を失して目的を達することができなかったので、それ以来自暴自棄になって、毎日のように喧嘩ばかりして歩いていたが、そのうちに慶応四年となって、鳥羽伏見の役が起り、板垣退助が土佐の藩兵を率いて東上した。寛一郎もその旗下に属して、迅衝隊の隊士として会津へ往ったが、会津城が陥った夜、会津藩士の家へ押し入ったところで、一人の婦人が自害しようとしていた。見ると婦人の手にした短刀が立派なので、慾心がきざした。で、血で短刀を汚さないうちにと思って、いきなり婦人を斬り殺して短刀を掠奪した。

そのうちに東北が平定して官軍も凱旋した。寛一郎もひとまず江戸へ引きあげ、それから翌年になって故郷へ帰ったが、世間も静かになり、世の中もかわって来たので、いよいよ故郷に落ちつくことにして、家を建て、細君ももらって新しい生活に入った。ところで、その翌年の夏になって、不思議なことが起った。それは某夜、夫婦で床について、細君は早く眠り、寛一郎一人がうつらうつらしていると、どこからともなく火の玉が来て、蚊帳の上を這いだした。寛一郎はもとより剛胆な男であるから、嘲笑って見ていたところで、すぐ火の玉は見えなくなった。朝になって蚊帳を調べて見ると、火の玉の這ったたと思われる処が黒く焦げていた。

寛一郎はちょっと不思議に思ったが、大して気にもかけずにいたところが、その夜になって壁厨の中から短刀が飛び出して来て枕頭へ立った。その短刀は会津から掠奪して来たものであった。寛一郎はおやと思って眼をやった。同時に寛一郎の眼が覚めた。寛一郎は夢を見ていたところであった。

怪異はまだ続いて、その翌晩は短刀が飛び出して来て胸を傷つけた夢を見た。同時に痛みを覚えるので、灯を点けてみると、そこに傷が出来て血が出ていた。

短刀の怪異は、それから白昼にも起るようになった。短刀が飛び出して来て、体に当るような気がするとともに、そこに痛みを覚えて傷が出来、同時に血が出るのであった。

「女の祟りじゃ」

さすがの寛一郎も弱ってしまって、高知市の東北になった陽貴山へ往ってそこの和尚に、

「何とかして、封じてもらいたいが」

と云って頼んだ。和尚は承知して、寛一郎の家の後ろへ小さな祠を建てさせ、その中へあの短刀を納めさしたところで、それからは何の異状もなくなった。そして、後に寛

一郎が歿くなった時、家人が祠を調べてみると、短刀は無くなっていた。

桐原事件の一挿話

池上虎弥君は高知県人で、久しく警察署にいてあちらこちらの署長もしていたこともある。今はもうよして、丹青に遊んでいる風流人であるが、桐原事件の時には警視庁にいて、その捜査主任として桐原の犯罪を摘発しているので、桐原事件に精しいのも無理はない。この挿話は池上君が親しく著者に話してくれたことである。

桐原事件と云うのは、予備陸軍二等主計正であった桐原集一と云う者が二人の男を謀殺した事件であった。そして、最初に桐原が殺したのは岡本祐信と云う陸軍御用商人であった。岡本は桐原が現役中に、その世話で御用商人になったもので、その時から二人の間に金銭上の秘密が結ばれていた。

それは大正二年四月十六日、場所は当時桐原の住んでいた四谷区愛住町四十三番地の家であった。桐原は岡本を呼ぶ一方で靴商の植木音次郎と云い含めて、家の者には猫の試殺をするからとて、植木に一番大の支那鞄へ猫を入れて持って来さし、家の者は遠ざけて、三人で遅くまで二階で飲んでいて、隙を見て岡本を惨殺して、それを支那鞄に詰めて植木に棄てさせた。同時に桐原は自宅に放火して、英国コンマーシャル・ユニオン及びノールウイッチ両火災保険会社に各五千円ずつ附けてあった物品の保険金を詐取した。その時火事で四軒類焼したが、火元の岡本は半焼で物品も遺ったので、査定価格によって八千円あまり受け取った。

桐原はその一方で、岡本が生きていることを思わすために、岡本の家へ差出人不明の手紙を出して、僕と岡本君は悪事をしたので、当分身を隠すが、僕は北海道、岡本君は露西亜（ロシア）に往くと云ってやった。岡本の家では岡本が四月十五日、桐原へ往くと云って出たきりで帰らないので、捜査願いを出したりしていた。

こうして岡本を殺害し、保険金を詐取して鬼畜のような心を満足さした桐原は、翌年十一月三日になってまた野口善袈裟と云う男を殺した。その野口は予備特務曹長であった。二人は日清戦争の時、同隊にいた関係から提携して事業をやっていた。

場所は千葉県の幕張駅に近い津田沼の雑木林の中であった。その日野口は、約束があったであろう、家の者には四谷の桐原さんへ往くと云って家を出た。当時桐原は地所の周旋をやっていたので、それを口実にして往ったものらしい。そして、両国駅前で正宗の四合瓶を買って出かけ、津田沼の雑木林の中へ往って、二人でそれを飲んでいて隙を見て短刀で惨殺したが、その時また野口が生きているように思わすために、野口の家へ事業の都合でしばらく帰らないと云うような葉書を出したが、筆蹟は本人でないのは元よりである。十日になって横浜からシゴトアリ五六ヒヨコハマゼンと云う電報を打った。

野口の死体は十八日になって演習中の兵士によって発見せられた。船橋署では署長はじめ刑事が出張し、千葉地方裁判所からは田代検事が臨検した結果、野口の洋服の衣兜（ポケット）

に野口の入質した質札があったので、被害者はすぐわかった。野口は芝区白金三光町二十九番地に住んでいた。刑事はすぐ野口家へ往って調べてみると、その月の三日に桐原へ往くと云って出かけたことがわかり千葉の消印のある葉書と、横浜から電報の来たこともわかり、それが謀殺と云うこともわかった。

そこで事件の関係者が東京在住者であることがほぼ判ったので、船橋警察署と警視庁で共同捜査をすることになり、捜査本部を警視庁に移して、桐原を召喚することになり、桐原の往っていた信州の松本へ刑事をやって連行したところで、途中荻窪駅で刑事をまいて逃走したが、二十四日になって桐原が新宿車庫前を毛布を冠って歩いているところを逮捕した。そして、犯罪の現場にあった酒壜の出所などを探しているうちに、桐原が信州へ往く時、万一をおもんぱかって、近くの病院に間借りしている義妹の許へあずけてあったトランクの中に、犯罪用の短刀があって研いであったが、鍔の処に小さな黒い斑点があり、鑑識の結果、それが人間の血と云うことが判って、桐原もとうとう犯罪を自白した。

「野口がいつも私を脅迫するからしかたなしにやりました、昨年、私の家が焼けたことでも、保険金を詐取したなどと、ありもしないことを云うものですから」

悪党にも似あわず、前後も考えずにそんな物の云いかたをしたものだから、捜査主任の池上警部の頭にぴんと来た。池上警部はその当時、放火家出の方面を受け持っていたので、「ありもしない放火」によって、前年起った桐原家の火災を思いだし、それとともににそこに何等かの犯罪がひそんでいはしないかと思いだしたので、その方の捜査にかかってみると、桐原家の火災の際、桐原の知人の岡本が失踪していることが判った。で、岡本の妻や妾について調べてみると、岡本の失踪後の事情も判り、それから桐原の妻や婢を調べてみると、火災の夜、二階で酒を飲んで、猫の試殺をやったと云う事も判り、その時桐原が下に毛布を取りに来たことも判った。毛布を取りに来た事は、血の滴る死体を始末するためであろう。そこで、岡本の死体を運び出したと思われる靴商の植木を召喚しようとしたところで、十二月の六日の夜になって、植木は身辺の危険を覚ったものか、山の手線の原宿と渋谷の間で轢死した。

　植木は当時青山南町五丁目六十六番に住んでいた。ところで、この植木は表面は靴商と云っていても、地が博徒で草賭博の常習者であったから、岡本の死体は、きっと植木が地理に明るい野外に投棄したに違いないと云う見当で、大正二年四月十七日以後の検死調書を調査したところ、大正二年五月二十一日千駄ケ谷穏田の四にあった浅野侯爵邸内の古池の中から浮みあがった死体のあることが判ったが、その検視の調書は、年齢三十五六歳、死後四十日余を経過して、腐爛甚だしく、木綿単衣二枚、襯衣一枚、紺足袋一足、衣服は黒色なれども縞柄不明、たけは五尺二寸の男とし、千駄ケ谷の仙寿院に仮埋葬に附してあった。

　岡本の衣服は岡本家の申し出とすこし違っているが、黒色と鉄無地位の相違であるから、十二月五日の東京地方裁判所の検事、警視庁の星加係長及び池上警部の一行は、仙寿院へ出張して死体を発掘し、岡本の妻と妾の証言によってその死体が岡本であることが立証されたが、その死体の背部に突き傷があり、衣類も血に染まっていたので、他殺と云うことが明らかになった。また岡本の留守宅へ送った手紙は、桐原が品川駅前の代書人に書かしたと云うことも判った。

そこで桐原の犯罪は動かすべからざるものとなったが、桐原は野口事件の予審決定前後から佯狂人になって、狂態のかぎりをつくすので刑の決定にいたらず、七年間中獄中にいて、大正十一年四月十八日になって、六十一で病死した。この桐原には陸軍二等主計正として恩給があったので、桐原は家族のために佯狂人となったとのことであったが、それは判らないが、とにかく惨酷な事件であった。

連累と思われる植木に自殺せられた池上警部は、半焼になった桐原の家の木材に眼をつけて、まず桐原の家主で四谷に住んでいる大泉と云う家へ往った。大泉家では半焼の木材を下谷区御徒士町の竹本と云う古材木屋へ売っていた。で、竹本へ往って調べたところで、その木材は深川区黒江町五番地の武内古材木店へ売っていた。

そこでまた武内古材木店へ往ってみると、その木材は本所区緑町二丁目八番地の近藤辰吉と云う大工に売っていた。で、近藤へ往ってみると、近藤はその材木を用いて北二葉町に貸屋を建てていたが、それには十日ばかり前から谷口新吉と云う自転車屋が入っていた。そして、板類を使ってある場所を聞いてみると、二階の壁廚に用いてあることも判った。

池上警部はその時二人の刑事を伴れていた。一行は自転車屋へ往った。自転車屋は夫婦に母親の三人ぐらしであった。池上警部は保険会社員と云うことにしていた。池上警部は店頭へ往って、

「私は保険会社の者ですが、保険金のことでごたごたがおこりましたから、焼材木を調べておりますが、今、大家さんにも断って来ました、どうか二階を見せてください」

と云った。自転車の主翁は首をかしげていた。

「二階の何処ですか、なにか変ったことがありますか」

「なに、べつに変ったこともないが、二階の壁厨をちょっと見たいのです」

「見てもいいのですが、何か変ったことがあって見るのじゃないですか」

「私の方には、何もないですが、あなたの方に何かありますか」

「お化がでるのですよ」

池上警部は好奇心を動かした。

「お化」

「そうですよ、出るのですよ、ここに引越して来たのが、先月の二十日ですが、引越して来た日お袋が二階へ雨戸を開けに往くと、へんな物が顔を撫でたと云うのですよ、それは蜘蛛の巣かも判りませんが、その晩になってお袋が二階で寝ていると、時間は判りませんが、だれか来て、ぐいぐい蒲団の上からおしつけるので、眼をあげて見ると、角

顔の色の生ッ白い男が枕頭に立ってるから、こわごわ電灯を点けると、もういなかった、どうもへんだと云うものですから、翌晩、私と家内がかわって寝ると、家内がうなされるものですから、起して聞いてみると、やっぱり角顔の色の生ッ白い男が来て、蒲団の上から押えつけたと云うのです、それも一晩でなしに、その翌晩も、またその翌晩も、おんなじに来ると云うのです、私だけには見えないが、どうもへんですから、この頃は皆階下で寝るのです」

　被害者岡本の角顔の色の生ッ白い男と云うことは、写真によっても判る。それに因果の関係のないところで奇怪な出来ごとのあるのも面白い。

「階下では、そんなことはないのですか」

「階下ではありません」

「そうですか」池上警部は官名入りの名刺を出して、「実はこうしたものだが、気のどくだが、とにかく二階を見せてもらいたい」

　そこで主翁に案内さして二階へあがって、壁厨を調べた。壁厨の敷板は灰汁洗いをしてきれいになっているが、それでも一枚の板には、直径一尺位の円い黒い斑点が残り、他の一枚には微かな黒い斑ではあるが、糊か何かの落ちたように盛りあがって残っていた。

　池上警部はそこでその二枚の敷板を剝がして引きあげ、小さな方の黒い斑点を調べさしたところで、人間の血と云うことが判って、物的証拠があがった。池上警部は大いに喜び、それから変死人の調査に着手して、千駄ケ谷仙寿院の岡本の死体の発掘となったのであった。

位牌が動く

昭和六年二月のことであった。北海道江別町十二戸通りに住む川辺留吉は、壮い女を対手にして家財をとりかたづけていた。

留吉は元その町にある富士工場の木工部に勤めていた者であるが、実直で勤勉な男であったから、いつのまにか数千円の金を貯めて、それを資本に高利貸をしていたところで、その前年になって、四人の子供を残して女房に死なれたので、何かにつけて不自由でしかたがない。そこで、その月の初めになって、僅かに十円位の金を貸してあった隣村の貧しい家の娘を婢がわりに伴れて来たが、女に心を惹かれるようになったので、女の姉に逢って、貸金を棒引きにしたうえ、毎月いくらか送ると云うことに話をきめて、その女と同棲することにした。

ところで、留吉には四人の子供があるので、女に気まずい思いをさせてはと思って、子供を近くに在る実家へあずけて、二人で新たに世帯を持つことにして、家財を取りまとめているところであった。

やがて、大半荷物の始末もついたところで、女房の位牌のことを思いだした。

「そうだ、位牌がある」

そこで、女といっしょに仏壇の前へ往った。そこにはまだ新しい女房の位牌がぽつねんと立っていた。留吉は何となしに死んだ女房にすまないような気がするので、すぐ手をやれなかったが躊躇することもできなかった。そこで一思いに位牌へ手をやった。と、位牌は生きている物のようにぐらぐらと動くなり、小鳥のように飛びあがって、傍に立っていた女の懐へ入った。女は、

「わ」

と云って叫ぶなり、位牌を払い落として外へ走り出た。

留吉も恐ろしいので、四人の子供を伴れて実家へ往ったものの、出て往った女のことも気になるので、その足で女の家へ往った。女の家では姉が発狂して、取りとめのない事を叫んでいる傍で、あの女が蒼い顔をして顫えていた。

亀の子を握ったまま

岩手県の北上川の流域に亀ケ淵と云う淵があったが、そこには昔から大きな亀が住んでいて、いろいろの怪異を見せると云うので夜など往くものはなかった。

その亀ケ淵の近くに小学校の教員が住んでいた。それは、伝兵衛と云う中年の男であったが、それが初秋の比、夕飯の後で北上川の網打ちに往って、あっちこっちと網を入

れてみたが、不思議に何も獲れなかった。伝兵衛は漁のない腹だたしさと、酒の酔いもいくらかてつだったので、

(そんなことは迷信さ)

と云いながら亀ケ淵へ往った。空には夕月があった。

淵の一方の水際に従来気の注かなかった大きな岩があった。伝兵衛はその岩の上へあがって往って網を投げたが、その網にはたくさんな魚が入っていた。

(これはものすごいぞ)

伝兵衛は大喜びでそれを腰の魚籠へ入れたが、魚籠は魚で一ぱいになった。魚が魚籠に一ぱいになれば、そのうえ網を打つ必要もなかった。伝兵衛は網を畳んで帰ろうとした。と、あがっている岩がぐらぐらと動きだした。

「あ」

伝兵衛はびっくりして、岩から飛びおりるなり夢中になって走ったが、その夜からひどい熱病になって、

「亀が来た、亀が来た」

と云っていたが、数日の後、歯をくいしばりぎょろりとした大眼を見開いたままで死んでしまった。

この伝兵衛には、良平と云う一人の男の児があって、小学校の二年か三年であったが、それから二月ばかりしてそれが流感にかかって、ぽっくりと死んでしまった。

女房のお千世は重なる不幸にすっかり逆上して、

「良平や、なぜ逃げるんだよ、お待ちよ」

と云ったり、時とすると、

「亀、亀、大きな亀だ」

と云って夜となく昼となくその附近を狂い歩いていたが、某日、村の農夫が亀ケ淵へ往ってみると、そこには青ずんだ水の上に、お千世の死体が浮いていた。

しかも右の手には亀の子をしっかり握ったままで。

お墓の掃除

桐生町に千草と云う料亭があって、汚い家ではあるが客も多く、従って歌妓などの出入りも繁く繁昌していた。

その千草のお媽さんが、某晩寝ていると、白髪の老婆が卒塔婆を持って枕頭へ来た。お媽さんはへんな夢だと思って、翌日姑の老婆の前へ往って、

「お母さん、へんな夢を見ましたよ」

と云って、夢のことを話した。老婆はこともなげに云った。

「それは、家のお母さんだよ、この比、お墓の掃除もしないから、お母さんが云いに来たものだよ、掃除をしてやるがいいよ」

そこでお嫣さんは、小廝を伴れて慈恩寺の墓地へ往って、お墓の掃除をして来た。するとその晩になって平生より多くの客が来た。で、千草ではそれ以来、客がすくなくなると、

「お婆さんのお墓へ往っといでよ」

と云って、祖母の墓の掃除に往かしたものであった。

位牌と鼠

大正十二年の震災の時であった。幡ケ谷に住んでいた三好七郎と云う人の許へ、荻原高三郎と云う知人が避難して来て、一月ばかり厄介になっていて他へ移って往ったが、移って往く時、

「大事の書類が入れてあるから、すまないが預かっておいてもらいたい」

と云って、高さ三尺位の箱を置いて往ったので、三好の方ではそれを壁厨へ入れておいた。ところで、翌年になって七郎が病気になって夜になると、

「うん、うん」

と云って、魘されるので、女房の留が鬼魅をわるがって、

「おまえさん、どうしたの」

と云って聞いてみると、七郎は蒼い顔をして、

「あの箱の中から、男と女が出て来て紙幣を数える」

と云ったが、そのうちに死んでしまった。ところで、それから間もなく長女の芳と次男の次郎と云うのが病気になった。そして、次郎は夜になると、

「だれか来た」

と云って飛び起きたり、突然、

「わっ」

と云って叫んだりするので、留は気が注いて、荻原から預かっていたあの箱を開けてみた。

中には十数個の阿弥陀仏とした位牌と六匹の鼠が入っていたが、鼠は箱の蓋を開けるなりばらばらと飛び出して往った。三好家では驚いて代々幡署へ荻原の捜査方を願い出た。

じゃれつく犬

某と云う家では、毎日二時の茶を庭の芝生で飲んでいた。そして、その茶を飲んでいる時に、婢が入口の扉を開けて郵便物を持って来るのが例になっていた。

ところで、その婢が病気になって間もなく歿くなったので、その家ではもう婢もおかないで、やはり芝生の茶をつづけていた。ところで、某日、家の者が、例によって芝生

へ出て茶を飲んでいると、そこの飼犬で、いつも傍（そば）へ来ている犬が、何を見つけたのか嬉しそうにして入口の方へ走って往った。主人は何もいないのに、何しに往ったのだろうと思って見ていた。と、入口まで往った犬は、そこへ出て来たものにじゃれるような恰好をしていたが、まもなく何かに随（つ）いて来るようにして引返して来た。主人はふと気が注（つ）いて時計を見た。時計はちょうど二時であった。

怪談会の怪異

　震災の前であった。白画堂の三階で怪談会をやったことがあった。出席者は泉鏡花、喜多村緑郎、鈴木鼓村、市川猿之助、松崎天民などで、蓮の葉に白い強飯（こわめし）を乗せて出し、灯明は電灯を消して盆灯籠を点（つ）け、一方に高座を設けて、譚（ものがたり）をする者は皆その高座にあがった。

　数人の怪異譚がすむと、背広服を着た肥った男があがった。それは万朝報の記者であった。

「この話は、私の家の秘密で、公開を禁ぜられておりますが、もう時代もすぎましたから、話してもいいと思いますから話しますが、これは田中河内守を殺した話でありますが、それを殺した者は、私の祖父……」

　と云いかけて詞（ことば）がもつれだした。一座の者はおやと思って記者の顔へ眼をやる間もなく、その記者は前のめりになって高座の下へ落ちたので、怪談会はしらけてしまって、未明までやるはずのものが、一人帰り二人帰りして、十二時頃にはだれもいなくなった。そして、その記者は脳溢血のような病気で、三日ばかりして歿くなった。これは市川猿之助の実話をそのまま。

お天気祭

日活では、街の暴風雨と云う映画が出来あがったので、その年の八月十六日、九段の軍人会館で試写会を催したところで、試写会の最中、監督の野村芳亭が卒倒した。

その時大阪のロケーションがきまっていて、俳優たちは野村に引率せられて西下する事になっていたが、野村が突然そんな事になったので、同行することができない。しかし、野村の容態はそんなに悪いようにもないので、一足遅れて来るようにしておいて出発した。

そして、大阪へ往って三日すると、中之島の中央公会堂で、所謂御挨拶をしなくてはならないが、当の野村が来ないので、俳優の江川宇礼雄が代って立って、一流の雄弁を揮いながら、見るともなしに客席の方を見ると、野村が客の中へ交って、莞爾にこしながら聞いていた。江川は来ていながら出て来ないで、自分にやらすなんて野村さんも人が悪いと思った。江川は御挨拶がすむなり野村の所へ往った。

「人が悪いじゃありませんか、いつ来たのです」

「失敬、失敬、今来たばかりだよ」蟠(わだかまり)なさそうに笑って、「どうだね、お天気祭はやったかね」

　お天気祭とは酒徒の江川が自分たちに都合の良いように案出したものであった。それはロケーションに雨が禁物であるところから、天気が心配になる時には、お天気祭と云うのをやって、大いに飲んで裸踊りをするのであったが、不思議な事にはそれに利き目があって、降り続いている雨でもそれをやると翌日はからりと晴れるので、ロケーションにかかる時には必ずやっていた。野村が云ったのはそれであった。江川はそれに対して何か云おうとしたところで、野村の姿が不意に見えなくなった。

「おや」

　江川はどこへ往ったろうと思って、あちこち探してみたが見つからなかった。しかし、一行の宿はきまっているので、後から来るだろうと思って気にもしなかった。そして、宿へ帰って床へ入り、一睡(ひとねむ)りして眼を開けてみると、傍(かたわら)の蒲団に野村が寝ていた。

「ああ、野村さんか」

　と安心したところで、野村が眼を開けて、

「お天気祭をやったかね」

　というので、江川は、

「盛大にやりましたよ」

と云った。すると野村はまた続けて、

「お天気祭をやったかね」

と云った。江川は今晩に限って何故こんな事を云うだろうと思った。で、

「やりましたとも、なんなら明日の晩、もう一度やりましょうか」

と云うと、野村は頷いて、

「それはいいね、やろう」

と云った。それから二人は眼をつむったが、朝になったところで、野村の姿が見えなかった。江川は枕頭へ来た婢に聞いた。

「野村さんは、どこへ往った、出て往ったのか」

婢は不思議そうな顔をした。

「野村さん、野村さんはいらっしゃらないじゃありませんか」

「来ない、痴な事を云うな、そこに寝てたのを知らないのか」

「だって、来ない方がどうして寝るのです」

「おい、ほんとか」

「ほんとですとも」

江川はその時はっと気が注く事があった。江川が顔色を変えた時、他の婢が電報を持ってあがって来た。それは野村家から野村の危篤を報らして来たものであった。江川はあわてて飛行機で帰京したが、野村は既に呼吸を引き取っていた。

三千円の借金

もう故人になった尾上梅幸がまだ壮(わか)い時のこと、夜遅く橋の名は判らないが歌舞伎座近くの橋を渡っていたところで、橋の中央に唐草模様の量(かさ)ばった袱衣(ふろしき)包みが落ちていた。梅幸は一度そこを往きすぎたが、気になるので引き返して、結び目の間から手をやってみると紙幣のようであるから、これこそ天の与えだとそのまま持って帰り、そっと包みを解いてみると十円紙幣ばかり入っているので壁厨(おしいれ)の中へ匿したが、いくらあると云うことが知りたいが、うっかり数えていては家内の者に見られるので、贔屓(ひいき)客で日本銀行へ往ってる者に逢って、それとなく、

「十円紙幣が、これ位あるといくら位あります」

と云って量を手つきで見せると、銀行員は、

「さあ、それ位あると三万円は動かないだろう」

と云った。梅幸はひどく喜んで、三万円あるならしょうしょう遊んでもいいだろうと、それから盛んに遊びだして、三千円位借金をこしらえたので、払ってやろうと思って、壁厨の奥深くしまってあった袱衣包みを出そうとしたが、影も形もなかった。しかし、盗人の入ったけいせきもないので考え考えしていると、袱衣包みを拾ったことは夢であったと云うことが判った。

画家の死

横井春野君が某日神宮球場へ野球を見に往っての帰途、牛込納戸町まで来たところで、向うから友人の月岡耕漁画伯がやって来たので、

「やあ、しばらく」

と云って懐かしそうに寄って往くと、ふと月岡君の姿が見えなくなった。おやと思ってそのあたりを見まわしたが、どこにも見えないので、不思議に思いながら帰って来た。するとまもなく月岡君の令息から、

「チチシス」

と云う電報がとどいた。横井君は月岡君が病気していることも知らなかったので、驚いて月岡君の家へ往ってみた。耕漁画伯の死んだのは、横井君が納戸町の街路(とおり)でその姿を見たのと同時刻であった。

二階の怪婆

画家荒木十畝(あらきじっぽ)氏の門下生某(なにがし)は、芝園橋に近い電車通りに借家があったので、それを借りて移転した。

某には四歳になる女の子があったが、移転した日、下で遊ばれては邪魔になるので、二階へあげて一人で遊ばしておいた。

その二階には八畳と六畳の二室があって、六畳になった方には大きな袋戸棚があった。家の者は荷物の始末をしたり掃除をしたりしていて、夕方になって一段落ついたので、母親が二階へあがって往った。女の子は二階の六畳で絵本の絵を摘みながら何か独言（ひとりごと）を云っていた。

「お前、淋しくなかったの」

と云うと、女の子は頭を振って、

「淋しくないわよ」

と云った。翌日になって女の子は、自分から二階へあがって往った。母親は下で遊んでやりたいので伴（つ）れて来たが、すぐまた一人で二階へ往っておりて来なかった。母親は某に子供が二階へ往きたがる話をして、

「へんな子ですよ、あんな陰気な処が、どうして気にいったのでしょう」

と云うと、某は無造作に云った。

「いいじゃないか、子供の好きな室（へや）で遊ばしとけゃ、お前だって楽じゃないか」

某日（あるひ）母親が二階へ往ったところで、一人で遊んでいた女の子がそこの便所へ入った。で母親は戸口へ往って待っていた。子供は用が済むといつも「もういいよ」と云って呼ぶのであったが、その日は何も云わずに出て来た。母親は眉を顰（ひそ）めた。

「いやよ、この子は、何故済んだら済んだと云わないの」

「だって、お婆ちゃんが」

「お婆ちゃん、お婆ちゃんて、だれ」

「いつもお二階にいるお婆ちゃんがふいてくれたの」

「まあ」

母親はぞっとしたので、無理に女の子を伴れて下へおり、それから隣家の者について調べてみた。そこには女親と息子の二人生活の者が入っていたが、息子の方は銀行員か何かで、至って猟が好きであった。ところで母親は大の日蓮信者であったから、息子の殺生に往くのが厭で厭でたまらなかった。それで某日息子が例によって猟に出かけようとすると、母親が銃を執りあげようとした。その機に銃の端が母親の脾腹に当って負傷し、それが因で母親は死んでしまった。そこで息子は近所へ顔向けができないので、匆々に移転して往ったがそれが二ケ月前の事であった。

そして、母親の負傷した室が二階の六畳と云う事も判った。（伊東深水氏談）

死んでいた狒々

昔から山には魑魅、水には魍魎がおると云われているが、明治二十年比の事であった。日向の山奥で森林を伐採した事があって、附近の者は元より他国からも木客が集まって来たが、その木客たちは、昼は鬱蒼たる森林の中ではたらき、夜は麓に近い山小屋へ帰って来た。

それは夏の夜の事であった。木客たちは夕飯の後で、例によって露骨な男女の話をしていると、谷を距てた前方の山から、

「おうウイ」

と云う声が聞えて来た。それはだれかがこっちへ向って呼びかけている声であった。ところで木客たちは、そのおうウイの声を酷く忌み嫌っているので、だれもそれに応ずる者はなかった。と云うのは、その声は山の怪異の呼びかける声で、万一それに応じでもすると、一晩中応答しなくてはならぬが、そんなに長く声の続くものでない。それで声が続かなくなるような事でもあると、得態の知れない毒素に当って血を吐いて死ぬと云われていた。木客たちは顔を見合わして黙っていたが、前方の声は後から後からと聞えて来た。ところで、前方の声は魅力のある人を惹きつける声で、うっかりしていると引きこまれて返事をしたくなるのであった。

広島県の者だと云う壮い木客の一人が、その時ふらふらと起って外へ出て往った。一座の者は便所にでも往ったろうと思っていると、小舎の外の崖の方から、

「おうウイ」

と云う壮い木客の声が聞えて来た。すると前方の声はそれに纏りつくように、

「おうウイ」

と応じて来た。と、また壮い木客の声がそれに応じた。

「おうウイ」

「おうウイ」

「おうウイ」

壮い木客の声と前方の声は交互に聞えだしたが、その声はしだいしだいに熱を帯びて来た。小舎の中の者はじっとしていられなくなった。

「これゃ、いかん」

「このままにしておかれない」

「負けたら、大変だ」

「山の者を皆呼んで来い」

小舎の中の者は蜘蛛の子を散らすように外へ出た。そして、壮い木客の傍へ往く者もあれば、近くの小舎から小舎へ同儕を呼びに往く者もあった。その時壮い木客は、月の光を浴びて狂人のようになって呼び続けていた。

「おい、おい、休め、休め、俺が代ってやる」

木客の一人は、壮い木客を突き飛ばすようにしておいて、自分で代って、

「おうウイ」

をはじめた。そして、その男が疲れて来ると他の者が代ってやった。木客の数は多い

のでいくらでも応ずる事ができた。と、そのうちに前方の声が弱って来て、小さな声になり、やがてそれがぴたりやんだ。一同は勝鬨(かちどき)をあげて壮い木客を伴(つ)れて小舎の中へ入ったが、その時はもう黎明に近かった。

朝になってかの壮い木客は、谷の前方の声のしていた方へ往ってみた。そこに杉の大木があって、その根元に大きな狒々(ひひ)が口から血を吐いて死んでいた。

三度笠の旅人

小説家の畑耕一君が、某年(あるとし)、月夜の晩田舎道を歩いていると、三度笠を着て白い手甲(てっこう)掛(がけ)をし、肩に振り分けの包みを背負うた一人の旅人に往きあったが、その旅人は畑君の前で、

「えへん、えへん」

と二つ咳をした。畑君は変な旅人だと思いながら、それからまた一町ばかり往ったところで、今往きあった旅人と同じような容(なり)をした旅人がまた来た。その旅人も畑君の前で同じように、

「えへん、えへん」

と二つつづけて咳をした。

千疋猿の鍔(つば)

　大正十二年九月一日、高橋秀臣君は埼玉県下へ遊説に往っていたが、突如として起った大震災の騒ぎに、翌二日倉皇として神田錦町の自宅へ帰ったが、四辺は一面の焼野原。やっとのことで家族の行方を捜し当てたが、家族は着のみ着のままで、家財道具などは何一つ持ち出していなかった。無論家宝として高橋君の愛玩措かざる光広作千匹猿の鍔(つば)もどこへ往ったか判らなかった。

　高橋君は人手に渡ったものか、それとも焼けたものか、人手に渡っていてくれるなら、元へ返らないものでもないが、焼けただれてはどうにもならないと、時おり思いだしては惜しがっていた。ところで翌年の九月になって生面(はじめて)の人が尋ねて来て、かの千匹猿の鍔を出すとともに、その鍔にからまる因縁話をして、名も告げずに帰って往った。高橋君はその因縁話を次の様に話した。

「不思議な男は青い顔をしながらこう云うのです。私の友人が震災の翌日、丸の内の路傍でこれを拾ったが、あまり珍らしいので持っていると、それからと云うものは、毎晩のように、幾百とも知れぬ猿が枕頭へ来て、きゃっきゃっと鳴いて立ち騒ぐ夢を見るので、ついに神経衰弱になり、私に預かってくれと云うので、何気なく預かりますと、今度は私が、毎晩猿の夢を見てうなされますので、これはてっきり、鍔の祟りだろうから、早速持主に返そうと云うことになり、共箱の蓋によって貴下(あなた)の名を手がかりに、人に聞きあわしてお届けにあがりましたと云って、名も告げないで、消えるように往ってしまったよ」

屋根の上の黒猫

昭和九年の夏、横井春野君が三田稲門戦の試合を見て帰って来たところで、その時千葉の市川にいた令弟の夫人から、

「病気危篤、すぐ来い」

と云う電報が来た。横井君は令弟の容態を心配だから、夜もいとわずに市川へ駈けつけた。そして、令弟の家の門口を潜ろうとして、何気なく屋根の上へ眼をやったところで、そこに一匹の黒猫がいて、それが糸のような声で啼いていた。瞬間横井君は、

「しまった」

と思った。それは横井君のお父さんがまだ壮(わか)い比(ころ)、酒興のうえで、一匹の黒猫を刺し殺したことがあったが、それからと云うものは、横井君の家には、何か不幸なことでもあると、きっと黒猫が姿をあらわした。お父さんが歿(な)くなった時にも、また四人の兄弟をはじめ二人の小供の歿くなったときにも、やはり黒猫が来て屋根から離れなかった。横井君はそのつどそれを見ているので、

「この野郎」

と云って、そこにあった小石を拾って投げつけた。すると猫は屋根の向う側へ姿をかくしたようであるから、家の中へ入ろうとすると、すぐまた出て来て淋しそうに啼いた。横井君は令弟のことが気になるので、もいちど小石を投げつけておいて家の中へ入った。と、令弟は気息えんえんとして、今にも呼吸を引きとろうとしているところであった。

横井君は猫が気になるので、また外へ出て猫を追ったが、猫は依然として屋根の上から離れなかった。そして、暁けがたになってその猫の声がぴたりとやむと同時に、令弟が呼吸を引きとった。

左甚五郎作の大黒天

大正十一年の春、小石川富坂署長をやめて同区小日向水道町に弁護士を開業していた法学士藤沼武雄君は、前年の秋小作問題の起る以前、小作人に対して自ら進んで協調の道を講じてやったので、それ以来小作人から神様のように云われていたが、翌年になって郷里の栃木県都賀郡富山村大字富田の旧宅を改築するために、奥行五間間口六間の建物を執り除こうとしていると、旧暦大晦日の夜になって不思議な夢を見た。それは亡父の居間であった家の神棚から衣冠束帯の者があらわれて、

「普請をするなら、神様の像を粗末にしてはならぬぞよ」

と云われた。藤沼君は痴ばかしいと思ったが、旧宅へ往って棚へ祭った大神宮を整頓していると、古びた大黒天像を七つ発見したが、それは意外にも祖父丈兵衛の時代に行衛不明になった大黒天らしいので、洗ってみると、その内の一個の台座の米俵の裏に、左作とした銘があった。その噂を伝え聞いて、東京市内の某大呉服店の社長から、自分の持っている無銘の左甚五郎作の大黒天と寸分違わないが、その大黒天は十万円で求めたから銘があるなら十五万円で引き受けたいと申しこんで来たが、金に不自由のない家であるから無論ことわって、その三月十四日出入りの大工に設計させて社殿を新築し、大黒天は金庫に収めてその中に安置し、毎年一回例祭を執り行う事にした。

　東京日日記者は、それをたしかめるために、水道町の藤沼家を訪うと、藤沼君は神棚代用の違い棚に祭った大黒天に灯明をあげているところであったが、

「私はこの事があって以来、すっかり迷信家になってしまいました」

　と口を切って、問題の大黒天をうやうやしく取りだして見せた。それは一寸八分の小さいものであるが、極めて精巧で、今にも声をたてて笑い出しそうであった。

「私の家は、先祖代々彫刻を営み、祖父の代までやっておりました、日光の東照宮造営の際は、野州の大工と彫刻師は悉く召集されたので、左甚五郎に接触する機会が多く、私の先祖もそんな事で、甚五郎作の大黒天と鯉の彫刻を手に入れておりましたが、祖父の晩年になって、その大黒天と鯉が何者かに盗まれましたので、親爺は平生この事を話して惜しんでおりました、そんな事が絶えず私の頭にあった関係からか、旧暦大晦日の

夢に、亡父の居間であった家の神棚から、衣冠束帯の神が現われて、この家を執り払うなら、神様の物は壊さないようにしなくてはならぬと云われましたが、ちょうど私は、その家を二十日に執り壊す事にしていた時でしたから、一種奇異の感に打たれながら、早速田舎へ往って、十年間も入った事のない父の居間へ入って見ると、神棚には古びた素焼きの大黒天が一つありました、そこでそれを執りおろそうとしましたが、棚に喰い附いていて執れないので、梯子に昇ってやっと引き放したところで、更にその奥に六個の大黒天が並んでいるのを発見しましたので、私は夢が正夢であったことから、いよいよ神秘的な気もちになって、塵を洗いましたがなかなか落ちません、そこでソーダ水へ入れて、亀の子タワシでゴシゴシ洗って、最後の七つ目の大黒天を洗っておりますと、俵台の底から左作と云う小刀彫の文字が見えました。私は一度自分の目を疑ったほどでありましたが、まぎれもない左甚五郎の作で、先祖が盗まれたと云う大黒天と判って、全く驚喜しました、それで大黒天は、洗い出し大黒天と名をつけて、執り壊した家の跡へ祭って置く事にしました」

と心から神秘主義者になっているらしかった。

十二号室の怪異

昭和五年十一月十四日、時の総理大臣浜口雄幸が東京駅頭で、佐郷屋某のために狙撃せられ、帝国大学の附属病院へ入院して、塩田広重博士の手術を受けた時、本富士署の警官の外(ほか)に、警視庁からも腕利きの警官をやって病室を警戒させた。

その時警視庁の警官の一行は、塩田外科と向きあった島薗内科の一室を宿泊所にあてがわれていた。その島薗内科と塩田外科の建物は、庭を距(へだ)てて下駄の歯のように隻方(かたほう)から幾棟も出っぱって来ていた。

警官たちの宿泊していた室(へや)は十二号室であった。その建物は端が十三号室で、次がその十二号室、その次が十一号室であった。その建物には向って右側に廊下が附いていたが、その廊下は十二号室と十一号室の間に支切りをしてあったので往きぬけができなかった。で、宿泊していた警官たちは、いつも十三号室の横からあがって往った。

その十二号室には、三つの寝台をかまえてあった。交替した警官たちは、それぞれその寝台へあがって寝たが、真中の寝台へ寝た者はきっとうなされるのであった。友人北島好孝君も一行の中にいたが、そのうちに真中の寝台へ寝るような順番になったので、某夜(あるよ)それへあがって寝たところで、入口の扉がすうと開いて、白い衣服を着て髪を後ろへ長く垂らした女が入って来た。それは真蒼な顔をした二十七八の女であったが、傍(そば)へ来るなり毛布の上から押えつけるので、怪しからん奴だと思って、

「何をする」

と云って足で蹴とばそうとしたが、なかなか思うようにならない。それを無理にやっているうちに眼が開いた。

（それでは夢か）

夢とは思ったが夢にしては変である。どうもおかしいと思ったものの、口にすることも出来ないので黙っていた。それにそこへ来ている連中は、柔道何段剣道何段と云う腕自慢の者ばかりであるから、そんな目に遭っても云う者がなかったが、そのうちにだれかが云いだした。

「君もか、僕もそうだ」

それでもまだそれを知らずに、真中の寝台へ往って寝る者があると、左右の寝台の者は睡らないで待っていて、

「もう、そろそろやりだすから」

と云って囁きあった。すると、まもなく真中の寝台からうなされる声が聞えて来る。

それを警官の一人が病院の下足番に聞いてみると、

「やっぱり出ましたか」

と云ったが、それ以上は云わなかった。友人はそれを私に話して、

「その室で死んだ女だそうですが、詳しいことは判りません、ただその室と隣の十三号室は、長い間使わなかったが、その事件で警官が宿泊するようになったので、警官ならいいだろうと云うことで、臨時に宿泊所にしたそうですよ」

と云った。その怪異のある病室の一棟は、その後取り毀して今はないとのことである。

一つの不思議

もうとうに故人になっているが、筆者の先輩に吉岡栄喜と云う老医師があった。その老医師は村の小学校の新築落成の日、美辞麗句を交えた祝詞演説をやって、これから学校に柳桜を植えてと云うような事を云ったので、村の青年たちは、柳桜の翁さんと云う代名詞で呼んだものだ。

その柳桜の老医師は、晩年東京へ出て、甥の永山久満君の家に滞在して、医術上の研究をしていたが、その時永山君が何かの話のついでに、

「叔父さんは、これまでに不思議と思った事がありますか」

と云うと、

「別に不思議と思った事はないが、強いて云えばただ一つある」

と云って話した。それはその老医師が高知県長岡郡十市村に開業していた時の事であったが、某日自宅へ客を招く事があって、朝早くまだ暗いうちに、隣村の魚市場へ出かけて往った。その隣村と云うのが筆者の村で、そこの沙地と云う部落を越して仁井田と云う部落へ入って来る処に聖神と云う処があって、そこに聖神社と云う社があった。方角を云うと社は山を背にして南向きになり、その前は路一つ距てて空濠になっているが、そこは当時闘犬場になっていて、相撲場のような土俵を築いてあった。そして、空濠の

前は海岸の松原で、一帯に樹木の多い淋しい、笑い婆が出るとか、天狗が出るとか、聖神社の近くの路傍にある楠の老木を伐ろうとすると、血が出るとか、いろいろの事を云われている処であったが、すこしも迷信を持たない老医師は、平気で社の前へ来たところで、空濠の上空に笙や篳篥の雅楽を奏しているような音がしていた。老医師はこんな処に音楽の聞えるのはおかしいと思ったが、あまり面白いので足を止めて聞いているうちに、ばったり止んだのでそのまま魚市場へ往った。

喧嘩する石の狐

静岡市新町五丁目に稲荷神社があるが、その神社は昔から霊験があると言って参詣者が絶えない。その稲荷神社の前には、二体の石の狐を据えてあるが、その据え方が普通の据え方と違って反対になっていた。大正十二年の七月になって、だれ云うとなく不思議な事を言いだした。それは稲荷神社の前の石の狐が毎晩のように、夜の二時比から喧嘩をはじめるが、喧嘩がはじまると水を流すような音がするので、朝になって往ってみると、石の狐の口に生きた狐の毛が附着いていると云うのであった。

聞き伝えた附近の好奇たちは、不寝の番をして実証を見ると云って、夜になって稲荷の境内へ集まり、時刻の来るのを待っていたが、周囲がみょうに淋しくなって来たので、皆こそこそと逃げて帰った。同町の青年はそれを聞いて、

「何だ、意気地がない」

と云って交代して頑ばっていたところで、どこからともなく水の音が聞えて来た。そして、翌朝往ってみると、果して石の狐の口に獣の毛が附着いていた。そこで同町では町会を開いて、稲荷に伺いをたてて石の狐の位置を改める事にした。

美人に化けた狢

大正十四年の新聞に狢が女に化けた事が載っていた。埼玉県北埼玉郡高柳村の鎮守大日如来の境内の阿霊ケ池の附近に、百数十年を経た狢が棲んでいて、通行人に悪戯をしていたが、某夜十一時比、同村の大工で高田重三郎と云うのが、用たしに往っての帰途、池の傍まで来ると、どこからか壮い姝な女が出て来て飛びかかった。

重三郎は驚いて大声をたてたので、附近の若い者が枴や棍棒を持って集まって来た。それと見て美人は消えてなくなったが、なくなった処に二疋の獣の姿が見えたので、附近の者はそれを執り巻いて捕えた。それは牝牡二疋の狢であった。新聞の記事によると、附近の者は奇貨措くべしとして、それを上野動物園へ売るべく交渉中であるが、牡の方が後頭部に打撲傷を負ってひどく弱っているとの事であった。

蟇(ひきがえる)を棄てる

明治から二三年前と云うから慶応の初年の事であろう。石見国邑智(おおち)郡粕淵(かすぶち)村字小原(おばら)の浄土寺と云う古刹の廊下へ、夜よる裃(かみしも)姿の武士が何十人となく列座している容(さま)が見えるので、住職は元より村の者も怪異としていたが、そのうちに武士には蟇(ひきがえる)が化けると云う伝説があるから、調べてみようと云う事になって、某日(あるひ)村の者が大勢集まって、境内を隈なく調べ、それから裏手になった江の河の蛇淵と云われている深い潭(ふち)の傍(わき)まで往ったところで、その潭の上に大きな岩があって、それに穴が開いているので、その中を調べてみると、大小無数の蟇がうようよしていた。そこで、それを捕えてカマスに入れたところでカマスに一ぱいあった。村の者はそれを蛇淵へ投げ棄てたが、それ以来寺内の怪異はなくなった。

狐の本音

昔から狐はこんこんと鳴くものだと相場がきまっていたが、ほんとにこんこんと鳴くか、ぎゃんぎゃんと鳴くか、札幌放送局では狐の本音を放送する事になって、柳沢養狐場にマイクを据えたが、そこは札幌郊外、藻岩山の西麓、三方山に囲まれた谷底の一軒屋で、妖獣の棲家にふさわしいところであった。

ところで、狐は餌を求食って満腹になるとすぐ寝こんで、夢から覚めた時に鳴く習性があると云うので、油揚でもウンと御馳走して寝てもらおうかと準備をしたが、それでは万一寝すごされては大変であるから、発情期にあるのを幸い、ホルモン応用の発声法を狙った。

そこで、まず定刻二時間前に、場主柳沢善作君が雌の銀黒狐に某種の工作を施して、肝腎な女性の匂いを小屋の中に発散させた。すると雄狐十二匹が尖った口を揃えてぎゃあんぎゃあんと鳴きだして、いつまでたっても鳴き止まず、二時間打っ通して、とうとう定刻まで鳴きつづけ、小屋の二階に陣取ったアナ君の前口上にも邪魔になるという騒ぎ、柳沢君は講演しいしい鞭を揮って、「こん畜生、こん畜生」と小屋の中を走り廻ると云う有様であった。そこには銀黒が二十六番、十字、紅が各一番おり、そのうち最もよく鳴いたのは銀黒であったが、その中でも雌の方がよく鳴いたとは、東京日日新聞の報ずるところである。

空中に消えた兵曹

大正七八年比のことであった。横須賀航空隊のN大尉とS中尉は、それぞれ陸上偵察機を操縦してA飛行場に向けて長距離飛行を行い、目的地に到着して機翼をやすめるひまもなく、直ちに帰還の途についた。

両機は一千米の高度を保ちながら雁行していたが、箱根の上空にさしかかったところで、密雲のために視界を遮られたうえに、エアーポケットに入って機体が烈しい勢いで落下した。そして、二百米ばかりも落下して、やっと危険を脱したので、N大尉はやや安心して僚機の方を見たが、僚機の姿は見えなかった。

N大尉は己(じぶん)でも危険に遭遇しているので、もしやあの時にどうかしたのではないかと思ってS中尉の身の上を心配しいしい帰って来た。それで着陸するなり、機体の手入れも忘れて西の方ばかり見ていた。と、二十分ばかりして僚機の姿が夕暮の空に見えて来た。N大尉はほっとして僚機の着陸するやいなや駈けて往って、S中尉の手を執(と)った。

「おめでとう、やられたろう」

「やられた、君もか」

「そうだ」

それからS中尉は後ろの方を見た。それは同乗のM兵曹に声をかけるためであった。が、そこにはだれもいなかった。

「おや」

みるみるS中尉の顔色がかわった。N大尉も気が注(つ)いた。

「M兵曹か」

「そうだ」

「どうしたのだ」

「さあ」

「どこからいなくなったのだ」

「箱根へかかるまでは確かにいたのだが」

「それはたいへんだ」

　航空隊の方ではM兵曹の行方を捜索したが判らなかった。その一方でS中尉は、すっかり憂鬱になって平常の快活さを失った。そして、夜など歩いていると、往きちがった人の顔がM兵曹の顔に見えたり、また飛行機に乗ろうとして、機体に手をかけようとして見ると、同乗の練習生の顔がM兵曹に見えたりした。

　それは冬の微曇（うすぐもり）のした日のことであった。N大尉が格納庫の中で機体の手入れをしていると、飛行服を着たS中尉が顔色をかえて飛んで来て、

「M兵曹がおれの機に乗ってたのだ」

と云ったかと思うと、そのままばったりと倒れてしまった。N大尉は驚いてS中尉を抱えて病室へ駈けこんだ。後で聞いてみると、練習飛行中、S中尉が何の気もなしに後ろをふりむいてみるとだれもいなかった同乗席に、飛行服を着た一人の男が腰をかけていた。それは、真蒼な顔をしたM兵曹であったから、夢中になって着陸したと云うのであった。

　そんなことでS中尉は極度の神経衰弱になり、熱海へ転地して静養していると、翌年

の春になってすっかり元気を回復したので帰って来た。N大尉は非常によろこんで、それから毎日のように二人で練習飛行を行ったが、某日(あるひ)N大尉が練習を終って兵舎へ帰って汗を拭いていると、練習生の一人が飛びこんできた。

「○○機が墜落しました」

「なに、○○機が」

○○機は今までN大尉とともに練習飛行を行っていたS中尉の操縦していた飛行機であった。N大尉は夢中になって墜落現場へ駈けつけた、機体は大破してS中尉は血まみれになっていたが同じく駈けつけていた軍医が生命に別条はないと云ったのでN大尉はほっとした。

それから数日して、N大尉が海軍病院へ見舞いに往くと、S中尉は繃帯の中から恐怖におびえた眼を見せて、墜落の原因を話した。

「雲の中を往ってると、向うの方から同じような飛行機が来て、今にも衝突しそうになったから、驚いてハンドルを廻したが、その時向うの飛行機を見ると、M兵曹が操縦しているじゃないか、僕ははっと思って顔を伏せたが、それっきり判らなかったよ」

S中尉が墜落したのは、M兵曹が空中に消えてから、ちょうど一周忌にあたる日であった。（平野嶺夫氏談）

怪談黒子禍

その時、松井の頭には大震災のために焼死した夥しい死人の屍体が、暗い中に鮭か海豚でも打ちまけたように散乱している処へ、一人の悪漢が来て、それがその死体から死体をあさって、金指環や金の入歯を脱きとっている光景が浮んでいた。

それは大震災のあった年の暮で、気もちのせいもあろうが、市中にはまだ焼けこげの匂いのある時であった。松井はその日も灰の中へ建ち並んだバラック町へ往って、安原稿の口を探していたが、それがないので帰っているところであった。

松井の頭に浮んでいる死体から指環や入歯を脱きとっている悪漢は、その時七八人も重なっている死体の中へ手をやった。と、その手を不意につかんだ者があった。悪漢は死人の怨霊に執りつかれたと思ってびっくりした。びっくりしたと云うよりは胆を潰してしまった。悪漢はそのままにしていては命を取られると思ったので、その手を振りはなして逃げようとしたところで、重なっている死骸をもちあげてぬっと立ちあがった者があった。それは壮い色の小白い浪爺風の男であった。その時大きな余震があって大地がぐらぐらと動いた。

「この大地震の、大火事に、焼け死んだ兄弟を、気のどくだと云って、線香の一本もたててやるどころか、死人の指環や入歯を脱きとるなんて、地獄の鬼にも劣ったやつだ」

それは松井がその日、雑誌の編輯者と死体の指環を脱きとった話をしていて、ふいと頭に浮ぶままに、その編輯者に、

「指環を脱きとっている男の、手首をつかんで、凄い悪党が死骸の中から出て来たらおもしろいじゃないか」

と云って笑ったが、松井は今それを思いだしたところであった。松井はそれが何かの挿話にでもなりそうに思ったので、いい気もちになって思わず微笑したところで、前に立っていた客の足が一ぽうの足へ来た。その足には温みがあった。松井は電車に乗っていた。松井は微暗い電灯の光で対手を見た。四十ぐらいに見える女が右の手を吊革にやり、左の手にした小さな手提を小脇に押しあてるようにしていた。それは一見して脇腹の痛みを押えていることが判るのであった。松井の頭からは奇怪な絵画が消えてしまった。松井はすぐ腰を浮かした。

「さあ、どうぞ、おかけなさい」

女は潤いのある眼で松井の顔を見た。

「ありがとうございます、すこしお腹が痛みますものですから」

松井はもう起っていた。

「それは、どうも、さあ」

「それでは失礼いたします」

女は物なれた物ごしですぐ腰をかけた。色の白いどこかに引きしまったところのある

女であった。松井は女の手をやっていた吊革に手をやってその前へ立った。女は手提を右の手に持ちかえて、左の手を脇腹へやっていたが、それほどたいした痛みでもないのか、やはり潤いのある眼を見せるのであった。

「どうもすみません」

「なに」

松井はもう女のことを忘れていた。松井は翌日訪問しようと思っている先輩のことを考えていた。松井はその先輩を訪問して訪問記事を作って、それをどこかへ売ろうと思っているところであった。と、温みのある足がまた来た。松井はきまりがわるくて真正面にそれを見ることができないので、斜めにそのほうへ眼をやった。それは女の足であった。松井は恐縮して体を引いたが、客がたてこんでいるのでうごきがとれなかった。松井はそれでも女の足に触れてはならないと思って用心した。

「あなたは、どちらまで」

女に呼びかけられて松井はまた女を見た。松井は護国寺前の雑貨店（あらものや）の二階を借りて自炊していた。

「護国寺のほうです」

「ああ、そう、護国寺」

竹早町の停留場に停っていた電車がその時動きだした。と、松井の一ぽうの足は温かい物に包まれた。車の動揺のためであろう、松井は急いで足を引いた。そこに女の眼があった。

「電車は仲町でございますの」

「そうです」

松井は女に親しみをかんじていた。松井は女がどこに住んでいるか知りたかった。

「あなたは、どちらにいらっしゃるのです」

女はにっとした。

「やっぱり護国寺のほうですよ」

「そうですか」

温かな女の足がまた来た。松井はきまりがわるいので堅くなった。電車はもう仲町へ来ていた。護国寺のほうに住む人ならいっしょに電車をおりてもいいと思ったが、なんだかへんであるから帽子に手をかけた。

「それでは、ここでしつれいいたします」

きたないよれよれの中折帽を女に見られるのも恥かしかった。松井はいそいで女の前をはなれて、車の後ろのほうへ往こうとした。その時女が何か云ったがわからなかった。松井は女に心をのこして外へ出た。そして、女はどうするだろうと思って窓のほうを見た。灯はあっても暗いので中ははっきり見えなかった。松井はそこで富士見坂のほうへ曲って往った。坂は寒い風が吹いていた。

「もし、もし」

風の中から女の声がした。松井は今の女でないかと思ったが、違っていてはいけないのでそのまま歩いた。

「もし、もし」

すぐ後ろへ小きざみの跫音（あしおと）をさして追いついて来た。松井は振りかえった。果してかの女であった。

「あなた、お急ぎになりますの」

「急ぎません」

「それじゃ、わたしの家へ寄ってらっしゃいませんか、お茶でもいれますから」

火のない雑貨店の二階へ帰りたくはなかった。

「お邪魔になりはしませんか」

「邪魔になる者は、だれもいませんよ」

「そうですか」

「それじゃいらっしゃい」

女は体をかえして歩いた。護国寺のほうだと云ったようであるが、それでは己（じぶん）の聞きあやまりであったのか、しかし、たいした遠い処でもあるまいと思った。松井は黙って女の後から跟（つ）いて往った。

女は電車通りを横ぎって反対の側へ入り、それから某（なにがし）と云う裁縫女学校の横を折れて、そこの小さな坂をおりて往った。

「ここよ」

坂の降口の右角に門灯の点いた家があった。女は玄関口へ松井を待たしておいて内へ入って往って、何か云っていたが、まもなく引返して来た。

「さあ、どうぞ」

松井はおずおずとあがった。女は右側の襖を啓(あ)けた。そこは小ぢんまりした茶の室(へや)で長火鉢の傍(わき)に敷いた友禅の蒲団が艶(なま)めかしかった。

「失礼ですが、ここが温かいのですから」

客室へ通されて堅くるしくせられてはかなわなかった。松井はインバをぬいで帽子といっしょくたに室の隅へ置いた。女は友禅の蒲団の上へ坐って、その傍(わき)の黒っぽい銘仙のような蒲団を火鉢の前へなおした。

「さあ、どうぞ」

女は鉄瓶をおろして埋めてある火を掻きだした。松井は襖を締めて中へ入り、勧められた蒲団の上へ坐って、煙草の袋を出した。

「後で所天(おっと)に紹介しますが、所天は糖尿病で眼が見えないものですからね」

それでは主人は盲人であるのか、松井は女をはじめその一家の不幸に同情した。

「でも、家の者は、皆ほがらかですから、あなたも遠慮なさらないがいいのですよ」

「そうですか」

女は木炭(すみ)を継ぎたして茶をいれようとしていた。松井は煙草をふかした。

「あなたは何をしてらっしゃるの、学生さん」

「金がありませんから、安原稿を書いてるのです」

女は耳をたてた。

「原稿」

「そうです」

「小説家」

「なに、談話筆記をやったり、編纂の手伝いをしたり」

「それじゃ、山岡寛と云う人を知ってるの」

それは国学者として名があり著書もあって、松井もその著書の一つを読んでいた。

「人は知りませんが、国学者で、僕もその書物を読んだことがあります」

「そう、読んだの」

「読みました」

「面白かったの」

「面白いとは思いませんが、国文学について益をうけました」

「そう」

「奥さんは知っておりますか」

女はにっと笑った。

「それが所天（おっと）よ」

松井は眼を見はったが、それとともに女を尊敬する心がおこった。

「そうですか、それは」

「いくら学者でも、病気になっちゃだめよ」

「そうです、病気は困ります」

女は茶をいれて出した。

「今、何かあげます」思いついたようにして、「あなたは、御酒は」

松井は一二合の酒は飲めるのであった。

「すこし飲みます」

「ウイスキーは、どう」

飲めることは飲めても催促がましいことは云われなかった。

「飲めないこともありませんが、また」

「なに、あがるなら、あるのよ、所天が、もとウイスキーが好きだったものですから、病気のことを知らない方は、今に持って来てくれるのですよ」

女は起って戸棚を啓けて角罎と小さな二つの洋盃を持って来た。

「わたしも、寒いから、お相伴しますわ」

女は角罎を執って二つの洋盃に注いだ。松井は二本目の煙草がなくなりかけていた。

「さあ、おあがりなさいよ、わたしもいただくわ」

松井は夕飯にカフェーへ往ってライスカレーを喫った時、一杯飲みたいと思ったが、翌日の電車賃が心配になるのでがまんをしているところであった。

「それではいただきます」

松井は洋盃を持った。

「どうぞ」

女も洋盃を持った。

松弁と山岡夫人とは、炬燵に入っていた。夫人は松井の左の頰へ指をやった。そこには魅惑的な黒子(ほくろ)があった。

「この黒子には、女難の相があるのですよ」

松井はにっとした。山岡夫人の両手の掌がその頰をくるんだ。

「どう、そう思わないの」

松井はその翌日から山岡家へ移った。松井はもう安原稿を書く必要がなかった。

松井は山岡家の長鋏子(げんかんばん)であり、夫人のおあいてであった。

松井が移ってから十日ばかりして山岡家は牛込の納戸町へ引越した。引越して間もなく主人の寛が歿(な)くなった。

主人の歿くなった当時は、朋友や門下の者が出入りしたので、松井と夫人は二人でおちおち話すこともできなかったが、そのうちに四十九日が終った。

それは宵から雨が降ってうすら寒い晩であった。夫人は松井と同じ室(へや)に寝て話していた。

「あなたがはじめて、家へ来た日の事覚えてるの」

松井ははっきり知っていた。

「知ってるとも、電車の中で腹が痛かったじゃないか」

すると夫人はにやりとした。

「あれゃ、お腹(なか)じゃなかったのよ」ちょいと松井の頬の黒子を突いて、「これが見えたからよ」

松井はちょっと判らなかった。

「判らないの」

「判らないさ」

「この命とりに誘惑せられたのよ」

「ばか」

「ばかじゃないよ、ほんとだよ、ほんとよ、あなたは罪な人だよ」

その時玄関の雨戸をことことと叩く音がした。二人ははなればなれになって耳をたてた。

「つらい、つらい、おれは、つらいぞ」

それは主人山岡寛の声であった。

「つらい、つらい、つらいぞ、おれは」

夫人はいきなり松井に掻じりついた。松井もきみがわるいので頭から蒲団を冠った。

怪しいことは四晩続いた。松井は間もなく夫人と別れた。夫人は横浜にいるアメリカ帰りの男へ再嫁した。

啞の妖女

明治七年四月のこと、神奈川県多摩郡下仙川村浅尾兼五郎の家へ妖怪が出ると云う噂がたった。

それも一度や二度のことでなく、前年の五月から怪しい事が続くと云うので、県庁でも捨て置けずとあって、兼五郎の家へ人をやって取調べをしたが、原因も判らず相変らず怪しい事が起った。そこで、県警察部でも兼五郎を召喚して、これまた峻烈な取調べをしたが、兼五郎の所為でないから、どうすることもできなかった。

某日のことであった。兼五郎の細君が台所で飯を焚いていると、突然釜がふわりふわりと天井の方へあがりはじめた。これには女房も蒼くなって、

「ああ、もしもし、そのお釜をお取りあげになることだけは、どうぞおゆるしくださ

まし、どうぞお返しを願います。この通りでございます」

と云って、台所の羽目板へ額をつけて歎願した。すると釜はひょこひょことおりて来て、原の竈へかかった。

また某時、来客があったので、兼五郎は奥座敷へ通して対手になっていると、俄に膝の下がむずむずして来た。何だろうと思って手をやってみると、古草履が一つにょきりと出た。これはと驚いて起ちあがると、また一つ飛びだした。

また某時、庭の方でがらがらと云うような大きな音がしたので、見ると庭の片隅に立てかけてあった竹竿が二本、人の歩くように並んでのそりのそりと歩いていた。家の者が驚いて見ているとどこからともなしに越後縮の浴衣と洋傘が飛んで来た。と、竹竿の一つはその浴衣を着、一つは洋傘をさして歩いた。

また某日のこと、兼五郎は隣家の下駄屋から鍬を借りて来て、使用した後で縁先へ立てかけて置くと、間もなく下駄屋の主人が取りに来たので、返そうと思って縁先へ往ってみると、置いたばかりの鍬がもうなかった。どこへ往ったろうと思って、血眼になって捜していると、突然その鍬が縁の下からひょこりと頭を出した。

「おや、こんな処に」

兼五郎は腰を屈めて取ろうとすると、鍬はたちまち引込んでしまった。しばらくしてまた頭を出したので取ろうとすると、またひょいと引込んで往って取れなかった。そして、その中にとうとうどこへか往ってしまった。

ところが、兼五郎の家に唖娘がいて、そんな時の紛失物の所在を能（よ）く知っているので、その時前へ来た唖娘に手真似で訊ねたところで、唖娘は畑の前方へ指をさした。そこで往って見ると、果して鍬が草むらの中から出て来た。

また某時、兼五郎の家へ近所の女が来て、台所口で兼五郎の女房と話していると、突然裾がまくれあがった。近所の女は悲鳴をあげて両手で裾をしっかと押えたが、着物はますますまくれあがっておりなかった。

その他、茶碗が宙乗りをしたり、砥石が屋根から落ちて来たり、怪事は次から次へと尽きなかった。

隣村の伊太郎と云う血気盛りの壮佼（わかいしゅ）が、某夜（あるよ）酒をひっかけて怪物の探検に来たが、その途中どこからともなく礫（つぶて）が飛んで来て、眉間に当って負傷したので蒼くなって逃げ帰った。

こうして怪異は毎日のように続いたが、その怪異の起る前には、きっと唖娘が姿を隠すのであった。

高尾越の怪異

多年憧れていた月ケ瀬の梅を見て、その夜は笠置（かさぎ）の温泉にゆっくり浸ることにして、友人と二人で桃香野（ももがの）から高尾越にかかったのは、午後四時比（ごろ）のことであった。

高尾越というのは、登り八丁降り十二丁の坂で、かなりな急坂であった。登りの時は明るい夕陽を受けて登ったので、気もちも明るかったが、降りにかかった比には、もう陽が沈んで四辺が微暗くなりかけたので、急に淋しくなった。私は黙々として歩いている友人に何かと話しかけた。と、背後で女の笑い声が起ったので、二人は思わず振りかえった。それは親子らしい二人の女で、一人は十七八、一人は四十恰好であった。二人とも山畑へでも往っていて、帰っているような風であった。私たちが振りかえったのを見ると、壮い方の女は笑いを耐えようとでもするように片手を口へやった。年とった方の女は私たちの方へちょっと頭をさげた。それは娘の不躾をあやまっているように思われた。

「何か面白い事でもありそうですね」

私も黙っていては悪いと思ったので軽く会釈した。年とった女は莞とした。そこで私たちは歩いた。

「おい、ちょっと佳い娘だね」

「なに、あんな百姓っ子」

友人は例の梅の句に凝っているらしく、対手にならなかった、私は仕方がないので黙って歩いた。背後の方から女の話し声が聞えていたが、その話し声は私たちに関係があるようで、私は何かしら期待するものがあった。

一丁ばかり往ったところで、それまで絶えず聞えていた女の話し声がばったりやんだ。

私は背後を見ようとしたところで、その話し声が前の方に聞えだした。おやと思って夕闇にすかして眼をやったが、そこには人の影らしいものはなかった。そこで背後を振り向いたが、そこにもその姿は見えなかった。

　私たちの歩いている径は、幅一間ばかりの山径で、一方は断(き)りとったような崖になり、一方には谷川の流れがあるので、女たちが私たちの前へ往くためには、どうしても傍(そば)を通らなくてはならぬ。通れば当然気づかなくてはならぬ。私は変だなと思って友人に話しかけようとした時、友人の方が先に口を開いた。

「おい、あの女たちは、いつの間に俺たちを追い越したんだい」

「知らない、俺も不思議に思ってるところだよ」

「変だな、他に径はなし」

　友人の言葉が終るか終らないのに、直ぐ背後で、あははは と云うような笑い声が起った。私たちはぎょっとして背後を振り向いた。が、そこにも人の姿は見えなかった。すると今度は私たちの直ぐ前で笑う声がした。おやまたかと前を見たが、やはり前にも人の影がない。と、笑い声は話し声に変ってそれが直ぐ鼻の前で聞えだした。いよいよ変だなと思っていると、その声は背後へ往った。

　怪しい声はそれから前になり後になって、絶えず私たちにつきまとうのであった。私たちは微鬼魅(うすきみ)悪くなったので足を早めた。と、その声の主も足を早めているように、同じ距離を持って聞えて来た。私たちはたまらなくなって走りだしたが、その声もやっぱり私たちに歩調を合わすように聞えて来た。

十町ばかりも走ったところで、私たちは竹藪のある処へ出た。そこを藪に沿うて曲ると笠置村の人家であった。そこで私たちは村の人らしい一人の男に出会ったので、ほっとして立ちどまった。すると、今まで聞えていた例の声がばったり歇(や)んだ。私たちはいよいよ安心して、宿へ着き、宿の玄関で草鞋の紐を解きかけたところで、また女の笑い声がした。私たちはぎょっとしたが、それは怪しい女の笑い声ではなく、私たちを迎えてくれた宿の女中の笑い声であった。（玉谷高一氏談）

小廝(こぞう)の放火

昭和九年の夏のことであった。千住の醬油屋殺しで有名な足立区橋戸町七十八番地の家は、その後幾らか改修せられて島と云う映写機玩具の製造をしている男が住んでいたが、店がいそがしいので、一人いる小廝(こぞう)の他にまた一人小廝を置いた。

その小廝と云うのは、隅田川の船の上で生活している船頭の児童で、小村進と云うのであった。進はその時十三であった。進はそこでその晩から二階の物置のようになった室(へや)に寝ることになったが、その翌日になって朋輩の留五郎と云う年上の小廝が、

「おい、おめえ知ってるかい、おめえの寝てるところは、醬油屋の小廝のやられた処なんだぜ」

と云った。進は千住の醤油屋殺しの話は知っていた。

「ほんとうか」

「ほんとさ、きっとその小廝が出て来るぜ」

「そんなことがあるものかい」

「あるさ、見てろ、きっと出るから」

その晩になって寝る時が来たので、進はこわごわ二階へあがった。

「う、う、う」

と云う声がした、進はぎくとして立ちすくんだ。同時に障子の陰からむくむくと起きて来たものがあった。

「出たぞう」

進は眼さきが暗んでそこへへたばった。と、その進の耳に、

「おい、進ちゃん、おれだよ」

と云う聞きおぼえのある声がした。それは留五郎であった。

「と、留さんかい」

進はほっとして眼をあけた。留五郎は進をおどしたので気もちがよかった。留五郎は勝ちほこったようにして下へおりて往った。進はそこで蚊帳へ入って寝たがこわくてどうしても睡られなかった。

翌日になって進は逃げて帰ろうと思ったが、逃げて帰れば父親に、眼の玉の飛び出る

ほど叱られることが判っているので、逃げて帰ることもできなかった。

「いっそこの家が焼けたら」

焼けて帰るなら父親も憤(おこ)らない。進はその家の焼けるのを心待ちに待っていたが、焼けそうにもないので進はそっと工場の裏手へ襤褸(ぼろ)を持って往って放火したが、主人に発見せられて目的を達することができなかった。そのうちに惨殺された人びとの七周忌が来たので、附近の人びとの話がまた賑やかになった。進はもうじっとしていられなかった。進はまた工場の隅へ油の附いた布を持って往って放火したが、それも便所に起きて来た主人に発見せられて、僅か一尺四方を焼いただけで消し止められた。この両度の放火によって進は千住署に検挙せられた。

妖怪屋敷

中野がまだ東京市に編入せられない時のこと、中野町中野三七六六に空家があった。その家の間数が二十もあって大きな家であったが、二年前から空家になっていた。

その年の冬になって、毎晩丑満時(うしみつ)になるとその空家に青い光が燃えて、うウうウと云うような怪しい唸(うな)り声が聞えると云うので、附近の青年の中には、その正体を見届けると云って門口まで往く者があったが、鬼魅(きみ)が悪いので中へ入る者がなかった。それがために噂は噂を生んで、相馬の古御所のような妖怪屋敷と云われるようになった。

中野署では捨てて置けないので、十一月三十日の晩、一人の刑事をやって調査した。刑事は午前一時比からその家へ往って、玄関へ腰をかけて張りこんでいた。すると二時比になって、二階の方からうウうウと獣の唸りあうような声が聞えだしたが、それは三つや四つの声でなかった。そこで刑事は廊下へあがって階段の方へ往った。と、何か足に触る物があるので、懐中電灯で見ると、一疋の猫の死骸であった。

刑事はそれから二階へあがった。二階の座敷には、青く光る物の眼が数多あって、そこからいがみあうような唸り声が聞えていた。それは十疋あまりの野良猫であった。

刑事は苦笑して下へおりた。便所の傍の四畳半で物の気配がするので、障子を開けて入ってみると、二十歳位の青年が小さくなって坐っていた。それは同町の加奈田源次と云う青年で、その十六日に家出したが、行先に困ってそこへ入って自炊しているところであった。その家から漏れた青い光は、加奈田青年が懐中電灯を点けて廊下を忍び歩く光であった。

自然と鳴る太鼓

これは私の友人北島好孝君の話である。

北島君は高知市から三里西になった伊野と云う町の生れであるが、その伊野には、大黒様でとおっている杉本神社と云う社があって、筆者なども少年の時、その社へ参詣に往ったものだ。

その杉本神社の拝殿に大きな太鼓があるが、北島君が少年の時、悪戯仲間とその境内へ往って戦争ごっこをしたり鬼ごっこをしたりして騒いでいると、その太鼓が鬼魅わるく鳴りだした。初めは神官かだれかがいて鳴らしてるのだろうと思って、傍へ往ってみると、神官もだれもいない。それも一度や二度でなく、悪戯どもが往って騒いでいる時に、時どき鳴るのであった。北島君は、

「とても怕かったのですよ、それが鳴りだすと、皆が逃げましたよ」

北島君はその話の序でに杉本神社の話をも一つした。それは同じ町の人で、息子が伊予の宇和島へ往ってる者があって、その男が某日、杉本神社へ参詣に往って、拝殿へあがって拍手を打っていると、上に釣るしてあった大きな鈴の緒が断れて、それが頭の上へ落ちて来た。

それを傍にいた神官が見つけて、往って見ると頭に負傷して気絶していた。で、近くの三宮と云う医師の許へ担ぎこんだので、三宮医師は負傷の手あてをした。

そして、それがまだ終らない時、負傷した男の家から電報を持った者が来た。それはその朝、宇和島にいた息子が病気で死んだと云う電報であったが、家の人は、子供が死んだのに親が参詣してはならないから、参詣させないように知らして来て、負傷したことを聞いたので、追っかけて来たところであった。

その時神官は、

「あの鈴が断れるはずがないが、やっぱり、忌服のある者が参詣したからだ」

と云ったが、北島君は今にその詞を覚えていると云った。

線香の匂い

北島好孝君が高等小学校の一年生の時であったと云うから、明治四十三年頃であったろう。その日は午後になって驟雨があって、雷が鳴り大きな雨が降ったが、学校がひける頃にはからりと晴れていた。

無論それは夏であったが、学校の門を出て街路を歩きながら見ると、街路に面した家は、どこの家もどこの家も仏壇に線香をあげていて、線香の匂いが四辺に漂うていたので、児心にもへんに思いながら家へ帰った。

その時、高知市の女学校へ通っていた北島君の姉にあたる人も、高知から帰って来たが、それも、

「高知は、どこの家もどこの家も線香をあげ、道を通っておる人も、皆線香を持っておったが、あれはなんでしょう」

と云ったが、そのうちに夜になったところで、線香の由来が判って来た。それによると、高知市の北奉公人町に某と云う家があって、主人が重病で医師にも見はなされていたが、母親は平生信仰する弘法大師に祈願して、息子の病気を癒そうとしていた。

　ところで、その日驟雨がやむ間もなく、一人の旅僧がどこからともなく室の中へ入って来て、何も云わないで病人の枕頭を通って、仏壇の前へ往って立ち、不審して旅僧の後ろに立っていた老婆に、

「おまえは、日常仏信心をしておるが、今日と云う今日は、おまえの一念がとおった、病人はすぐ癒る」

　と云っておいて外へ出て往った。老婆は不思議に思って追って往ったが、もうその姿は見えなかった。そこで老婆は病人の枕頭へ引き返して来た。と、今まで呻きつづけていた病人が、突然、

「今来たは、お大師さまじゃ」

　と云うなりひょいと起きあがった。老婆は嬉しくてたまらないので仏壇の前へ往った。仏壇には点けてなかった線香が点いていた。老婆はお礼を云うなり外へ出て触れまわった。

「お大師さまがお出になって、病人をなおしてつかわされた」

　奇蹟はすぐ全市に伝わり、それから附近の町村にも伝わった。伊野の家々の線香もそれがためであった。

雨乞祭の怪

大正十五年八月十四日のことであった。高知県幡多郡津大村の芽生と岩間の両部落では、長い間旱魃がつづいて農作物が枯死するようになったので、同村の白滝と云うところで白岩神社の分霊を勧請して雨乞祭をやった。

斎主は白岩神社の神官森義道で、副斎主は出雲大社教権少輔木戸篤太郎、舞太夫は芽生の今城判次であった。

そして、一行が一心不乱になって雨乞をしていると、午後五時比になって、どこからともなく美しい首環のある一匹の小さな黒蛇が来て、斎場の中をぐるぐると廻り、それから芽生区長の今城柳松の膝へ来てじゃれるようにしていたが、まもなく隣にいた今城辰男の膝を越してどこともなく往ってしまった。

雨乞の人たちはひどく喜んだ。

「神様がお出ましになった」

「雨の降る前兆だ」

果してその翌日の夕方になって、大雨が沛然と降って作物が蘇生した。そこで部落民は、そこから二里ばかり上流になった白岩神社へ往って、お礼詣りをし、それから神楽を催して神霊を慰めた。

蛇の兜

昔から蛇の角、即ち蛇の兜を拾えば、家が繁昌すると云われ、南洋カプロス島には、蛇の角を服用すると、如何な難病でも癒ると云う伝説があるが、昭和十二年その蛇の兜が、弘前市元寺町斎藤吉六翁方に秘蔵せられていると云って、同地の新聞は不可思議な話題を提供した。

その蛇の兜と云うのは、一寸四方位の黒い光沢のある物で、同家に伝わる記録によると、当主の祖父石戸谷貞蔵は、天保年間、津軽藩の筒持役として、城の警備勤務中、城内で発見したものであるが、貞蔵の妹俊が市内浜の町中谷家へ嫁入りの際、その家宝を持参して往ったので、傾きかけていた同家の家運が挽回した。

後にその俊の生んだ子供で、斎藤家を継いだ当主吉六翁がそれを中谷家から取り戻して以来、商売が急に繁昌して現在の資産を作りあげたと云われている。

また最近の実例としては、不漁続きで困っていた西津軽郡鰺ケ沢町の渋谷某が、斎藤家からその家宝を借りて神殿に安置したところで、大漁が続いたと云うので、同地方の猟奇の的となっている。

龍神

大正十二年七月二十四日木曾谷の大洪水に際して、被害のもっとも凄惨を極めたのは大桑（おおくわ）村であったが、その洪水や山崩れの起る五六日前の十四日の事である。大同電気の工事のために、同村に入りこんでいた多数の朝鮮人は、あちらこちらに群れて工事に従事していたが、その中に三十八人が一群をなしている処があって、その中の一人が崖の中腹へ鶴嘴（つるはし）を入れたところで、下に穴があって数多（あまた）の蛇がうようよしていた。土工たちはそれと見て、面白はんぶんに殺してしまって谷の中へ投げすてた。

ところでその夜、同村の某（なにがし）の夢に龍神が現われて、蛇を殺した報いに、来る二十四日までに大桑村を谷の底に沈めると云った。某は翌日になってその話をした。それを聞いて質朴な村の人たちは驚いた。某者（あるもの）は神の救いを願えと云い、某者は寺でお経をあげよと云って騒いだ。そして、盛大なる蛇祭が行われたが、龍神の怒りを解くに足りなかったのか、大桑村は殆んど壊滅に帰したが、それとともに、かの蛇を殺した三十八人の朝鮮人も全部行方不明となった。

なお大桑村地籍で、駒ケ嶽から流下する伊奈川の上流には、今も龍神が棲んでいるが、昔、その龍神が洪水と共に川を押しくだった際にも、多数の人命を失った事実があると同地の古老は話している。

四国遍路の奇蹟

昭和六年正月十五日の事であった。高知県香美郡野市町の森田と云う農家へ五十位の総髪の四国遍路が来た。丁度午飯の時で盲目の喜久次翁さんも、女房の弥久於媼さんの給仕で飯を喫っていた。遍路は喜久次翁さんの不自由そうな手つきを見て、

「貴下は眼がお悪いようだが、見えないですか」

と云った。喜久次翁さんはその時六十二歳であったが、二十五年前に田の除草に往って、稲葉で右の眼を突いてまず右の眼の明を失い、十三年前に白内障になって左の眼の明を失っているので、その事を話した。

「そうですか、それでは禁厭をしてあげましょう、五日で見えますよ」

遍路はそこで何か禁厭をして往ってしまったが、果して二十日の朝になって、眼を覚ました喜久次翁さんは、遍路の詞を思い出して枕頭へ眼をやったところで、右の方の眼がはっきりしていて四辺の物が見えた。

「見える、見える、見えだした」

喜久次翁さんが狂人のように叫んだので、弥久於媼さんも息子の忠次も、嫁の糸江も一家の者が喜久次翁さんの傍へ集まって喜びあうとともに、恩人の遍路に礼をすることにして行方を捜したが、不明であるところから、附近では喜久次翁さんの日比信仰して

いるお大師様が、仮に姿を現わして癒してくれたものだと云いあった。

高知市の新聞記者は香美郡野市町の東組にある森田家を訪うた。森田家は道路から北へ折れて吉祥寺へ往く田圃道を、一町程往った道の東側の小さい百姓家であった。喜久次翁さんは、その時の事を記者に話した。

「皆で飯を喫うておりますと、遍路さんが来て、体は丈夫のようだが、眼が悪いか、そんなら一つ禁厭をしてやろうと云いますから、遍路さんの云うとおり、盃に充満水を汲んで来さすと、遍路さんはしばらく祈っておりましたが、それがすむと、その水を私に一口飲まして、後の水で眼をあらってくれました、その時洗った方の眼から涙が出ました、そこで遍路さんは、『もうこれで大丈夫じゃ、五日目には見えますよ』と云うて出ていきましたが、その時銭を五銭と米を盆に一杯お大師様へと差しだしました、ところがそれから五日経ってみると、その遍路さんが云うたとおりになりました、その時私は一番に女房の顔を見ましたが、当時四十三四の壮かった女房が、これはまた白髪の婆さんになっておるじゃありませんか、ちょうど浦島太郎のようでございましたよ」

喜久次翁さんの眼を癒した四国遍路は、その日森田家を出ると、直ぐ南隣になった森田馬吉の家へ現われて、

「今、そこの翁さんの眼をまじなってやったが、五日すれば、きっと見える」

と云った。馬吉の家では妙な事を云う遍路だと云っていたところで、それが喜久次翁さんの眼を治した謎の遍路であることが判った。

野市町の町民は森田家を中心にして、かの遍路の行方を捜していると、一週間位して高知市の青柳橋附近で発見したので、森田家へ伴れて来たが、それは東京市本所区緑町六十六番地の高橋一郎と云う人で、年は五十一。大震災の際焼け出されてから全国を行脚している者であった。

奇蹟を行う遍路の噂が伝わると、県下は勿論県外からも来て祈禱を請う者が引ききれぬほどであるが、そこにも奇蹟が現われて、跛者が歩き、盲者が眼が見えだすと云う有様であった。現にその奇蹟で全快した者は左の人びとであった。

香美郡美良布村吉野岡本蕃典（十）は、昨年七月以来の脊髄関節炎で跛者となっていたのが歩行の自由を得て全快。

香美郡富家村兎田西内菊次（七二）は、三年前眼病で右眼が失明していたのが祈禱の結果全快。

香美郡野市町西野森田春子（四八）は、多少の精神異状ありしも全快。

その他香美郡三島村奴田原千代（一七）同郡佐古村大谷杉村繁緒（五七）同郡野市町石丸時子（一二）同町下村幾野（八一）同町寺尾千鶴（二九）など多数であって、中には医者が祈禱に来ると云う騒ぎであった。

如来像の怒り

四国遍路の奇蹟で、二十五年間も開かなかった目が開いたと云う噂の高い時、阿弥陀如来像が怪異を現わしたと云う事件が起った。その如来像と云うのは、廃仏毀釈の際にでも、どこかの寺から出たものか、それが高知市の県立農学校の近森教諭の手に入った。近森教諭は書斎へ置いて、芸術的立置(たちば)から愛玩していたが、香美(かみ)郡野田村の高橋喜馬太が斡旋してくれたので、同郡立田町の樋口医院へ譲渡する事になって、如来像を樋口医院へ送り届けたが、その帰路人負傷をした。一方樋口医院でも、家内一同がその夜吐いたり下したりして大騒ぎを起した。

樋口医師は如来像が気になるので、翌朝車夫を頼んで仲介者の高橋方へ送り返したが、その車夫も帰宅するやいなや、吐いたり下したりの重病人となった上に、その細君が無茶苦茶に空腹を覚えて、病人はそっち除(の)けにして一度に八杯も飯を掻きこむと云う狂態ぶり。更に仲介人の高橋の細君も、体一面に吹き出物がして、痛い痒いで大騒ぎになった。

そこで、協議の結果、如来像をどこかの寺へ奉納することにして、高橋がおうかがいを立てると、

「山田町の高野山へ往く」

と云う宣託があったので、直ちに高野山総代川村晋の手を経て、安部院主に相談し、自動車五台で盛大な入仏式を挙行したが、それを聞いた者は、

「祟るくらいなら御利益もあるだろう」

と云って、参詣者が絶えないとのことであるが、当の近森教諭は、「この阿弥陀像には、百五十円と云う金がかかっておりますが、今となっては金銭などの問題ではありません」

と云っているが、何分如来像の怒りに触れた者が唯の善男善女でなく、相当教養のある人びとであるから、一層世間の注意を惹いていると同地の新聞は報じた。

屋根の仏像

大正十二年九月二十七日の事であった。愛知県中島郡明治村大字片原一色の豪農服部義永方では、その朝七時半比(ごろ)、家人が起き出て何気なしに屋根を見ると、三体の阿弥陀仏がきちんと行儀を正して並んでいた。そこへ主人義永が来て、

「やっぱり正夢であったか」

と云って、作男に梯子(はしご)をかけさせ、紋付袴(もんつきはかま)の礼装に身を改めてうやうやしく屋上へ登り、三個の仏体を目八分に捧げて取りおろし、母屋の仏壇に安置して礼拝讃仰おろそかならず、その仏様の一体は八寸五分の木仏、他の二体は四寸五分の金仏であった。

主人義永は村会議員で相当名望もあり、平素信仰心篤く、本人が警察で云ったところによると前夜二十六日午後九時比、家人は皆寝に就き、義永は午前二時比、村の集会から帰って寝たが、うとうととしていると、どことなく妙なる楽の音が聞え、あたり一面

に目もまばゆきばかりの御光が射し、その御光の中から阿弥陀如来がしずしずとお降りになったが、それが正夢であったのに驚いているとのことであった。

警察では躍起となって調べているが、義永の家はそれを種にして賽銭を取ろうとするような家でもないので、だれかの悪戯としてその真相の究明に苦しんでいるとの事であったが、結果はどうなったのか筆者には判らない。

七福神の像

大正十三年八月の事であった。広島市下中町の久保健輔君は、敬神家で、常に小町の白神神社を信仰していたが、その月の初め比から三日間、東練兵場附近から光の出る夢を見たが、更にその翌晩になって、また一つの夢を見た。それは光の出る夢に、続いて、外から何者かが戸を叩いて、

「拾い物があるから」

と云う声がするので、外へ出て見たがだれもいなかったと云う夢であった。それで健輔君は、不思議な夢ばかり見るものだと思っていたが、その翌日の午前四時比、例に依って愛犬のポチを伴れて白神神社へ参拝に往った。

街には涼しい風が吹いていた。ポチは健輔君にじゃれながら歩いていたが、そのうちに何を見つけたのかわんわんと吠えながら走りだした。健輔君は何事だろうと思ってポ

チの後を追って往った。

ポチは白神神社の境内へ往く踏切附近の草原へ往って、その辺（まわり）を掻きだした。そこには塵屑（ちりくず）などを棄ててあった。ポチはその塵屑の中から食（は）み出している新聞紙の包みを咥（くわ）えて引きだしたが、引きだした拍子に包みの中から小さな光る物が落ちた。

健輔君はおやと思って拾いあげた。それは母指位ある七福神の古色蒼然たる像であった。健輔君は白神神社の賜（たまもの）だと云って喜んだが、現代の法律ではそのままそれを所有する事ができないので、取りあえず西署へ拾得物として届け出た。

弘法大師の像

滝野川署では六月二十八日、府下滝野川町西ケ原の真言宗栄学寺の持職萩原明信を引致して取り調べているが、前年の春、萩原は檀家に説いて二百円の寄付をさせ、京都から弘法大師の像を求めて、毎朝それに礼拝さしていたが、六月六日以来幕をおろして像を見えないようにした。檀家の者は不審に思って、

「和尚さん、どうしたのです」

と云って訊くと、萩原は、

「むきだしでは、あまり勿体ないからな」

と云った。なるほどそれは萩原の云うとおりであるから、檀家の者は何も云わずに幕

の外から拝んでいた。

　ところで、その後檀家の一人が巣鴨町上駒込の古物商福山一郎方の前を通ってみると、その店頭に見なれた仏像があったので、それと檀家の者に告げると、檀家の者は栄学寺へ往って萩原を詰問したが、要領を得ないので訴え出たものであった。その結果、萩原は妾(めかけ)の手当てに窮して、前記福山へ百二十円で売却していた事が判った。

釈迦像を砕く男

　昭和四年五月十日の夜、中野町本郷の六百番地にあった半鐘が何者かのために盗まれた。その半鐘は時価三百円の物であった。中野署では犯人を厳探中のところ、十三日になってその半鐘が同町の古道具屋天利徳右衛門方の店頭に在るのを発見した。その結果半鐘犯人は、同じ本郷の箱守方にいた事のある窃盗の前科者春野良造と、その同儕(なかま)の依田健次二人の所業と判って、翌日逮捕して留置場へ入れたが、二人とも毎晩のようにうなされるので、同署では不審に思って厳しく調べてみると、十六日になってとんでもない事を自白した。

　二人はその月の六日の夜、府下千歳村烏山の小住院の本堂へ忍びこんで、青銅製の高さ六尺目方五十貫もある釈迦像へ、綱を付け丸太棒をとおして、二人で担ぎ出して裏手の山中へ運び、時価二千円もするその仏像を石へたたきつけて割り、その砕片(かけら)を運んで往ってあちらこちらへ売っていた。

中野署では二人の自白に基いて、烏山へ往って指定の場所を発掘したところで、釈迦像の首や手足がばらばらになって出て来た。小住院の住職加藤教順は、警察の知らせによって気絶せんばかりに驚き、洗い清めて本堂へ運んだ。中野署では二人が未だ何かやっていそうに思われたので、取調べを続けてみると、その月の初め上野公園の西郷の銅像の犬を奪(と)るつもりで、金槌を持って往ってたたいたが、それは奪れずに終っていた。その二人は仏像の件を自白してから、一晩もうなされずに熟睡するので、刑事連もお釈迦様の罰は恐ろしいものだと云っていた。

山の神の怒り

二十五六年も昔のこと、筆者が大町桂月先生に従遊していた時、多摩川へ鮎狩に往って日野の鮎宿へ一泊した事があったが、その時朝飯の準備が出来るまでにと多摩川縁(べり)へ散歩に往ったところで、磧(かわら)に木賊(とくさ)が数多(あまた)あったので、その中の茎の面白そうなものを二本三本と抜いたが、さて家へ持って帰るつもりもないのでそのまま棄てた。と、同行の友人が、

「おい君、無益な殺生をするものじゃないよ、草でも木でも生命がある」

と云ったので、筆者は脚下へ大きな穴が開いたように思って、それ以来養植しない草

木は採らない事にしたが、『心霊と人生』の石塚直太郎君の報告を読むに及んで、やっぱりそうであったと友人の訓誡を思いだした。

石塚君によると、石塚君は大正十二年三月、家族同伴で杉田の梅林へ観梅に往って、傍の山で山蔦を見つけたので、ナイフで蔓を切って、根を掘って荒縄でからげ、東京本所の自宅へ持ち帰ったところで、来客があっていたので、すぐ植えないで玄関の横の石の上へ置いて座敷へあがった。すると同行していた夫人の態度がみるみる変って、憑霊現象を現わして、

「汝は何者だ」

と荒あらしい声で云うので、石塚君が、

「わしは、高見明神に奉仕するこの家の主人である」

と答えると、

「苟も尊い神に仕える者が、無益の殺生をするとは何事であるか」

と云って詰め寄った。石塚君は無益の殺生の意味が判らないので、

「無益の殺生をした覚えはない、それは何事でありましょう」

と云うと、

「何事とは何だ、予は杉田の山の神であるが、汝は自分のした事が判らぬか、汝は生たる者の枝葉を切り、あまつさえ縄からげにして、水もやらずに庭前へ置いてあるではないか」

石塚君はやっと蔦の事に気が注いて、

「それは申しわけがございませぬが、これは庭の祠の前に椎の古木があって、殺風景でございますから、それに絡ませようと思いまして」

と隠さずに云った。すると、

「速かに清水を与うべし」

と大喝して、それで山の神は去ったのか、夫人は平生の状態になった。そこで石塚君は、山蔦を叮嚀に椎の古木のかたわらへ植えて、朝夕水をやっていたが、その年の九月一日の大震災になって跡形もなくなった。

怪火を見た経験

明治四十一年十二月二十七日の夜の事であった。私は当時早稲田大学の学生であったが、冬の休暇を利用して同郷の友人荒木輝男君と二人で東北地方へ旅行した。

何でもその列車は、翌朝の七時比に仙台へ到着したように思う。その比はまだ電灯の設備のない時で、妙な形の石油ランプが薄ぼんやりと点っていたので、とても陰鬱でたまらなかった。

東那須野駅のすこし手前まで往った時には、途中から降りだした霙まじりの雨が礫でも投げつけるように窓の硝子戸を打っていた。その時列車は雑木林の中から出て広い平原へかかった。私は窓の方へ背をやって荒木君に何か話していたが、不意に薄暗く見えていた荒木君の顔が明るくなったので、私は殆んど無意識に背後の窓の方を見た。窓の外には大きな大きな直径二間もありそうな火の玉が飛んでいた。

「人魂だ」

私はあたふたと硝子窓をおろして外を見た。荒木君もそれと見て隣席の者を叩き起してそれを教えた。

火の玉は、列車から二三十間ばかり離れて地上五尺位の処を列車と並行して飛んでいたが、列車よりは速力がすこし遅かったように思う。楕円形の色の青い、それで時どき光輝に強弱のあるもので、それが四十秒位も列車と並行して飛んでいたが、たちまち何物かのために叩き落とされたように、不意に下へ落ちてばらばらになった。そして、地上に達したと思う比には全部消えてなくなった。ちょうど花火の星下りのような光景であった。（鴨井雅治氏談）

帽子のない水兵

まだ横須賀行の汽車が電化しない時のことであった。夕方の六時四十分比、その汽車が田浦を発車したところで、帽子を冠らない蒼い顔をした水兵の一人が、影法師のようにふらふら二等車の方へ入って往った。

（またこの間の水兵か）

それに気の注いた客は、数日前にもやはりそのあたりで、影法師のようなその水兵を見かけていた。その時二等車の方から列車ボーイが出て来た。

「君、この間も見たが、今二等車の方へ往った水兵は、なんだね」

列車ボーイは眼をくるくるとさした。

「帽子のない水兵でしたか」

「そうだよ」

「入って往ったのですか」

「往ったとも、気が注かなかったかね」

「それじゃ、また出たのか」

「出たとは」

「そんなことを云いますよ」

客はその後で、列車ボーイから、三人伴れの水兵が、田浦方面へ遊びに往っていて、帰りにその一人が帽子を無くしていたので、それがために、途中で轢死していると云うことを聞かされた。

狸の信号提灯

省線の山手線の大崎駅がまだ貨物専用駅の比であった。後部車掌の某は、横浜からその大崎へ往く貨物列車に乗りこんでいたが、品川駅を離れてまもなく、急に列車が停ったので、不思議に思って線路に飛びおりて機関車の横へ往ってみた。その比はまだ左側が田圃で、右側には一帯の林が続いていて、どちらを見ても深い闇があるばかりで灯らしいものは見えなかった。某は機関手の顔を見あげた。

「どうしたのだ」

するとむこうの方をすかすようにしていた機関手が、

「危険信号だよ」

と云って指をやったが、某には何も見えなかった。

「どこだよ、何も見えないじゃないか」

「そんなことがあるものか、それあすこだよ、赤い提灯が見えるじゃないか」

そこで某は機関手の指を追ってその方へ眼をやった。なるほど向うの方に赤い灯が見える。しかも、それが線路から三尺ばかり上になった処で、微かに左右に動いているのであった。

「ほう、なるほど」

「おかしいじゃないか」

「しかし、だいぶん遠いようだよ、徐行でやってみようじゃないか」

そこで線路に注意しながら、徐々に車を進めてみたが、線路には、何の異状もないのみか、車が進めば進むだけ、その灯が遠のいて往くのであった。そのうちに、大崎駅の近くへ来ると、いつともなしに、その灯は消えてなくなった。後で二人が事務所へ往って駅長に話すと駅長が笑った。

「ほう、今晩も出たかね、とんだ悪戯者（いたずらもの）だ、あれは、君、狸だよ」

妖女の舞踏する踏切

品川駅の近くに魔の踏切と云われている踏切がある。数年前、列車がその踏切にさしかかったところで、一方の闇から一人の青年がふらふらと線路の中へ入って来た。機関手は驚いて急停車してその青年を叱りつけた。

「前途のある青年が、何故そんなつまらんことをする」

すると、青年ははじめて夢から醒めたようになって、きょろきょろと四辺（あたり）を見まわしながら云った。

「それが不思議ですよ、ここまで来ると、このあたり一面に美麗な花が咲いていて、何とも云えない良い匂いがするのです、それにそこには姝（きれい）な女がたくさんいて、それが何か唄いながら踊ってたのですが、それが私の方を見て、いっしょに踊らないかと云って招くものですから、ついその気になって、ふらふらと入ったのですよ」

怪火に浮ぶ白衣の男

昭和十年七月二十九日の夜、雨のそぼふる十一時比（ごろ）、名古屋市西区新富町地内の東海道線の線路上を鉄道工夫が見まわりに歩いていた。丁度庄内川鉄橋を越えて二三町南へ往ったところで、前方二三十メートルの地点に、焰のない火がぱっと見えて、瞬間その火に白衣を着た男の姿がくっきりと浮いて見えた。工夫は顫（ふる）えあがって附近の人家へ駆けこんだ。

それがためにその界隈は、幽霊話で湧きたった。そこで、轢死人の有無を調べたり、徹宵現場附近を歩いたりする者も出て来たが、得るところのあろうはずがない。

それでその噂も治まるかと思っていると、一犬虚を吠え万犬実を伝うで、「いや乃公（おれ）も火葬場の横で見た」「僕は土手で見た」と云う者があるかと思うと、「いや狸の仕業だ」「それゃ火葬場の竈の火が見えたのだ」「いや、乃公（おれ）はやっぱりほんとだと思うよ」などと云う者が出て来て、折柄の納涼台を賑わした。

隧道（トンネル）内の怪火

兵庫県と岡山県の境になった上郡（かみごおり）と三石（みついし）間の隧道（トンネル）の開鑿工事は、多くの犠牲者を出し

てようやく竣工しただけに、ここを通る汽車は、その車輪の音までが、

「骨がたりない、トコトコトン」

と聞えると云って、車掌たちから恐れられていた。

それは十数年前の夏の夜のことであった。新しく乗りこんだ一人の車掌が、暑くてしかたがないので、展望車のデッキに出て涼んでいると、何かしら冷たいものが背筋を這うたような気がした。と、その時、すぐ眼の前の線路の上で、とろとろと青い火が燃えあがって、それがふわりと浮きあがるなり、非常な勢いで列車目がけて飛んで来た。壮(わか)い車掌は慄えあがって二等寝台車の中へ駈けこんだが、それと同時に列車がぐらぐらと大きく揺れた。

鉄道線路を走る少年

大正十一年七月二十二日の事であった。甲府市外相川村の相沢栄吉の長男富雄は、その時十一で相川小学校の三年生であったが、その日午前中、太郎と云う友達と二人で連隊附近の山へ花摘みに往ったが、午過ぎになって太郎は帰って来たが、富雄は帰って来なかった。

富雄の家では心配して、太郎に訊いてみると、山へ往って遊んでいると、睡(ねむ)くなってぼうっとしているうちに、富雄がいなくなったので、独りで帰って来たと云った。

相沢家では驚いて、村の人を頼んで山の中を捜していると、六時比になって、長野県西筑摩郡日義村から、富雄君を保護しているから伴れに来いと云う電報が来た。相川村から日義村まで約三十里あるので、相沢家では不審に思ったが、富雄がいると云うので早速父親の栄吉が迎えに往った。

富雄を保護してくれていた者は、元日義村の助役であった清沢と云う人であったが、その話によると、午後六時比、同村宮越附近の鉄道線路を、阿父さん阿父さんと云って泣きながら、藪原の方へ走って往く少年があるので、呼び止めて訊いてみると、相川村の者だと云うし、穿いている麻裏の緒に、相沢富雄と書いてあるので、ともかくも日義村の小学校長の許へ伴れて往って、学校の眺望台に立たせて、どっちの方角から来たと云えば、山の方へ指をさして、あの山からだと云った。学校はと問えば、師範学校附属小学校、校長はと問えば、浜幸次郎と答えた後で、家はこの近所だから線路を伝って往けば、帰れるだろうと云って、そのまま駆け出そうとするので、引き留めておいて電報を打ったとの事であったが、それにしても一銭の金も持っていないので、汽車には乗れないし、元より子供の足で三十里を半日に歩けるものでない。それには現代の常識では判らない何事かがあったように思われる。

旅客の気絶する隧道(トンネル)

奥羽線の川部と青森間の隧道(トンネル)の入口で、某時(あるとき)二十二三の色の白い姝(きれい)な女が轢死したが、それからと云うものは、その隧道の中でいろいろの怪しいことが起った。某時(あるとき)一人の青年が便所へ往って何の気なしに扉を開けると、そこに二十二三に見える色の白い姝な女がぼんやりと立っていたので、

「あ、これはしつれい」

と云って、あわてて扉を閉めようとすると、女の姿がそのまま消えてしまった。その後この隧道に列車が入ると、時どき便所や洗面所で旅客が気絶するので、気が注(つ)いた後で聞くと、きまったように、

「二十二三の姝な女が、ぼんやりと立っていた」

と云った。

新有楽橋の妖異

丸の内から銀座へ通ずる新有楽橋の闇を往く人が、橋の中央まで往くと忽然と消えてなくなると云う噂がぱっとたったので、所轄丸の内署では捨てておけず、水上署と協力

して、ランチを出して河の中を掻きまわしたが、自殺者らしい者の死体もあがらねば、他の変ったこともないので、そのままにしていたところで、昭和九年の六月になってやっとその謎が解けた。

某日（あるひ）麹町署の横尾刑事が、例の築地の弁護士夫人殺しの犯人として小林徳次郎と云うルンペンを、浅草公園から捕えて来て調べたところで、この小林はじめ一行十数名の窃盗団が、その橋下に第七天国とも云うべき安全地帯を作って住んでいたことが判った。この一団は春秋二季を稼ぎ時にして、泥が臭くて蚊の多い夏などは、海岸の涼しい地方を遊び歩いていた。そして、橋下の住居は、頭の上に垂れさがった東京電灯の電灯線から盗電して電灯を点け、黒布で橋桁を覆うて中が見えないようにしていたもので、妖異の噂は、この一団が人通りのすくない時を見はからって、橋の欄干にぶらさがり、それから蜘蛛のように橋の下にもぐりこんでいたところから起ったものであった。

消えて無くなる処女

田岡典夫君の話であるが、田岡君が高知市の中学校へ通学していた時のこと、二年生か三年生の時であったろう。友人と二人で遊び歩いて、夜の八時比（ごろ）、堀詰から上町の方へ帰っていると、ちょうどそこの電車停留場に停まっていた電車があって、一人の姝（きれい）な処女（むすめ）が急いでそれに乗ったが、乗ると同時に電車が出て、それが二人の前を通って往った。

「あれに乗ろう」

「そうじゃ」

生意気ざかりの二人は、処女に興味を持って電車を追っかけたが、蟻の這うようにのろい電車のことであるから、次の停留場の中之橋通りで追いついて乗った。

電車は座席が皆塞がって、かの処女一人吊革にぶらさがっていた。そこで二人は処女を中にして吊革を持ちながら、そっと顔をあわせて莞爾とするまもなく、距離の短い次の停留場の大橋通りがすぐ来た。すると傍にいた老人が起って降りて往った。

二人はその空席を見て、

「おまんがかけや」

「おまんがかけ」

と譲りあってから処女の方を見た。すると処女の姿が見えなかった。おやと思って車の中を見まわし、それから老人の降りて往った街路の方へ眼をやった時、電車は動きだしたが、そこにはかの老人の姿が一つ見えるだけで、女の姿は見えなかった。

松井須磨子の写真

某新聞の写真班の一人が、何か良い写真種はないかと思って、神楽坂方面を歩いていて、何の気なしに前の方へ眼をやると、そこに壮いすっきりした女が立っていて、それがうつろな眼つきで傍の電柱の広告をぼんやり見ていたが、それは当時有名な松井須磨子であったから、写真班は写真は珍らしくないが、街頭の須磨子と云うところに興味があったので、パチリとやり、それから須磨子の前へ歩いて往って、

「今日は、松井さん」

と云って、あいそを云って別れ、翌日社へ往って現像していると、須磨子自殺の報が伝わって来た。

それでその写真は、早速須磨子自殺の記事の中へ挿入せられ、写真班はいくらかの特種料にありついたが、その写真の須磨子と一しょに映っている電柱の広告は、仁丹の広告で、それには、

「明日をも知れない人の身の上」と云う文字があった。

レンズに現われた女の姿

保土ケ谷の某寺の僧侶が写真を撮る必要があって、横浜へ往って写真屋へ入り、レンズの前へ立っていると、写真師は機械に故障が出来たからと云って撮影を中止した。

僧侶はしかたなしに次の写真屋へ往って、レンズの前へ立ってたところで、どうした事かその写真師も、レンズに故障が出来たと云って中止した。僧侶はよく故障が出来る

ものだが、どうした事だと独言を云いながら、また次の写真屋へ往った。そして、またレンズの前へ立ったところで、また機械に故障が出来たと云って謝絶られた。僧侶は業をにやして、

「何故そんなに、機械に故障が起るのだ」

と云って詰問すると、写真師は、

「あなたは、こうしてみると一人だが、黒い布を被ってみると、後ろへ女の顔が出て来る」

と云った。そこで交渉の結果、警官を呼んで来て、警官の手で撮影してもらい、出来あがったところを見ると、僧侶の頭の上へ髪を振り乱した女が坐っていた。警察では奇怪至極とあって内務省へ報告した。その報告書は内務省に現存して、浅野正恭翁も一読したと云って、筆者は浅野翁からそれを聞かされた。そして、写真に現われた女は、その僧侶の先妻であったが、その先妻が病気で歿くなる時、後妻をもらってくれるなと遺言したが、僧侶がそれを守らなかったので、その怪異が起ったものであった。

幽霊写真

大正十三年、東京市深川区富川町三十一番地に、中村三蔵と云う人が住んでいたが、その三蔵には久吉と云う十二になる男の子があった。それは末子でもあったし、利発で

もあったから、非常に可愛がっていたところで、暮から病気になって翌年の五月十六日に歿くなった。三蔵夫婦は泣きながら仏式によって葬式をしたが、気がすまないので三十日後になって、天地教院と云う神道の教会へ依頼して、神式の霊祭を行ってもらい、それを霊匣に納めて床の間へ置いてあった。

ところで、それから九日して、他家へ養子に往っている三蔵の次男某が来た。某は写真道楽で写真機を持っていたので、父の三蔵と、三蔵の妹で高沢姓を名乗って良久と云う叔母などを撮影して、自宅に帰って現像してみると、それには各自不思議な物が映っていた。まず良久の写真には、白衣を着て頭陀袋を掛けた少年の姿がぼんやり映っていたが、よく見ると久吉の姿であった。

そのうえ床の間の霊匣に向って左の方に、半身を霊匣に凭して、髪の黒い白紋付の着物を着た婦人の姿が映っていた。それは年輩と云い容姿と云い、三十六で歿くなった三蔵の母であった。

また他の者にシャッターをきらして、自身と父の三蔵を撮った写真には、白髪の老婆の姿がありありと映っていたが、それは三代程前に六十五で歿くなったと云う老婆であるとのことであった。

この幽霊写真の事は、当時非常に評判になって都新聞などにも書きたてられた。

死児の写真

大正九年の事であった。日光鹿沼駅から一里ばかり離れた一部落に、山本道太郎と云う人があって、その娘が流行性感冒で歿くなったが、歿くなって間もなく道太郎の夢にその娘が現われて、

「お父さんが写真を撮ってくれますと、わたしが写りますから、それをお母さんに見せてやってください」

と云った。そこで道太郎は、翌日鹿沼町へ往って、写真を撮ったところで、果して娘の姿が写っていた。

写真に映った登山姿

昭和八年の夏、大阪市の樟蔭女学校の朝輝教授が槍へ登った時のことである。その時教授は、氷河のクレヴァスが面白いので、それをカメラに収めて帰り、結果を楽しみにしながら現像してみると、そのクレヴァスの下に、襯衣にリュックサックを背負った登山姿の青年が映っていた。カメラに収めた時には確かに人もいなかったので、教授は不思議でたまらなかった。しかし、その時は数本のフィルムを使っているので、他のフィ

ルムかも判らないと思ったが、氷河のクレヴァスを撮ったのは一枚しかないし、場面も己が覘ったとおり映っているので、決して他のものではない。が、それにしては登山姿の青年がへんである。教授が不思議な謎に悩まされている時、友人が遊びに来たので、その話をして印画を見せたところで、友人が眼をみはった。

「君、これは、B君だよ」

B君と云うのは、大阪商科大学の学生で、その前年槍で遭難して腐爛死体となって発見せられている者であった。朝輝教授の登ったのは、B君の遭難してからちょうどまる一年目であったから、教授はますます不思議に思って、某日B君の家へ往ってその印画を見せた。すると家人が、

「たしかにそうです」

と云って泣いた。

御嶽登山の記念写真

大正十二年の事である。品川に島田と云う洋服屋があったが、そこに九つと二つの二人の男の子があった。夫婦は仲も好くて、大変子供を可愛がっていたところが、その二人の子供が突然疫痢に罹って相次いで殁くなった。

島田君はそれがために心境に変化を来たして、木曾の御嶽に入って信心を始めた。そ

の島田君が大正十三年の夏、御嶽の頂上の奥の院、海抜九千五百尺の所で、御嶽へ出張して登山者の撮影をやっている写真師に、記念撮影をさして、後から送って来たのを見ると、島田君の後ろの方に、九つになる男の子が二つになる弟を抱いている姿が映っていた。この話は松井桂陰氏の話で、筆者は松井氏からその写真を見せられた。

鏡に映る女の顔

吉井君は明日の試験に支障(じやま)になっては困ると思って、十二時を打つと床へ入ったが、妙に眼が冴えて眠れないので、寝がえりばかりしていると、一時を打つ音が下から聞えて来た。吉井君は翌日から学期試験がはじまろうとしていた。吉井君はどうせ眠れないものなら蒲団の中で苦しむより、起きてノートでも調べてやろうと思った。で、起きて褞袍(どてら)を頭から被(かぶ)って机の前に坐った。そしてノートを出して調べていると、背筋がぞくぞくした。吉井君はこれはどこからか外気が流れこんでいるだろうと思って、後ろを振り向いた。すると、廊下に面した方の鴨居の上になった窓が開いていた。吉井君は不審に思った。その窓は吉井君がその室(へや)へ住むようになってから、一度も開けたことのない窓であった。それにその窓は、背の高い踏台をしなければ手がとどかぬほど高い処にあった。

吉井君は何となく微鬼魅(うすきみ)悪く思いながら蒲団を足場にしてその窓を閉めた。そして、吉井君が再び机に向った時に、階下の時計が二時を打った。しかし、吉井君はやはり眠くないので、またノートへ眼をやったが、そのうちに見るともなしに机の上に立ててあった小さな鏡を見た。鏡の中には蒼ざめた女の顔が映っていたが、それは俯向きかげんになって、口から何か液体のような物をだらりと出していた。吉井君はぞっとしてその鏡を突きのけるようにしたが、その一方の窓が気になるので窓の方を見た。閉めたばかりの窓はいつの間にか開いていた。吉井君はいきなり蒲団の中へもぐりこんだ。

朝になって婢(はしため)が火鉢を持って来た音に、うとうとしていた吉井君は眼を醒ました。眼を醒ますなり蒲団の中から顔を出してあの高窓を見た。窓は何のこともなかったように閉まっていた。

「おい、だれか昨夜、あの窓を開けた者はないか」

婢はちらと窓の方を見て笑った。

「あんな処を、だれが開けるものですか」

「おかしいなあ、たしかに昨夜、あの窓が二度も開いていたがなあ」

「変ねえ、あの窓は、踏台でも持って来て、わざわざ開けなくちゃ、ひとりでに開くはずがないわ、夢でも見たのじゃないの」

しかし、吉井君は昨夜の出来事を夢だと思えなかった。

「夢じゃない、たしかに二度も開いたんだ、それに女の顔が」

「いやよ、吉井さん、おどかしちゃ、そんなことがあるものですか、あなたが試験のことばかり気にしてるから、神経衰弱になったのですよ」

「ばか云え」

　吉井君は婢では話にならないと思ったので、女将（おかみ）を呼んで昨夜の出来ごとを話した。すると女将がちょっと顔色を動かしたようであったが、何も云わなかった。

　吉井君はその日の試験を終ってからも、昨夜のことが気になるので、自分の下宿へは帰らないで、友人の下宿へ往って昨夜のことを話した。すると友人もやはり神経衰弱のせいにして対手（あいて）にしなかった。

「とにかく、医師に診てもらいたまえ」

「それゃ診てもらってもいいが、その前に、あの下宿で何か変ったことがあってやしないか、それを調べたいのだが」

「じゃ、待ちたまえ、僕の友人で、永い間、君の下宿にいた男があるから、聞いてみよう」

　友人はそう云って、気がるに出て往ったが、間もなくへんな顔をして帰って来た。

「君の云うとおりだ、やっぱりあるそうだ、君の見たのは、お清さんと云うのだそうだよ」

「お清さん」

「そうだよ、そこの婢だったそうだよ」

　そう云って、友人は次のような話をした。

吉井君の下宿にお清と云う一寸佳い(ちょつとよ)婢がいたが、下宿人の一人の新聞記者と関係した。そして、お清が妊娠すると、男は俺一人じゃなかろうと云うような事を云って対手(あいて)にしなかった。お清は男を恨んで男の室(へや)の高窓に紐をかけて縊死(いし)した。男の室と云うのは吉井君のいる室であった。

吉井君はその日のうちに他の下宿へ移ってしまった、吉井君は札幌農科大学の学生であった。

堀切橋の怪異

荒川放水路に架けた堀切橋、長い長いその橋は鐘淵(かねがふち)紡績の女工が怪死した事から怪異が伝えられるようになった。

それを伝える人の話によれば、その女工の怪死は、四番目におこった怪異であるとのことであった。

第一番目は、開橋式が済んで間もない夜の八時頃、千住の紙工場に通っているお時という女工が、橋の中程、ちょうど女工の怪死していた上の方まで往くと、霧の中から真黒な目も鼻もない滑面(のつぺらぼう)の樽のような顔がぬっと出て、お時の顔を下から上へ撫であげた。お時は一声叫ぶなり仰向けに顚倒(ひつくりかえ)ったが、やっと正気づいて逃げ帰って三日工場を休んだ。

第二番目は宇喜田から魚の行商に往っている娘が、某夜(あるよ)千住へ若芽を仕入れに往って、その帰りに橋向うの知人の家へ寄るつもりで、千住の夜店で朝顔の鉢を買い、それを若芽の籠へ入れて背負い、めったに渡った事のないその橋を渡ろうとして、三分の一位の処まで往ったところで、どたんと音がして橋の下から飛びあがった物があったが、恐ろしいので見極める事もできず、そのまま逃げだす機(ひょうし)に膝頭を打ったが、そんな事にかまっていられないので、夢中になって逃げ、やっと知人の家へ往ったところで、そこのお嬶(かみ)さんが、

「お前さん、血じゃないの、前掛へべっとり附いてるじゃないか、どうしたの」

というので、驚いて見ると、膝頭を斜(はす)に二寸ばかり斬られていた。そして、籠をおろしてみると、籠の中の朝顔に三寸位もある蟷螂(かまきり)が止まっていたが、斧も羽根も血だらけになっていた。そこでお嬶さんは、

「お前さんは、蟷螂に斬られたじゃないの」

と云った。その次は白昼の事であった。三人の小娘が柳原の方から前岸へ使いに往った。その小娘の十四になるのが鰊(にしん)を一把(いちわ)持っていたが、橋の中央に往ったところで突然顛倒(ひっくりかえ)って、起きた時には鰊はもう無かった。川獺(かわうそ)か狐か、それにしても白昼に鰊が消えて無くなるのは不思議であった。そして、四番目に変死したのがかの女工で、後藤菊太郎という人の妻君であった。千住署ではそれを不良の所為ではないかと捜査を続けていたが、結果はどうなったか筆者はつい聞かずにしまった。

室(へや)の中を歩く石

大阪市住吉区阿倍野筋一丁目に、山本照美と云う素封家の未亡人が住んでいた。その家には三人の子供があって、長女を政子、長男を政重、次男を政隆と云っていた。

その夏照美さんは、子供たちのために、庭へ小さな池を掘って数多(あまた)金魚を入れたが、池の周囲が淋しいので、石を拾って来てその中へ置いた。それは鶏卵大の石で、数は十六個あったが、そのうち一個だけが赤みがかった石で、他は皆白い石であった。

子供たちは朝夕に庭へ出て金魚を見て楽しんでいたが、石を入れてから二日目の朝になって、金魚は皆死んで浮きあがっていた。

照美さんは気もちがわるいので、早速金魚を棄てて池の水を乾してしまった。それは九月二十六日であったが、その夕方の七時頃、夕飯を終った照美さんが、奥の六畳へ往ったところ、池の中へ入れてあったあの十六の石が、室(へや)の中に円く並んでいた。次男の政隆でも悪戯(いたずら)に持って来たものだろうと思って、見るともなしに見ていると、それがすこしずつ動いているようであるから驚いた。

「あ」

母親の声を聞きつけて三人の子供たちが駈けつけて来た。

「お母さん」

「どうしたの、お母さん」

照美さんは返事のかわりに石の方へ指をやった。長女の政子さんがまず石の動いているのを見つけた。

「あれ」

長男の政重さんが続いて石の怪異を見た。

「這ってらあ」

照美さんと政子さんがまず走り、政重さんと政隆さんがそれに続いて走った。そして、四人は二階へ逃げあがったが、妖石がその後で何をするかも判らないので、そのままにはいられなかった。そこで、そっと階段へおりて往って覗いた。その時石は赤い方の石が先頭に立って、室の中を廻っていたが、間もなく敷居の方へ往って、そこからぽとりぽとりと一つずつ縁側へ落ちはじめた。

この噂はだれ云うとなしに外へ漏れて大評判になったので、野次馬が集まって来た。阿倍野署では捨てておけないので、山本家へ刑事をやって調べさした。山本家ではその石は、照美さんの兄の住吉区栄通り一丁目の森岡安太郎さんが持って往ったと云ったので、刑事はまた森岡家へ往った。森岡家では、

「縁起が悪いから、そこの広場へ捨てた」

と云った。そこで刑事は石を捨てたと云う広場へ往った。そこには二三人の子供がいて、その石を拾って石蹴りをして遊んでいた。

本所の怨念石

明治年間の話である。本所の菊川町三丁目に一軒の古い借家があった。ところが、どうしたものかその借家に住むと、その一家には必ず異変が起って家族のだれかが病気になるので、たいてい半年経たないうちに引越してしまうのであった。

そこで、近所の人はその家を妖怪屋敷と呼ぶようになった。そうなると、折角その家を借りたいと云って来た人も、妖怪屋敷の噂に脅かされて逃げ出すと云う始末で、だれもその家に住む人がなくなった。

家主もその評判を気にして、昭和二年の夏比（ごろ）、某行者に頼んでその家を見てもらうことにした。行者はその家を見てから、これは女の怨霊が祟りをするのだと云った。家主は驚いて家の来歴を調べてみた。すると、その家を建てたのは幕末比のことで、当時その家に某（なにがし）と云う旗下（はたもと）が住んでいたが、その旗下は大の好色家で、妻があるのに家の婢（はしため）に手をつけた。それを知った旗下の妻は嫉妬のあまり、婢が水を汲んでいるところを背後から井戸の中へ突き落とした。そして、声のもれないように蓋をして、その上へ大きな石を置いたので、婢はどうすることもできずにそのまま死んでしまったが、後になってその婢の死体が発見されて、大騒ぎになったと云う事実のあることがわかった。そして、当時蓋の上へ置いたと云う石まで、その家の庭から発見された。

その話は直ぐ附近へ伝わったので、怨念石と云って非常な評判になった。その噂を聞いてその怨念石をわざわざ見に来る人さえあるようになった。某日(あるひ)、近所の石屋が通りがかりの人にその石のことを聞かれて、それはあれだと云って足でその石を教えた。するとその時まで元気であった石屋が急に顔色が変って、その場へ昏倒してしまった。居あわせた人びとは驚いて、石屋を助け起したが、それから石屋は熱を発して遂に足が利かなくなった。

そのために怨念石は一層有名になったが、人びとはその石の怨念を怖れてその家へ近づかなくなった。家主はそれを聞いて気に病んだが、滅多にその石を動かすこともできないので、石の処分に困っていた。

同町内に山崎と云う日蓮宗の信者がいたが、その人が家主の困っているのを見て、某日家主に殺された婢のために追善供養をしたらどうかと云った。家主は困っている時であったから、すぐそれをやることになり、山崎の知己の日蓮宗の導師水村某師に頼んでその怨念石にお経をあげてもらったが、それからその家には別にかわったこともなくなった。

その後怨念石は水村某師に引き取られ、現在でも水村師が住職をしている伊豆伊東の仏現寺の境内に祀られている。

墓石の戒名

東京市小石川区第六天町江戸川縁から拓大の方へ往く途中の谷あいの街に、黒板塀の古い家があるが、その家へ元松嶺の藩主であった酒井と云う子爵が引越した。引越したのは不幸続きで、地所も家作も持っていたが、それがどうにもならない結果であった。ところで、その家へ引越してみると、どうにもならなかった地所が高く売れたり、区劃整理で家作が買収されたりして、めきめきと有福になったので、そこで本郷千駄木へ邸を新築して、いよいよ引越しと云う時になって、毎日踏んでいた庭の飛石の一つに文字のあるのを見つけた。それは古い墓石に彫った戒名であった。

酒井家では気が注かなかったとは云え、毎日墓石を踏んでいた事であるから、その仏に対してすまないような気がして、近所の人に訊いてみると、その家は旗下の家で、そこに非常に可愛がっていた一人娘があって、それが早世したので、邸の内へ葬ってあったが、その後その家は人手に渡って、墓石はいつの間にか庭の飛石になった。しかし、その家は縁起の佳い家で、そこへ入った者は皆繁昌して他へ移って往ったが、移って往く時不思議にその墓石の戒名がはっきり見えるのであった。松井桂陰君はそれについて、墓石と云うものは踏まれると罪障が消滅するそうだと云った。

幸福の家

四谷坂町に田山水穂と云う保険の勧誘員が住んでいた。当時その町には、友人の北島好孝君もいて、田山がよく遊びに来たと云うので、この話は単なる噂話でない。

田山のいた家は、六畳一室三畳二室、それに台所の附いた小さい古い家で、家賃は十五円であった。そして、その家主は、やはり坂町の松本と云う材木店であった。

それは大正八年のことであったが、某夜(あるよ)田山が便所へ起きて、その序(つい)でに水を飲もうと思って、台所へ入るべく境の障子を開けたところで、天井窓の処から白いぼうとした人の形をした物がぶらさがっていた。

田山は顫(ふる)えあがって障子をぴしりと締めるなり、六畳の寝床へもぐり込んで寝たが、白い人の形(かげ)が気になるので、翌朝早く起きて往ったが、別にかわったこともなかった。そこで田山は気のせいかも判らないと思って細君にも黙っていた。

ところで、その後も一二回同じようなことがあったので、近くの易者の家へ往って、

「へんなことがあるものですから」

と云って理(わけ)を話した。すると易者が、

「家の間取りを書いてごらん」

と云うので、さっそく間取りを書いてみせると、

「この家には変死人があった、それも台所で、首を縊ったものだ」

と云った。それでは天井窓からぶらさがった白い人の形は縊死人の怪異か、田山はすぐ移転することに腹を定めて、

「そうですか、そんな事でしょう、おっかないよりも、だいいち縁起がわるいから、さっそく引越しましょう」

と云うと、易者は手をあげてその口を押えるようにした。

「いや、縁起はわるくない、ここにいると、きっと金をもうける、まず一番に、家主にそう云って、家賃を負けさすがいい、それで二三年もすれば、素封家になりますよ」

金さえ出来れば妖怪ぐらいはなんでもない。田山はそこで家主へ往って、

「あの家は、首つりがあったと云うじゃありませんか」

と云った。家主はびっくりして、

「それはだれにお聞きになりました、もう二十年も前のことですよ、知ったものはないはずですが」

と云ったが、田山に出られてそんな噂でも立てられようものなら、もう入る人もないので、家賃を五円にしてくれた。田山はひどく困っている時であったし、それに金がもうかると云うのでそこにいたが、その後することなすことが皆当って、株に手を出せば株も当って、僅か一年たたないうちに一万円以上の金を造ったが、北島君はその時他へ移ったので、その後のことは判らないと云っている。

商売の繁昌する家

芝公園大門脇に『わかもと』の本舗がある。その『わかもと』の事務所は、寺院の一部であった。観相家の松井桂陰君が某時その『わかもと』の某君を訪問した時、

「あなたのところは、どうしてこんなところに事務所を置くのですか」

と云って訊いてみると、

「これには面白い話があるよ」

と冒頭して話した。

『わかもと』の主人長尾欽弥君がそこへ入って、製薬に着手した時には、貧乏のどん底であったが、たちまちめきめきと発展を遂げたので、狭くはあるし、寺の中にいるのも厭だから、他へ移転しようと思って、それを住職に話したところで、住職が因縁話をしてそれを留めた。それはここへ入った者で失敗した者がない。伊東胡蝶園もここへ入って金を作った。その次に入ったのが不動銀行の牧野元次郎君であった。だから引越さない方がいいだろうと云うので、何千万円と云う大資産を作り、店は倍繁昌して狭い寺の中では不自由であるが、それで出ないとの事であった。

招く松の木

杉並区中野町に某と云う家があったが、それは中野の街路からすこし入った十字路の一方の角になった家であった。昭和八年の九月であった。荒牛雪と云う娘があってその家へ奉公していたが、家庭のつごうで暇をとって、四谷区舟町の実家へ帰っていた。ところが、某日知己のやはり舟町に住んでいる竹内と云う家へ往って、そこの主婦に、

「姨さん、わたし、これから中野へ往って来ますわ、だれか知ら、私を呼ぶような気がして、じっとしていられないのですから」

と話した。雪はその時二十であった。主婦は何の他愛もないと思ったが、とめることもないので笑った。

「そう、往ってらっしゃいよ、佳い人が待ってるでしょうよ」

「いやよ、姨さん、佳い人なんかないことよ」

雪はきまりがわるいと見えて顔を赧くした。主婦はそれがおもしろかった。

「隠すことはないじゃないの、あるのが当然じゃないの、彼方にも此方にもあるのでしょう」

「ばか、ねえ、姨さんは」

雪は逃げるように帰って往ったが、その足で中野へ往ったものとみえて、夜遅くなっ

ても帰って来なかった。雪の家では雪が芳紀ではあるし万一のことがあってはならないので、父親が娘の奉公先へ往った。奉公先では来ないと云うので、父親は心配して他を探すべく帰りかけたところで、門の右側の庭にある松の木に、何か黒い物がぶらさがっているのが電灯の光に見えた。父親は不審に思って往ってみた。それは縊死してぶらさがっている娘であった。

そこで大騒ぎになって医師も来たが、死後九時間も経過していたので蘇生しなかった。その松の木は、それまで既に二人の縊死者があったので、雪で三人目になるが、今にその木は昔のままになっているとのことである。

別れに来た細君

長屋忠明は松山の人であった。国会開設以来、五六回も代議士に当選した古い自由党員で、政治家と云うよりも、むしろ精神家と云う方の人であった。

ある年の議会開催中、止宿している新橋辺の旅館の一室で、夜晩くまで調べものをしていた。ところで、入口の襖が静かに開いた。婢かだれかが来たものだろうと思って、ふいと眼をやると松山の家にいるはずの細君がしとやかに両手を衝いて坐っていた。長屋は驚いて声をかけようとすると、細君はがっくりと俯向いて、

「おさきへ、失礼いたします」

と云ったが、そのまま見えなくなった。そこへ電報が来て細君が病気で歿くなったことを知らして来た。

細君の姿が現われる

結婚して一年あまりで壮い細君を歿くした男があった。その男は落胆のあまり役所へも往かないで引籠っていた。ところで、不思議な事が起った。細君が持って来た総桐三重の箪笥の前へ、某夜その細君の姿が現われた。夢になりと逢いたいと思っている男は、細君の姿を見るなり、

「生きていたのか」

と云って縋ろうとすると消えてしまった。これはあまり細君の事を思っていたので夢を見たのかと思ったが、その後も時おり細君の姿が箪笥の前へ現われるので、細君の親戚に立ち会ってもらって、その箪笥を開けて中にしまってあった衣類を調べてみると、藍鼠の裾に松葉を散らした小袖があって、その袂から佐藤と云う男から送って来た恋文が出た。そこでその男は、細君が自分にそれを見せたくないので現われていたものだろうと思った。（悟道軒円玉氏談）

白い小犬を抱いた女

某夜、某運転手が護国寺の墓地を通っていると、白い小犬を抱いた女が来て車を停めた。そこで運転手は女の云うままに逢初橋まで往くと、女が、

「ちょっと待っててね」

と云って、犬を抱いたままおりて、傍の立派な門構えの家へ入って往ったが、一時間近くなって出て来ないので、運転手はしかたなしにその家へ往った。すると一人の老婦人が出て、

「私の家には、女の子はいないのですが」

と云った。運転手はそれまでは乗り逃げをせられたのかと思いながら、やるともなしに土間へ眼をやった。土間には彼女の抱いていた小犬がちょこなんと坐っていた。

「この犬を抱いて来た方ですよ」

するとと老婦人の顔色が変った。

「この犬を、この犬ですって」

そこで運転手は一とおりその女の容貌を話した。みるみる老婦人の眼に涙が湧いた。

「それでは、やっぱり家の娘でございますよ、明日が一周忌になりますから、それで帰って来たものですよ」

老婦人はそれから土間へおりてその小犬を抱きあげた。

濠端の怪

濠端の柳に糸のような雨が烟っている夜であった。平生のように自動車をながしながら、四谷見附から牛込見附の方へ来た某は、そこの電柱の傍に人影を見つけた。それは十七八に見える女の子で、それが傘もささないでしょんぼり立っているところであった。

某はブレーキをかけるなり、顔を窓際へやって声をかけた。

「いかがです」

するとと女はちらと白い歯を見せて寄って来た。

「どちらへ」

某は扉をあけながら女の方を見た。女は風のように内へ入って、

「東京駅へ」

と云った。顫えを帯びた消え入るような声であった。

某は何だか厭な気もちがしたが、女の云うままに東京駅へ車を走らせた。そして、東京駅の乗車口へ車を乗りつけて、

「お待ちどおさま」

と云ってルームを揮りかえってみると女の姿はなかった。某は顫いあがって己のガレ

ージに帰り、車の中を調べたところで、女の腰をかけていたあたりのクッションが、水でもかけたようにびしょびしょに濡れていた。

通夜の晩

雨の夜の二時過ぎ、麻布へ客を送って往った自動車の運転手は、夜その帰途に平生のコースをとって青山墓地の並木路へさしかかった。と、傍の墓の陰から出て来た壮い女が、自動車を遮るようにして、

「芝の西久保までね」

と云った。運転手は何となく鬼魅が悪かったが、しかたがないので、女の云うままに巴町へ往った。そして、唯ある横町の板塀をめぐらした家の前まで往ったところで、女は、

「ここでいいから、待っててね」

と云って、車をおりてその家の中へ入って往ったが、いつまで経っても出て来ないので、運転手は痺れをきらしてその家へ往った。そこには何か取りこんでいることでもあると見えて、家の中で数人の人の気配がしていた。そこへ四十前後の品のある女が出て来たので、

「今のお嬢さんは」

と云って理由を話すと、その女が、

「どんな容(ふう)をしてました」

と云うので、運転手は、

「絵羽織を被(き)てたようですが」

と云って記憶のままを話すと、女は狂人のようになって、

「まあ娘が、娘が」

と云って泣きだした。事情を聞いてみると、一人娘が前夜投身自殺をしたので、親戚の者が集まって通夜をしているところであった。運転手はこれも何かの因縁だろうと思って、その夜はそこで通夜をして、翌朝になって帰って来たが、それから一箇月ばかり、精神病者のようになってぶらぶらしていた。

丸髷の美女

その運転手は新潟県の者で、冬になると東京へ出て来て、大崎でガレージを経営している同郷人の許(もと)ではたらいていた。

昭和九年の事であった。例によって車を流して、麻布の笄町(こうがいちょう)から青山三丁目へ脱けるべく、青山墓地の入口へさしかかったところで、そこに一人の女がいて手を挙げた。それは丸髷姿の夜目にもはっきり見える綺麗な縞柄の衣服を被(き)た美しい女であった。運

転手は良い客と思ったのですぐ車を停めた。

「お乗りになりますか」

「すぐそこの交番を曲ったところですよ、おいくら」

　運転手は女客が淋しくて乗ると思ったので、足許へつけこんだ。

「一円です」

　女は鷹揚に頷いて載った。そこで運転手は更めて行方を聞いた。

「番地は」

「青山五丁目の某番の某と云う家ですが、交番で聞いてくださいよ」

　やがて、交番の前へ往ったので、運転手は車を停めて交番へ往った。そして、巡査から方角を教えられて引き返してみると、客の姿が見えなかった。運転手はぞうとした。そこで交番へ引き返した。

「旦那、へんな事がありますよ」

「何だ」

「客がいないのです、あれじゃないのでしょうか」

「痴な事を云うな、今の世に、そんな物がいてたまるか、君がぼやぼやしてるから、往っちまったのだよ、とにかく、今の家へ往って聞いてみるがいい」

　運転手は気もちがからりとしたので、近くへ車を持って往って探してみると、果してその家があった。そこで叩き起して玄関越しに聞いた。

「今、三十前後の丸髷の方を、青山墓地から載っけて来ましたが、お宅の方でしょうか」

運転手はそれにつづいて衣服の縞柄まで話した。すると家からそれに応じた。

「それなら、宅の嫁でございますよ、二週間ばかり前に歿くなったのですが、それじゃ、子供に会いたくて来たのでしょう」

間もなく玄関が開いて小柄な年とった女が出て来て、手にした紙捩りをくれた。それには三円入っていた。

その運転手はそれ以来、どんな事があっても青山墓地は通らなかった。

自動車に乗る妖女

麻布の一ノ橋から金杉橋へ出て、そこから銀座の方へ往こうとしていた慎次は、赤羽橋まで来ると、急に思いだしたようにハンドルを廻して芝公園の方へ車をやった。それはもう十二時をすぎていた。

弁天池の前まで往ったところで、後から来た一台の自動車がすれすれになって追い越して往ったが、その車には毒どくしい緋のカーテンをおろしてあった。

(なんだい、あれは)

病人でも送って往くところであろうか、それにしてもあんな毒どくしいカーテンをかけるのはおかしい。それに、病人を乗せた自動車にしてはスピードが早すぎるのであった。

（おかしな車だ）

慎次は不思議に思いながら、芝山内の乗合自動車の停留場まで往ったところで、左側の街灯の下に立ってこっちを見ている一人の女があった。慎次はそれと見てブレーキをかけた。とたんに女の小さな手が微かに動いた。

慎次の車はするすると女の前へ往って停った。慎次は体をねじむけて、左手を後ろの扉にかけたまま女を見た。それは二十二三に見える女給ふうの女であった。

「自由ケ丘へ往ってよ」

慎次が扉を開けると、女はそのまま車の中へ入った。

「目黒の向うですね」

「そうよ」

慎次はもう車をやっていた。その時向う側の交番の中から白い洋服を着た一人の巡査が、頭をかしげながらこっちを見ていたが、慎次は気がつかなかった。車は赤羽橋を渡って真直に札の辻の方へ往ったが、まもなく右に折れて三田豊岡町から目黒へ往く電車通りへ出た。そして、名光坂まで往ったところで、慎次の眼は往くともなしにバックミラーへ往った。女はクッションに体をもたしたまま、臙脂をつけた真紅な口元をだらしなく開けていた。

車はいつのまにか目黒の競馬場をすぎて鷹番の手まえまで往っていた。慎次はふと思い出したことがあった。

「自由ケ丘の、どこですか」

女はやはり睡(ねむ)っているのか何の返事もしなかった。

(睡ってるのだな)

道は林につきあたって大きく右にカーブしていた。ヘッドライトの光が、そのカーブの左側になった林の中をちらちらと照らした。と、後から慎次の首すじを摑んでぐいと引っぱるものがあった。慎次は驚いて振りかえった。そこには真紅な大きな口を開けて、今にも飛びかかりそうにしている女の顔があった。慎次はわっと云って気絶したが、その拍子に自動車は傍(かたわら)の杉の木に激しい音をたてて突(ぶっ)つかった。

王子稲荷の前

三の輪の車庫前を流していた自動車は、王子稲荷の前までと云う約束で客を乗せた。それは二十二三の蠟燭のように痩せた男で、顔の色は真蒼であった。

環状線を走りながら客は消え入るような声で運転手に話しかけたが、何を云っているのかさっぱり判らないので、運転手はいいかげんな返事をしていた。

そして、そのうちに客の声が聞えなくなったので、運転手はいい気もちになって車を

走らせ、やがて王子稲荷の前まで往ったので、

「王子稲荷ですが、ここですか」

と云いながら客のほうを見た。客の姿はいつのまにか消えてなくなっていた。運転手は蒼くなって帰って来たが、そのまま床について三日ばかりうなされた。

消えてなくなった女

夜の九時比(ごろ)であった。渋谷の道玄坂を流していた自動車は、傍(わき)の巷(こうじ)から出て来た三人伴(づれ)の女客を銀座までと云うことで載せた。女と云うのは二十前後の女が二人と母親らしい老女の三人であった。運転手はいい気もちになって車を走らせたが、さて銀座へ往って客をおろして見ると、母親らしい女と娘らしい女の二人になっていた。運転手は不思議に思って、

「も一人のお嬢さんは」

と云って聞いてみた。すると母親らしい女が厭な顔をして、

「も一人って、はじめから二人ですよ、どうかしたのですか」

運転手は首をかしげたが、何かしら背すじに悪寒を感じてそのままハンドルを握った。その後その運転手に、

「君それゃ、疲労から来る錯覚じゃないか」

と云ってからかう者があると、運転手は真顔になって、

「いやそんなことはない、夕方に交替して、まだ二時間と経ってないから、疲れるはずがないよ」

と云った。

日本橋まで

夜の一時すぎであった。ガレージでうとうとしていた運転手の一人は、

「おいお客さんだよ、日本橋まで大急ぎだ」

と云って叩き起された。運転手はあわをくって跳ね起き、上衣(うわぎ)をひっかけるやいなや運転台へ飛び乗って、そのままエンジンをかけて日本橋へ往ったが、日本橋のどこへ往っていいか判らないので、

「日本橋はどのへんですか」

と云って客の方を見たが、そこには客の姿が見えなかった。運転手は蒼くなってガレージへ帰り、そして奥へ飛びこもうとすると、そこにいた同僚の一人が怒鳴った。

「なんだ、客を乗せないで、往っちまう奴があるかい」

毒を仰いだ運転手

昭和十年四月十三日附の読売新聞に轢殺した男の亡霊に悩まされて、服毒自殺を謀った自動車の運転手の話が載っていたので、筆を加えずにそのまま転載する。

去る十日午後十時頃牛込区市ケ谷谷町一一八六山手バス運転手深津次郎介（二一）は自宅でカルモチンを飲み自殺をはかり附近の久能病院で手当中だったが、回復したので取調べると、同人は昨年十月二十五日午後九時頃同区弁天町一六山手バスを運転中、誤って同区喜久井町二九農林省属佐藤芳雄氏を轢殺、過失致死罪として罰金七十円を取られ、遺族とは四百円の慰藉料で示談となったが、その後夜になると佐藤氏の亡霊が現われて、運転が出来ず、去る一月十日退社して、昼は方々の円タクの臨時運転手となっていたが、最近は行く先々で亡霊に出会い、ついに神経衰弱に陥り、今月初めから自宅に引籠っていたが、責任感が昂じて自殺をはかったものと判った。

母親に逢いに来た女

墓地と怪談はつきものだが、これも青山墓地にからまった話である。夜遅く栗塚と云う運転手が青山墓地を通っていると、壮(わか)い女がいて巣鴨中学の前までと云って乗った。

その自動車には助手がいた。やがて巣鴨中学の前まで往くと、その女が、

「すみませんが、お母さんを呼んで来てくださいよ」

と云った。家を聞くと、学校の前を入った三軒長屋の真中だと云うので、早速助手をやった。助手は云いつけどおり往って、三軒長屋の真中の家を起して、そこの主婦に逢って話すと、

「へんねえ」

と云って頭をかしげた。助手は狐にでもつままれたのじゃないかと思って引き返そうとすると、主婦は土室(どま)へおりて下駄を履き履き、

「うちの娘は、一昨日死んだばかりですよ、他に娘はいないのですが」

母親はそれでも気になると見えて、助手と同伴に自動車の停っているところへ来た。自動車の中には女は見えないで、運転手がハンドルを握ったままで気絶していた。

「おや、どうしたのでしょう」

母親はそれから乗って来た女の容貌(かおかたち)や衣裳について、ひととおり助手から聞いたあとで、

「それは、たしかに、家の子供ですよ、その衣服は娘が好きで平生着ていた衣服ですよ」

と云って泣きくずれた。

芦屋の家へ帰る女

昭和九年の秋の比、流し自動車が京都の帝大の附属病院の前を通っていると、女学生のような姝な女の子が出て来て手をあげた。運転手が車を寄せて往くと、女の子は、

「芦屋まで」

と云って乗った。そこで芦屋まで往ったところで、女の子は御影石の門に前田某と標札を掲げた家の前で、

「ここよ」

と云うので、車を停めると、すらりとおりて、

「お銭を家でもらって来るから、待っててよ」

と云ってその家へ入って往ったが、いくら待っても車賃を持って来ないので、運転手は待ちくたびれてその家へ往って、

「今、お嬢さんを乗せて来ましたが、車賃を」

と云って金を請求した。取次ぎに出て来たものは婢であった。婢は、

「家へはそんな方は来なはりませんが」

と云って承知しない。そこへ主婦であろう五十位の肥った女が出て来て、

「どんな容をしておりましたの」

と云った。運転手は女の風体を話して、

「桔梗のような花のついた袖の長い衣服を着てましたが」

と云った。と、肥った女は何かにおびえたような顔をしたが、

「そうでしたか、わかりました、おいくらですか」

と云って云うままに賃銀を払ってくれた。運転手は肥った女の挙動がへんであったから、数日して芦屋のことに精しい同僚に逢ったので、聞いてみると、前田の家には女の子が一人あって、それが肺病で京大附属病院へ入院していたところで、その運転手が病院の前で女の子を乗せて芦屋へ往った日に死んでいた。その運転手はそれから間もなく発狂したとのことであった。

月に狂う

下方限（しもほうぎり）署長の赤木義彦は、平生のように按摩に扮して目的もなしに歩いていた。街路の上には微寒（うそさむ）い月があった。それは明治十年十月十七日。赤木は薩軍のために奪取せられた軍旗を探しているところであった。

軍旗と云うのは小倉十四連隊の連隊旗であった。その年の二月二十日、薩軍が熊本城に殺到したので、十四連隊長乃木希典は、小倉を発して途（みち）を高瀬に取り、同方面から薩軍を撃破して入城すべく、二十二日の払暁、向坂にかかったところで、薩軍の鬼少佐と

云われた村田三介が手兵を伏せて待っていたので、それがために乃木軍は惨敗して植木に退き、旗手河原林少尉は戦死して連隊旗は薩軍の一兵卒岩切正九郎の奪取するところとなった。

乃木はそれを畢生の恥辱として、数回にわたって自尽しようとしたが、そのつど左右の者に制止せられて目的を達することができなかった。大正元年九月十三日、乃木将軍夫妻が明治天皇に殉死した際の遺言に、「明治十年の役に於て軍旗を失い其後死処を得度心掛候も其機を得ず」と書いてあるのはその軍旗のことであった。

乃木の軍旗を奪取した薩軍では、それを熊本城から展望のきく花岡山の頂上へ樹てて、応援の小倉連隊が全滅したと思わすようなこともやった。官軍では切歯して取りもどそうとしたが、どうすることもできなかった。

そのうちに軍旗紛失の事件が朝野の問題になって来た。征討軍の方では、一時を糊塗するために、野津道貫大佐が川尻の一騎打で、難なく敵兵の手から取りもどしたと云って、その容を錦絵に画いて売り広めさしたので、軍旗問題も立ち消えになり、続いて九月二十四日になって、薩軍が城山で覆滅したので、本営では八方に探索を放って軍旗を捜索したが、杳としてその所在が判らなかった。

今、按摩に扮して軍旗を探している赤木は、旧岡山藩士で、警視別動旅団津川大隊の第一小隊長歩兵少尉としてその戦役に従軍していたが、六月七日の大口の戦いに、胸部から肺部にかけて貫通銃創を負って、長崎病院に収容せられ、それから東京に護送せられていた。ところで、薩軍が可愛嶽の重囲を脱して鹿児島へ帰ったと云う警報が伝わるとともに、別動旅団から一箇隊を派遣することになったので、赤木は負傷が全治していなかったにもかかわらず、中隊長大浦兼武の部下として再び征西したが、軍旗の亡失を恥辱とし、それに乃木がややもすれば自尽せんとする悲痛な心情に同情して、軍旗を捜索する決心をし、時の警視総監で別動旅団の大隊長であった綿貫少佐の取り計らいで、鹿児島在の出水警察署の署長を拝命し、部下を督励して捜索する一方、己は屑屋に扮して民家から民家をわたり歩いたが、正面から厳しく捜索しては、焼毀せられる恐れがあるので、非常に秘密に捜索しなくてはならなかった。そして、捜索しているうちに、やっと軍旗が市内に隠匿してあると云う聞き込みを得たので、下方限警察へ転任さしてもらったが、軍旗はどこのどの家にあるのか皆目判らなかった。それに戦乱直後の鹿児島市内は、秩序が乱れているうえに、虎列剌や赤痢が流行していたので、軍旗の探索にばかりかかわってもいられなかった。

　赤木は体も魂も疲れきっていたが、初一念を貫かずには措かないと云う意気に燃えていた。赤木は思い出して笛を吹いた。笛の音は月の下にわびしそうに響いた。その時後ろの方で犬の吠える声がした。それは五六疋の犬が何かに吠えかかっているように猛りたった声であった。飢にあがいている窮民が、時とすると盗賊のように民家を襲うことがあったので、赤木はふと足を止めたが、すぐ按摩に扮している己の姿を思いだした。

「按摩さんになったら、上下二百文じゃ」

赤木の顔には淋しそうな笑いが浮んだ。赤木はまた笛を吹いて歩いた。二人伴(づれ)が右側の横町から出て来た。それは士族の倅らしい壮(わか)い男であった。壮い男は肩を並べて何か云い云いこっちへ曲って来た。赤木は怪しまれないようにとわざととぼとぼと歩いた。右側を歩いていた壮い男の眼がこっちへ来た。

「おい、按摩、そこの家で、按摩に用があると云いよるが」

按摩を呼ぶ家があると聞いて赤木はぴたりと足を停めた。どんな家に軍旗の手がかりがあるかも知れないのであった。

「へい、按摩の御用でございますか」

すると、左側の壮い男の声がした。

「御用とも、トンコレラの病人が、腹を揉んでもらいたいと云いよらあ」

それは嘲(あざけ)りの交った声であった。赤木は忌いましかったが憤ることもできなかった。

「へい」

赤木はそこで笛を吹いてから歩きだした。後から何か云って嘲笑(あざわら)う二人の声が聞えて来た。

「トンコレラの家でも、赤痢の家でも、はい、はい、どこでもまいりますだ」

赤木はいつのまにか海岸に出ていた。そこは、鹿児島市の東の町はずれになった磯の浜で、前には一里の海上に横たわり臥した桜島が、月の下に墨画のように見えていた。

磯には風波があった。

赤木は見るともなしに桜島の方を見ていた。もし傍(そば)から赤木のそうした容(なり)を見た者があったなら、枯木か石かが立っているように思われたであろう。赤木は体に力がなかった。赤木はぼんやりしていた。

後ろの方で凄いきゃっきゃっと云うような猿か何かの叫ぶような声がした。赤木は夢が覚めたようになって後ろの方を見た。昼見ると萩やホウなどの斑(まだら)に生えている沙丘(すなやま)の上に黒い影があった。

「おる、おる、あれがお父さんで、あれがお母さんじゃ、お母さんじゃ」

黒い影は壮(わか)い女であるらしいが、凄みのある絹でも裂くような響きのある声は、普通の人間でないらしい。

「お母さん、ここじゃ、お母さん、お母さん、お父さん」

黒い影は物を追うように沙丘をおりて来た。それは髪を揮(ふ)りみだした白い小さな顔をした十六七の少女であった。少女は両手を空へやって、それで何かを執(と)ろうとしているようにしていた。

「お母さん、あれ、あれ、そっちへ往ってはいかんと云うに、お母さん、何故逃げて往く」

少女の眼は月へぴたりと附いていた。少女は月の中に両親の姿を見つけているらしかった。

「いや、いや、お母さん、お父さん、お母さんをつかまえてよ、お父さん」

汚い袷を着て細帯を締めているが、どこかに品のある少女であった。少女は赤木に衝突かりそうになった。赤木は体を片寄せた。

「おい、どうした」

少女はふと足を停めて赤木を見るなり、白い歯をみせてきゃっきゃっと云うように笑った。赤木は少女が哀れであった。

「あんたは、どこだね」

少女は怕そうに尻ごみした。

「わたしは、悪い人間じゃない、怕がらんでもいい、あんたは、どこだね」

少女は眼をちかちかと光らすのみで何も云わなかった。

「名は何と云うの」

少女は思いだしたようにした。

「みね」

「みね、それじゃ、みねさんか、お父さんは」

少女は何も云わなかった。

「お父さんの名が判らん、それでは、お母さんは」

少女は不意に手を叩いて唄いだしたが、それは地方の俗謡であろう、赤木には判らない歌であった。少女は手を叩き叩き唄って、その周囲をくるくると廻っていたが、何か大きな衝動を受けたのか、ぎっくりしたようにして歌をやめるまもなく、東の方へそかそかと走りだした。何か事情のありそうな少女の身の上が哀れでもあれば、狂っている者をそのままにしておくことは、職務の上から許されなかった。

赤木は少女を追って往った。少女は斜めに沙丘の方へあがって往って、沙丘の上にきょとんと立ったが、またそかそかと歩いて向うの方へ姿を消して往った。

赤木の追って往った少女は、農家らしい藁屋根の家へ入って往った。そこは谷山郷の村端(はず)れになった松並木を背にした処であった。赤木はどうした家だろうと思って入口の柱を見た。そこには小さくはあるが新しい表札がかけてあった。月の光はその表札に書いた折田三介とした文字をおぼろに見せていた。

「おりだ、さんすけ」

赤木は口の裏で云いながら少女ががたびしと云わして入って往った入口の破れ障子の間から覗いて見た。入口の前は裏口に突きぬけた土間の、右側に床の低い地炉(いろり)を切った室(へや)があって、がっしりした二十四五の壮(わか)い男がちろちろ燃える火にあたっていた。赤木はその男の顔を見るなり眼をみはった。壮い男の額には、癒えて間がないらしい一銭銅貨大の傷があった。壮い男は室へあがったなりに衝立(つった)っている少女に何か云っていたが、少女は間もなく次の室へ往ってしまった。壮い男の背後には、小さな仏壇があって、それには白木の真新しい位牌が二つ並んでいた。赤木は、少女が月を見ながら両親のこと

を云った詞(ことば)を思いだした。赤木は一足すさって襟(えり)をつくろい、

「御免なさい」

と云った。赤木は容子(ようす)のありそうな壮い男に逢う必要があった。

「だれだ」

同時に赤木は障子を開けた。

「わたしは、按摩でございますが、お娘子(むすめ)さんと思いますが、浜の方で唄ったり、笑ったりしておりましたから、間違いがあってはならんと思いまして、送って来ましたが、お娘子さんは、御病気じゃありませんか」

壮い男は笛を手にした赤木を見て疑わなかった。

「これは、どうも、あれは、気が違うておるで」

「どうもそうじゃないかと思いましたが、それは可哀そうじゃ、どうして、そんなことになりました」

「二人の親に、急に死なれたからだよ、あがって、やすんで往ったら、どうだね」

赤木はその詞(ことば)を待っていた。

「まだ、これから一廻りせんとなりませんが、それでは、ちょっと休ましてもらいましょうか」

「さあ、おあがり」

赤木は後ろを締めて上へあがり、壮い男の前へ往って坐った。

「今晩は、ばかに冷えるじゃありませんか」

「そうだね」赤木の顔を見てから、「按摩さんはどこだね」

「わたしは、岡山でございます」

「いつからこっちへ来たかね」

「今年の春来ました、何か戦で利益はないかと思いまして、大阪から来ましたが、利益どころか帰るにも帰られんようになって、しかたなしに、これをはじめましたよ、大阪で湯屋の三助をしておりましたから」

赤木はわざと苦笑してみせた。壮い男はすこしも疑わなかった。

「なるほど湯屋で、客の肩を揉みおったから、それで按摩か」

「そうでございますよ、背に腹はかえられませんから、このばあい、飯になることなら」

「なに、ええとも、人間は因果で、どんなことをするかも判らんが、戦だけは、度たびしたくないものだ」

「それでは、あんたは、今度の戦をやりましたか」

「やったとも」額へ手をやって、「この顔を見てくれ」

「ほう、それが、負傷で」

「そうとも、向坂から植木の戦は、今度の戦の中でも、後の世話の種になる戦じゃ」

赤木の眼は輝きを帯びた。

「ええ、それでは小倉の鎮台が大敗して、鎮台の旗を奪られたと云うその戦でございますか」

「そうとも、粪鎮が高瀬から植木口にかかったから、こっちは村田三介どんが、山鹿街道を通って向坂に待ち伏せておって、斬りまくったから粪鎮は大敗け、岩切正九郎が旗手の河原林少尉を殺して、旗を奪るし」

「それは面白かったでございましょう、あなたの負傷も、その時でございますか」

「そうとも、その時の負傷じゃ、胸にもまだ一つある、鉄砲傷じゃ、親爺は八代口で討死した」

斜に後ろを見て仏壇へ眼をやり、

「新しい位牌が二つある、親爺は五佐衛門と云う名じゃが、親爺が討死する、それから間もなく母親が煩うて死んだものだから、妹が気が違うた、とてもさんざんだ」

「それは、どうも、たいへんなことでございました」

「これが男の意地だ、しようがない」

「それゃ、そうでもございましょうが、豪い方をたくさん亡くして、惜しいではございませんか」

「それゃ惜しいが、しかたがない」

「あの、それ、小倉鎮台の旗を奪った村田何とか云いましたね」

「三介どんじゃ」

「その三介さんも、やっぱり城山で」

「なに、三介どんは、川尻の戦じゃ、わしは三介どんが、川尻で討死した時、桂久武どんの髪とその旗を持って、三介どんの奥方に渡しに往ったよ」

　赤木は躍りあがらんばかりに喜んだが、じっとそれを押えた。

「そうでございますか、その三介さんは、鬼少佐と云うそうじゃございませんか」

「云う、云うとも、鬼少佐とも」

「惜しいことをしたではございませんか」

「惜しいと云えば皆惜しいが、しかたがない」

　赤木はその時下方限警察署から四五丁離れた日置(ひおき)屋敷と云うのにいたが、その日置屋敷の家続きは村田三介の家であった。赤木はとうに村田家に眼をつけて、佐和子未亡人を数回警察へ呼んで軍旗の所在について取調べを行っていたが、そのつど佐和子は、

「私は、婦人のことであるから、何も知らない」

と云っていた。赤木はその翌日の未明、三名の警部と五名の巡査を引率して村田家へ踏みこみ、家宅捜索の結果、天井裏からかの軍旗を押収して宿望を達することができた。

　そこで赤木は、鹿児島駐在屯営参謀部へ急使を立てて、軍旗発見のことを報告したところで、四五日して参謀の川村景明が警察へ来て、それを受け取って往った。

　同時に赤木は、鹿児島在住の必要がなくなったので、東京へ帰り、警視庁へ出頭して、綿貫総監に軍旗発見の始末を上申したが、いつまでたっても発表しないので、参謀本部へ往って山県有朋や川村景明に逢って交渉したけれども、それも埒があかなかった。そ

の一方で、赤木は原籍を兵庫県へ移して、姓を大塚と改め、典獄、郡長、警察署長などをやったが、軍旗発見の功績はとうとうあらわれずに、大正になって芝愛宕下町一丁目一番地の名越正吉氏の許で余生を送っていて物故した。

この軍旗事件に関して、赤木の知人野條愛助氏は、こう云っている。

「而して其の後幾度か督促するも、今に今にと遷延して明治四十年を過ぎ、愈いよ決心して乗出し、先ず僕が執筆して岡山より読売新聞に投稿せしに、同社は早速其筋の内閲を求めし処、陸軍省より掲載を一時見合せ方を命ぜられたれば、原稿は大切に保存して時機を待つべしとの書面来り、又また数年経過したるも際限なく、大正に入りて大決心の上岡山より上京して、赤木自ら運動を開始せしも、何分初めより誠意も人情もなく、只其の場逃れの彼等は毫も本気の運びをせぬ中に、山県、川村が相次いで歿し、本人の赤木亦鬼籍に入りたれば、折角赤木が心血を濺ぎたる連隊旗取戻しの大功労は、縁由もなき野津の手柄に帰して真偽転倒に了ったが、其の連隊旗が決して戦争中に馬上敵兵の手より取戻されずして、後日警察官によりてなされしことは、当時（四十二三年比）報知新聞其の他の新聞に、曩年西郷軍に属して、兵馬の間を奮戦したる熊本県選出代議士高田露氏が発表したる文献あり、且つ連隊旗をば捧持して、其の容器たる本箱を自家に蔵せるを実現したるに徴しても明白である。世間若し生存者にして此の事実を承知し居らるる人士のあらんには、せめて閥外不幸者、赤木が黄泉の霊を慰めることともなろうと思う」

天長節の式場

大正十一年十月三十日、横浜市横浜尋常高等石川小学校では、例年の如く天長節の勅語奉読式を挙行した。

その翌日になって、第四年生一組の受持訓導Ｓ君は、同級生徒に向って、

「皆さん、あなた方のお友達でありました石井茂男君が、お気の毒にも、一昨日の日曜に、歿くなりました」

と云ったところで、生徒たちは承知しなかった。

「先生、石井君は、昨日式場へ来ておりました」

「嘘です、死んだなんて嘘です」

「そんな事はありません、確かに歿くなりました」

「否え、嘘です、昨日、天長節に来ておりました」

そこでＳ君も不思議に思って詳しく訊いてみた。

「昨日、式の始まる前に、僕と銀杏の枝が折れてる話をしました」

「運動場で草履を入れた袋を振り廻していました」

「石井君は帽子の庇が破れたのを、糸で綴って冠っていました」

と云うような事を云った。それで、

「それでは、石井さんの体に触った方はありませんか」

と云って訊いたが、それはだれも触ったと云う者はなかった。

「それでは、石井さんを見て、変に思った方はありませんか」

と云ってみたが、それもだれも変に思ったと云う者がなかった。そこでS君は、石井の死亡した事情を談(はな)したので、生徒たちは初めて石井の死を知り、天長節に見たのはその陰影であったと云う事を知った。

石井は二十九日の日曜日の午後、山下町の税関桟橋へ一人で魚を釣りに往っていた。その時そこを監視していた警官の一人は、少年の釣魚に来ている事を見ていたが、ちょっと他へ眼をやっているうちに、その姿が見えなくなったので、どうしたのかと思って、その場へ往ったところで水の上に下駄と帽子が浮んでいた。警官は驚いて人を呼び集め、水底を捜索した結果、その死体を発見して警察署へ運んだが、翌日三十日の午前八時になって、子供を尋ねあぐんだ石井の父親が捜索願いに来たので、はじめて石井の死が判明した。

壁の中の女の顔

文士辻潤君は、病気の前に壁の中から幽霊が出ると云って、その絵を画いて知人に見せた事があったが、壁の中から出る幽霊は珍らしくなかった。

明治三十年比のことであった。空屋を探していた講釈師の坂本中洲、後の桃川燕林は、麻布の飯倉で恰好な家を見つけた。玄関が長四畳で座敷が八畳、それに三畳の茶の間があって、家もまだ新しかった。それに何よりも中洲の気に入ったのは、家賃が壱円五拾銭と言う、物価の安い当時にしても相場外れの安値である事であった。

中洲は早速家主に交渉してその日のうちに引越した。

引越してから三日目の夜半のことであった。中洲がふと眼を覚ますと、長四畳の天井でみしりみしりとだれか歩いているような音がした。おやと思ううちに、今度は水が滴れるような音がした。中洲は眼を開けてその音のする方を見つめながら、じっと耳をすました。

「何でしょう、あれは」

傍に寝ていた細君も眼を覚ましていた。

「雨でも漏ってるような音だが、降りだしたかな」

「そうかも知れないよ、何してもああ漏っちゃ仕方がない、おまえさん、ちょっと見て来ておくれよ」

中洲はしぶしぶ起きて、玄関の長四畳へ往って見たが、雨の漏っているような形跡もない。雨戸の隙から戸外を覗いて見ると、上天気で空には星が一面に出ていた。そして、不思議な物音も止んでいた。

「どうも変だな、星が降ってるぜ」

「嫌だよ、こんな家、どこか探して越そうよ、一人じゃ、辛抱ができやしない」

「まあ、そう怖がるな、幽霊の正体見たり枯尾花ってな、多分正体は鼠だろうぜ」

その夜はそんな冗談で済んだが、その翌晩も同じ時分に、前晩のように人の歩くような音に続いて、水の滴れるような音がした。その怪しい物音はその翌晩もまたその翌晩も続いた。それがために中洲夫妻は安眠する事ができなかった。そこで早速空家探しをはじめたが、なかなか思うような家が見つからなかった。

越してから六日目の晩の事であった。その日は朝から陰鬱に曇っていたが、中洲が席へ出かける比から糸のような細い雨になって、それがびしょびしょと降っていた。

中洲の細君は時どき読みさしの講談本から眼を放して柱時計を仰いだ。その比の飯倉は、まだ狸が居ると言われていた位だから、十時が過ぎると往来がなくなって、町全体が水の底にでも沈んだようにひっそりとなった。

(閉場たら直ぐ帰ってもらうように、あれほどよく頼んでおいたから、もう帰りそうなものだ)

そう思いながら何度目かの時計を仰いだ時、門の方から下駄の音が聞えて来た。

(ありがたい、帰った)

細君はほっとして起ちあがったところで、入口で傘の水をきる音がして、やがてがらりと戸が開いた。

「お帰りなさい」

細君は玄関へ飛んで往ったが、玄関にはだれもいなかった。細君はぞっとして茶の間へ引き返そうとして、ふと見ると長四畳の左の方の壁に、黒い血のような物がべっとりと附いていた。はっと思って眼を外した拍子に、縁側の欄間の壁に、何か丸い物をはめこんであるのが見えた。細君はそのまま逃げだそうとしたが、見きわめないことには猶更怖いので、恐る恐るそれに眼をやった。と、はめこんである物が不意にはっきりして人間の顔になった。それも壮い蒼白い女の顔であった。そして、その頬には濡れ髪が蛇のように纏りついていた。細君は、

「きゃっ」

と叫んだままそこへ倒れてしまった。

間もなく帰って来た中洲は、驚いて細君を助け起したが、あまりの恐ろしさに夜の明けるのを待ちかねてその家を逃げだした。

後で調べてみると、その家の前住者の細君が何かの事情で、その長四畳で自殺したと云う事が判った。そして、血が附いているように見えたのは、自殺した女の血飛沫がかかったので、そこだけ塗り直してあったと云う事も判った。

前妻の怪異

長崎市の今博多町、中島川に沿うた処に、竹田と云う青年が住んでいた。そこは隣家

の高い二階家に遮られて、東に面した窓口から、僅かに朝の半時間ばかり、二尺くらいの陽が射しこむきりで、微暗(ほの)い湿っぽい家であった。

　青年は東京で大学を終えて、しばらく山の手に住んでいて帰って来たものであるが、結婚したばかりの美しい妻があり、生活の不安もないので、住宅のことなどはどうでもよかった。従って夫婦の間は情熱的で華やかであった。

　そのうちに妻が妊娠して、翌年になって男の子を分娩したが、ひどい難産のうえに産褥熱で母体が危険になった。青年は幾晩も眠らないで、愛妻を看護するかたわら、嬰児のために乳貰いに歩いた。病人は夫と嬰児を抱きしめて、

「死にたくない、死にたくない、私が死んだら、この児はどうして育つでしょう、それに阿郎(あなた)も、阿郎も」

　と云うようなことを云って泣いていたが、数日の後に死んでしまった。

　青年は男の手一つで児を育てなくてはならなかったが、それに没頭していては仕事ができない。青年は友人の勧めに従って後妻を迎えた。後妻は心がけの良い女で、己(じぶん)の腹を痛めない児を愛撫した。そして、後妻のなごやかな微笑は、憂鬱な一家を明るくするに充分であった。

　後妻はまた夫を促して、児を伴(つ)れ、毎月必ず前妻の墓へ往った。そのうちに前妻の三周忌が近くなった。その時、児は夜半に便所へ起きる癖がついていた。その夜も児が例によって起きたので、後妻は児を抱いて便所へ入った。そして、児に用をたさしながら、

見るともなしに正面の煤けた壁を見た。壁の上部に何かしら物があるような気がするので、その眼を上へ走らせた。そこに恐ろしい顔をした女がいて、今にも何かを摑み取ろうとするようにして両手をかまえ、凄い涙を浮べた眼でこっちを見ていた。後妻は、

「きゃっ」

と叫んだ。青年は後妻のただならぬ声を聞いて眼を覚した。そこへ後妻が飛びこんで来て青年に縋りついた。児は放りだされて声をあげて泣いた。

青年はばかばかしいと思ったが、後妻の恐怖があまりひどいので便所へ往った。そして、マッチをすって天井の隅まで覗いたが何もなかった。青年は後妻の迷信を笑ったが、後妻は承知しなかった。翌晩になってまた児が便所に起きたので、後妻は睡がる夫を無理に起して児を抱かし己は後から随いて往った。

青年はしかたなしに便所へ入って児に用をたさせながら正面の壁の上を見た。そこには前夜後妻の見たままの前妻の姿があった。凄い眼で児を見まもって、何かを摑み取ろうとするようにしているのは、児を抱き取ろうとしているところであろう。

「おみよ」

青年は前妻の名を云ったが、揮りむきもしなかった。

「おみよ、心配しないで往ってくれ、あれが児を大事にしてくれることはおまえにも判ってるだろう、それをおまえが来ては、あれが怕がる」

それでも前妻はまじろぎ一つしなかった。青年は諦めて外へ出たが、払暁になって一

人で往ってみると何もなかった。後妻も一人の時には何もなかった。後妻はそれ以後、寝室にも茶室にも児のいるところに、前妻がつき纏っているような気がするのであった。

　二人はそこでその家を引越すことにしたが、恰好の家がなかなか見つからなかった。二人がそれでいらいらしている時であった。それは某夜(あるよ)のことであったが、その当時はまだ電灯の往きわたっていない時で、二人は吊洋灯(ランプ)の傍(そば)で児の対手(あいて)になっていた。児は無邪気であった。児はふざけるだけふざけた。そして、何かの機会(ひょうし)に飛びあがったところで、低く釣るしてあった洋灯を頭で突きあげた。洋灯はひっくりかえるとともに、石油に引火して四辺(あたり)が火になった。二人はあわてて手あたりしだいに、座蒲団や衣服で敲いたが火は消えなかった。二人は気が顛倒していた。と、室(へや)の中の火がくるくると廻りだしたと見るまもなく、大きな塊となって玄関前へ出、そこで火の柱となって空に立ちのぼった。二人はその火の柱の陰に前妻の姿をちらと見た。二人は抱きあって顫(ふる)えた。

　やがて二人が気が注(つ)いた時には、二人は近所の人たちに火の中から救い出されていた。そして児は玄関口で焼け死んでいたが、近所の人たちは怪しい火柱(ひばしら)を見ていたので、この異変は、竹田の前妻が吾が子を迎えに来たがために起ったものだと云って噂しあった。

血みどろの男の顔

富山県魚津町の立泉寺という禅寺に永田大道という僧侶がいた。大正九年の春、大道は師の許しを得て東京の駒沢大学、当時の曹洞宗大学へ入学するために上京することになったが、大道はその町に一つの大きな心残りがあった。それは人知れず馴染を重ねている女で、魚津新地の成田家と云う置屋の歌妓菊葉と云うのであった。大道はその時二十七、女は二十一。

やがて大道は五六人の近親の者に見送られて出発し、その翌日東京に着いたが、菊葉の事がいっぱいになっているので、学問の事などは頭に入らなかった。そこで大道は、いろいろな口実を設けて魚津へ帰って来た。

その結果、大道は菊葉をそそのかして東京へ連れて往くことにして、某晩旗亭へ菊葉を呼び、

「俺はお前と離れては、一日も暮せない、どうか俺と同伴に東京へ往ってくれ」

と云った。菊葉は大道の事などは何とも思っていなかったが、面と向っては厭とも云えなかった。

「そう、ほんとに伴れて往ってくれますの、それじゃ明日の晩がいいわ、それじゃ明日の晩の十一時に、あの停車場の横まで往くわ」

と云った。女にすっかりまいっている大道は、女の一時のがれの詞を信じて、翌晩の十一時すこし前、人に顔を見られないように停車場の横へ往って、女の来るのを待っていたが、もとより女の来ようはずがなかった。

そのうちに十一時となり十二時となったが女は姿を見せなかった。大道ははじめて菊葉に欺かれたことを知って、憤怒と絶望の結果、金沢発最終の上り列車目がけて飛びこんだ。そして、その死体の発見されたのは翌朝であったが、顔が滅茶滅茶になっているので、どこのだれとも判らなかった。

ちょうど臨検の検事や警官が来て、身許不明の轢死者を調べている時、そこへ通りかかったのが大道と相弟子の川端義全であった。川端は轢死者の羽織の裏地に見覚えがあるので、驚いて容子を見ていると、程近い草叢の中から学校の徽章の附いた帽子と駒下駄が出て来、また一通の女に宛てた遺書も出て来た。そこで、川端氏はその旨を臨検の警官に申し出でるとともに、宙を飛んで立泉寺へ帰って来た。立泉寺では大道の死体を引取る者がないので、寺へ引取り、有り合せの石油箱に詰めて寺の墓地へ葬った。

菊葉に宛てた大道の遺書は、その日警察へ呼ばれて出頭した菊葉の手に渡された。それは、女の不実を怒り呪った文字にみたされたものであった。その遺書は土地の『富山日報』『北陸タイムス』『富山新報』などに掲載せられたが、それがために菊葉は有名になり、同時に同地一流の売れっ妓になった。

それは某夜のことであった。菊葉は座敷が済んだので、俥で帰って来たが、その途中に立泉寺の墓地があった。それは雨あがりの暗い晩であった。墓地へかかったところで、突然俥の幌の上へどさりと落ちた物があった。

「おや」菊葉はぎょっとして、「俥夫さん、あれ、なんなの」

俥夫は菊葉の声がしたので車を停めた。

「エ、なんですって」

「何か落っこちて来たのじゃないの」

「どこへ、ね」

「幌の上さ」

「じょ、じょうだんは、云いっこなし、姐さんは人が悪いや」

俥夫はいまいましそうに言って五六歩往ったが、すぐ俥を停めて、

「いけねえ」

と大声をあげた。

「どうしたの」

「だれか、松の樹にぶらさがってやがらあ」

「え、どれ」

菊葉は思わず幌窓のセルロイド越しに外を見た。ちらちらする提灯の灯は今まで見せていた印半纏の俥夫の後ろ姿でなくて、絣(かすり)の羽織を着た壮(わか)い男の後ろ姿を見せた。

「あ」

菊葉は眼を見はったところで、

「なんだね」

と云って、絣の羽織がくるりとこちらを見た。それは血みどろになった大道の顔であ

った。

「きゃッ」

菊葉はそのまま気を失ってしまった。そして、やっと我に返った時には、家の中へ運びこまれていて、もう何も怪しい事はなかったが、その時から菊葉の気がすこしずつ変になり、体も悪くなって、二週間ばかりして、

「堪忍してよ、堪忍してよ」と云い云い悶絶するようにして死んで往った。

投石（いしなげ）怪談

昭和十年二月二十八日から三月にかけて投石（いしなげ）怪談が起った。場所は東京市城東区北砂町で、そこでは毎日のように石やセメントの砕片の雨が降って、それがガラス戸を割り、トタン屋根に穴を開けたが、その石やセメントの砕片は三百匁から五六百匁位の物もあった。時とするとビール壜が交っていた。普通は朝の六時半比（ごろ）から夜の七時半比までの間に不規則に投げられ、午比（ひるごろ）ちょっと一と休みしてまたはじまるのであるが、飛んで来る石塊はまたたくまに、バケツ一杯になるほどで、附近の者はその投石に面くらって、張板や板切などでガラス戸を防いだ。

石雨の中心点は、北砂町四丁目の曹洞宗仏心山観音堂、五十坪位の敷地の中に建てられた小さな仏堂で、堂守は森田久蔵夫妻であるが、その観音堂の直ぐ隣に、二階建の三

軒長屋があって、それには養豚業の武蔵久左衛門、職工の金子要作、ボール箱屋の木曾友治の家族が住んでいたが、石雨の被害はその三軒がもっとも多い。金子方では裏の勝手口のガラス戸を二枚割られ、三月十六日の朝は、炊事をしていたお嬶さんの頭に、びゅうと小石が飛んで来て、大きな瘤たんをこしらえた。そんな事で観音堂に近い武蔵の方は、昼間から雨戸を閉めきってあった。

また観音堂の方では、裏手のガラス戸六七枚割られ、トタン屋根には大きな穴が開き、庭前の石地蔵は、毎日のように石塊やビール壜の雨を浴びていたが、その場所は、砂町署の裏手四五十間のところであるから、砂町署は躍起となって正体を摑もうとしたが、なかなか摑むことがなかった。

一方堂守の森田も、坊主頭に捩鉢巻して、血眼になって往来をあちこちしながら、石の降って来る方角を見届けようとしており、近所でも二階の雨戸をおろして、戸の隙間から注意していたが、そのうちに石の飛んで来る方角は裏手の西南らしいと云う事が判った。

近所の女房たちは、観音様のお腹だちだろうと縁起をかつぐ者もあったが、中には二三年前、森田の処へ見習いに来ていた小坊主が、川へ落ちて死んでいるので、それが何か業をしているのではないかと云う者もあった。小坊主の怪異を伝える者は、小坊主が死んで間もない時、近所の子供が観音堂へ遊びに往っていて、帰ろうとしたところで動けなくなった。傍で見ていた者が、どうしたかと聞くと、子供は怖ろしそうな顔をして、

「背なかへ死んだ小僧さんが負んぶして僕、動けないのだ」と云った事もあると云った。

また森田と直ぐ裏の某家の境に、三尺ばかりの溝があるが、森田の方ではその溝の向う側へ板塀をたてた。そこで裏の某では、「面白くねえ」と云って鰯の頭などを塀越しに投げこんだので、大喧嘩をした事があったが、今度もそのむしかえしでないかと云う者もあった。

東京日日の記者がさも石雨に困っているような顔をしている森田に、「まさか人間業じゃないでしょうね」と云って聞くと、森田はとぼけたような顔をして、「まさか三軒じゃあるめえ」と裏手の方をちらと見て、何かを暗示させるような事を云った。

三月十八日になって砂町署では、森田久蔵を容疑者として、その日の午後二三時比、ちょうど観音の縁日で、集まって来た信者の前で、森田が観音経を唱えているところへ、刑事が往って連れて来た。砂町署では、石の飛んで来る現場、観音堂と隣接三軒長屋を調べた結果、石の飛んで来る方向が、観音堂の直ぐ裏手になった森田の住居の二階の窓と推定したのであった。

森田は元深川区千田町にいて、読経の心得があるところから、近所の通夜僧に雇われていたが、昭和三年、今の場所へ移って仏堂を建て、その後地主某の世話で、信者を集めて講中を作り、祈禱などをやっていたものであった。

その附近はじめじめした汚らしい沼地であるが、投石がはじまってから好奇が雲集して、狭い路地は身動きもできない有様であったが、それでも弥次馬が集まって来ると石

が降らなかった。そこで十八日の午後、明大兼日本女子大の小熊教授が調査に往って、森田に逢おうとしたが、

「きょうはお彼岸で出かけた」

と云って顔を見せなかった。見せなかったのは、砂町署へ連れて往かれていたからであった。小熊教授は仔細に調査した後で、

「昔から投石事件は、随分ありますが、徳川時代には、池袋や池上あたりの女を婢(はしため)に雇うと、起るなどという話さえあります、要するに変態心理の現われで、大抵の場合は、十四五の子供、それも女の子なんかに、面白がってやる者が多いです」

と云った。砂町署では森田を厳しく取り調べたが、知らぬ存ぜぬの一点張りで、頑として口を割らなかった。しかし森田がいなくなると投石がぱったり止んだ。同署では証拠があがらないので、処分が出来ず、結局森田が信者から預かった遺骨を、物置に放りっぱなしにしてあったのを楯にして、納骨堂取締規則違反で留置場に放りこんだが、酷(ひど)い胃病になったので二十七日釈放したところが、赤痢と決定したので、三十日葛飾病院に隔離した。近所では「地蔵様の罰だろう」と云っていた。

杖を置いた音

これは鶴岡市の杉村幹君の話である。杉村君は明治四十四年、仙台の第二高等学校へ

入学したが、その時杉村君は、同郷の先輩東野政造君が光禅寺通りにいたので、そこで厄介になっていた。その時杉村君はその時、東野君の母堂寿井さんから次のような話を聞いた。

それは東野君のお父さんが郷里山形県東田川郡役所の郡書記を勤めて、藤島村に住んでいた時の事であったが、その夜は雪が降って、良人は不在で、寿井さん一人が自分の室で髪を梳いていた。と、玄関の方でぱたんと云う杖でも置いたような音がして、それに続いてだれかあがって来るように廊下に跫音がして、自分の室の方へ近づいて来たが、別にだれも入って来なかった。寿井さんはぞっとして体が粟だったように思った。それと同時に鶴岡の親戚の三宅と云う家の老婆の事が頭に浮んだ。その老婆は長い間病床にいるのであった。そこで寿井さんは、中一日措いて鶴岡へ老婆の見舞いに往った。

老婆は衰弱が加わっていたが、それでも無事であったから寿井さんは安心した。老婆はひどく喜んで寿井さんの顔をしげしげと見た。

「寿井さんか、良く来てくれたね、わたしは、お前に逢いたくて逢いたくてたまらないから、一昨日の晩、お前の家へ往ったよ、お前は一人で髪を梳いていたじゃないか」

夢遊病者

京都府の某地にある中学校の敷地はもと某武家の邸であったが、主人が罪もない侍女を手討ちにしたので、その侍女の執念が残っていて、時とすると衣ずれの音をさして出て来ると云って、明治になっても住む人がなく、長く空屋になっていたのを、土地の有志が眼をつけて、ただ同様に買い取って中学校を建てたものであった。

それは数年前の秋の暮の某夜のことであった。十二時頃、寄宿舎に寝ていた学生の一人が、急に用事が出来たので、宿直の教師に相談しようと思って、廊下づたいに宿直室の方へ往った。そして、長い廊下を通って、宿直室の方へ折れまがろうとしたところで、どこからともなく軽い衣ずれの音が聞えて来た。衣ずれの音は上級生から聞かされている怪異の侍女の前触れであった。学生はぞっとして立ちどまったが、もう何も聞えないので安心して往こうとした。と、また衣ずれの音がした。学生はそこへつくばるなり気絶してしまった。

その翌晩のこと、このことを知った学生たちが、

「ほんとうかどうか、ためしてみよう」

と云って、その時刻を待っていて、そっとかの廊下の曲り角へ往って隠れていたが、いつまでたっても衣ずれの音は聞えなかった。

「怕い怕いと思っていたから、そんな気がしたのだよ」

「そうとも、彼奴は臆病者だよ」

学生たちは小声でかの学生を嘲っていた。と、その時であった。廊下の向うの方から微かな衣ずれの音が聞えて来た。たしかに侍女の怪異である。学生たちは蒼くなって逃げだした。

その噂はやがて舎監の耳に入り、それから校長の耳に入った。校長は、
「だれか学生のいたずらだろうが、すてておくわけにもいかないから」
と云って、舎監と剣道の教師に、その正体をつきとめるように命じた。そこで、舎監と剣道の教師は、時刻を見はからって宿直室の前の暗がりに蹲(かが)んでいた。が、いつまでたってもそれらしい気配がないので、二人はだんだん心がゆるんで来て睡(ねむ)くなった。と、剣道の教師の耳へ微(かす)かな衣ずれの音が聞えて来た。剣道の教師ははっと思って、舎監の肩をぐっと押して注意する一方で身がまえしていた。やがて怪しい衣ずれの音とともに、ぼんやりした黒い怪しい影が見えて来て、二人の前をすうと往きすぎようとした。同時に二人は飛びかかろうとしたが、どうしたものか二人の体は自由を失っていた。二人は長い間蹲んでいたので、しびれがきれて起つことができないのであった。

その翌晩のことであった。校長は舎監と剣道の教師及び柔道の教師の三人を伴(つ)れて、宿直室の前の暗がりへ往って待っていた。待っていると十時十分前の予鈴が鳴った。と、寄宿舎の方から怪しい衣ずれの音が聞えて来た。一行は眼を皿のようにして待っていた。

そのうちに黒い影がすうっと宿直室の前へ来た。それと見て一行は飛びかかった。校長は衣兜(かくし)から懐中電灯を出して照らした。つかまったのは、寄宿舎の中でも模範生と云われている須藤と云う学生であった。須藤は真蒼な顔をして血ばしった眼をつりあげ、歯をくいしばって恐ろしい形相をしていた。校長は怪異の正体をつかんだので得意であった。

「何と云う不心得なことをする」

しかし、須藤は何を云っても答えなかった。そこで校長はひとまず須藤を寝かせて、翌日になって穏かに聞いてみた。須藤は不思議そうな顔をして、

「そんな覚えはありません」

と云ったが、その態度にはすこしも疑わしいところがなかった。そこで保護者を呼んで、京都帝国大学の附属病院へ伴れて往かした。その結果須藤は夢遊病者であると云うことが判った。

庭

松尾君は眼があいた。腸の故障のある松尾君は、いつもの癖の仰向けに寝るのが苦しくて左枕に寝ていたので体がそれを許さなかった。松尾君は体の要求に従って仰向けになおったので、それがために眼がさめたのであった。眼がさめると松尾君は、習慣的に右側に寝ている細君の方へ眼をやった。

電灯の光は青白くぼんやりと白い麻の蚊帳（かや）の中を照らしていた。その電灯には二人の過去のあこがれのために青い覆いをかけてあった。

藍微塵の浴衣を着た細君は、面長な白い顔をこちらへ向けて睡（ねむ）っていたが、緋（あか）い羽蒲団の襟を抱くようにして胸に置いた右の手の指をびくびくと動かしていた。松尾君はそ

れをじっと見ているうちに煙草が飲みたくなったので、腹這いになって枕頭に置いた敷島の袋に手をかけたところで、気配がして細君が不意に飛び起きた。松尾君はちょっと驚いて敷島の袋にかけた指を控えた。細君は膝を頽(くず)して坐りながら右の手をさして、

「かえるが、かえるが」

と恐ろしそうに云った。それを見ると松尾君もなんだか気になって気もちがわるかったが、自分が気の弱いことではいけないと思ったので強いて笑った。

「おい、おい、寝ぼけちゃいかんよ、何がいるのだ、おい、おい」

「かえるが、かえる……」

と云いかけた細君は、夢が覚めたのか眼をあけた。

「おい寝ぼけちゃいかんよ、どうしたのだ」

「怕(こわ)かったわ」

細君はそう云って未だ何かいるとでも思うように四辺(あたり)をおずおずと見た。

「夢だよ、何もいやしないよ」

「でも、まっ黒なかえるがいたわ」

「夢だよ、夢だよ、そんなものがいるものかね」

「夢でしょうか」

「夢さ」

と云った松尾君は、ふと細君が宵に何かを読んでいたことを思いだした。

「何かつまらないものを読んだろう」

「怪談を読んだわ」

「そうだろう、だからいけないのだ、早く寝るがいいさ」

細君は気がおちついたのかそのまま横になった。

「寝るまえに、つまらんものを読まないがいい」

「そう、ね、え」

翌朝になって細君は飯の後で縁側に出ていた。微曇（うすぐもり）のしたむし暑い日であった。広い庭には赤松があり楓（かえで）があって、その枝葉が鬱陶しく茂っていた。土は黒くじめじめとしていた。細君はその庭と前の蛙と関係があるようで厭（いと）わしかった。細君が縁側に出たことを知って飼犬のジョンが尻尾を振りながら前へ来て、例によって物をねだりはじめた。細君は小さな可愛らしい愛犬にビスケットを持って来て芸をさせようとした。

「チンチンするのですよ、それ、チン、チン」

犬はビスケットに気をとられて芸はしなかった。

「だめ、だめ、チンチンしなけれゃ、だめ、だめ、それ、チンチン」

犬はそれでも芸をしなかった。

「だめ、だめ、お前はこのごろ、ちょっとも、わたしの云うことをきかないのね、いけない、しっ」

細君は怒ってビスケットを持った手を振りあげておどした。犬は驚いて後へすさった。

犬はその時自分の傍(そば)にいる怪しいものを見つけた。犬は吠えながら飛びかかって往った。それは手洗鉢(ちょうずばち)の傍(わき)の八つ手の茂みから這いだして来たらしい蟇(ひきがえる)であった。細君は犬がそれをくわえては困ると思った。

「だめ、だめ、いけない、こら」

細君は二三度手をあげて打つ真似をした。犬は自分が折角見つけたものを追いおとされるようにでも思ったのか、いきなりその蟇をくわえて縁の下へ入って往った。

「たいへん、たいへん、ジョンがたいへん」

細君は気ちがいのようにして叫んだ。父親の会社へ遊び半分に出ている松尾君は、その日も手紙を一二本書いて出かけることにして書斎に入っていると、細君の叫び声が聞えるので驚いて二階からおりて来た。細君はもう庭へおりて縁側の下を覗いていた。

「ジョン、ジョン、だめよ、だめよ、出てらっしゃい、出てらっしゃい」

松尾君は何事であろうと思った。

「どうした、ジョンが、どうした」

「ジョンがたいへんよ」と云って細君はちょっと顔をあげて松尾君の顔を見てから、また縁の下へ眼をやって、

「ジョン、ジョン、ジョン、だめよ、だめよ、出てらっしゃい」

「どうしたのだ、ジョンが」

「ジョンが、いぼがえるを銜(くわ)えて入ったのですわ、大変よ、あなた、どうかして下さい

よ」

「ジョンは縁の下にいるのか」

「床の下へ入って見えないのですわ」と云ってから、「あれ、うなっているのよ、たべてるのよ、大変よ、どうかしてくださいよ」

なるほど犬のうなる声が微かに聞えている。

「そうか、そいつは困ったなあ」

「困ったなあなんておっしゃらないで、早くどうかしてくださいよ」

と云ってからまた縁の下を見た。

「ジョン、だめよ、ほんとに厭な奴ったら、ひどいめに逢わせるから、ジョン、だめよ、だめ、だめ、だめ、ジョン」

細君は夢中になって犬を呼びだそうとしている。松尾君は前夜蛙にうなされているうえに、今またこんなことがあっては細君が神経にやむので困ると思った。

「なに、あんなものは喫いはしないよ、ふざけて、おもちゃにしているのだよ」

「でも死んだら大変じゃありませんか、気みがわるいわ」

「なに、大丈夫だよ」

しかし、大丈夫でなかったなら細君が迷信をおこして困らされるので、縁側に腹這いになって縁の下を覗きこみ、ピイピイピイと云うような平生犬を呼んでいる口笛を吹いてみたが、犬は出て来そうになかった。そこで、

「ジョン、ジョン、ジョン、お出で、お出で、ジョン」

それでも犬は出て来る気配がなかった。

「あなた、どうしましょう、大変だわ」

と云ったが、そう云ううちにもじっとしていられないと云うようにして、また俯向いて縁の下を覗きこんだ。

「ジョン、ジョン、だめ、だめ、それたべては、だめ、だめ、ジョン、出てらっしゃい、出てらっしゃい」

犬のうなり声がまた微かに聞えて来た。

「あれ、たべてるわ、たべてるわ、大変よ、どうしましょう」

「大丈夫だよ、たべるものかね」

「でも、うなってるじゃありませんか、たべたべ何か云ってますわ」

「そんなことはないさ、おもちゃにしているのだよ、あんな小さな犬が、いぼがえるのような大きなものがたべられるものかね」

「だって、大きなビフテキなんか、平気でたべるじゃありませんか、あんなもの平気よ」

「大丈夫だよ」

「大丈夫じゃありませんわ、だれか呼んで来て、ジョンを追いだしてもらいましょうか」

「もすこし待ってごらん」

「待ってたらたべてしまうじゃないの」

「大丈夫だよ、犬はそんなものはたべやしないよ、犬がかえるなんかたべるってことは、聞いたことがないさ」

「そうでしょうか」

細君はなるほどと思ったのか、それとも諦めたのかやっとあがって来た。しかし、松尾君は会社へは往けなかった。細君の相手をして犬の出て来るのを待たなくてはならなかった。そして、待っているうちに午(ひる)になったので、二人は犬のことを云い云い午食(ひるめし)を喫(く)ったが、それが終って縁側に出た細君は、犬の姿を庭前に見つけた。犬は口もとに蟹の泡のような物を一ぱい附けていた。

「大変よ、犬がたべたのですわ、大変よ」

細君は絶望したように叫んだ。松尾君は驚いて縁側へ出た。なるほど犬は蟇を喫ったのか口に泡をつけていた。しかし、犬が喫ったことにきめてはたいへんであった。

「血も何も附いてやしないじゃないか、おもちゃにしてたから泡をつけてるじゃないか、喫ったら、血が附いてるさ」

「そうでしょうか」

「そうとも」

「でも」

細君は半信半疑であった。細君は未だ何か云い云い、松尾君にからみながら庭の方へ眼をやった。庭の木立は鬱陶しく土は黒かった。

「いやあね、こんな家」

「神経だよ、そんなことは」

その翌日になって、家の前を掃除していた女中は、外側の垣根の際に蟇の死骸があると云って知らして来た。

これは大正十四年の話で、細君の読んだ怪談と云うのは、私の黒い蛙と云う怪談であった。

山根先生の話

一　話

私が小学校の二年生から三年生の二学期へかけて教わった先生に、山根という先生があった。その山根先生は雨で体操ができないような日には、いろいろの面白い話をしてくれた。

その山根先生の故郷は、備後のY村で家は農家であった。それは廃藩置県のあった翌年のことだというから、明治五年のことである。山根先生のお父さんは、某日(あるひ)所用があって、Y村から三里ばかり奥になった某村へ出かけて往った。

そして、午後三時頃、所用をすまして帰途についたが、その途中に小山があって、それを越えると樹木に囲まれた小さな沼があった。山根さんがその沼の傍へ往ったところで、草鞋の紐が断れた。山根さんはしかたなしにそこへ蹲んで紐を繕った。と、その時山根さんの背後の方で奇妙な声がした。山根さんは、「おや」と思って振り返った。路傍の樹木の上に親子伴れらしい大小二疋の猿がいたが、その容子が山根さんを調戯っているように見えたので、山根さんは「畜生」と云って傍の小石を拾って投げた。小石は小さい方の猿へみごとに的った。小さい方の猿は叫びながら隣の枝へぴょいと飛び移った。と、大きな方の猿が歯を剝きだして異様な声をたてたが、その声に応じてどこから来たのか、数多の猿がその辺の木の枝へ姿を見せた。山根さんは旅人が千疋猿に酷い目に逢わされた事を聞いていた。山根さんはしまったと思ったがもうおっつかない。その一方で数多の猿は歯を剝きながら木からおりはじめた。山根さんはいよいよ猿と闘わなくてはならぬ。山根さんはたちまち思いついた事があった。山根さんはいきなり四ん這いになってその辺にある小石を拾い拾い猿に向って投げた。山根さんの石にあたった猿は、悲鳴をあげて樹から樹へ逃げた。山根さんはそれに勢いを得て、ますます猛烈に小石を投げた。この形勢が続いたら山根さんは酷い目に逢わなくってもよかったが、そううまくはゆかなかった。初めの間は山根さんの小石を恐れて逃げまわっていた猿が、一疋残らず下へおりて来て、山根さんに習って小石を拾って応戦を初めたが、猿は両手が利くので一度に二つの石が飛ぶ。それに猿は二三十疋もいる。みるみる形勢は逆転して、山根さんは苦戦に陥った。猿の投げる小石は、山根さんの体に雨と降った。山根さんの顔は血だらけになった。山根さんはもうどうにもならなくなった。と、その時山根さんの頭に一つの妙計が浮んだ。山根さんは起きあがるなり力一杯の声を出して叫んだ。猿はその声に怯(おび)えたものか瞬間鳴(なり)をひそめた。山根さんはそれと見て、小石を拾って懐(ふところ)に入れはじめた。猿はしばらくの間山根さんの動作を見ていたが、やがて山根さんのするように我も我もと小石を拾って懐へ入れはじめたが懐へ入るはずがない。それでも猿はせっせと拾ってそして落とした。そのうちに山根さんの懐にも袂(たもと)にも小石が一ぱいになった。

やがて山根さんは、袂や懐からその小石を摑みだして投げた。猿も山根さんにならって石を投げる動作を繰り返したが何にもならない。猿はたちまち山根さんの実弾に辟易して一疋残らず逃げてしまった。

二話

これも山根先生から聞いた話であるが、山根先生の故郷に、原田という農家があった。その農家の老婆は中風(ちゅうき)を患って一年あまりも床に就いていたが、そのうちに容態がおかしくなったので三里ばかり距(はな)れた山奥の村へ嫁いでいた一人娘も、知らせによって駆けつけた。娘は阿君(おきみ)と云う名であった。その阿君は母親の命を一日でも多く延ばしたいと思って、夜も寝ずに看護した。そのせいか、一時は気づかわれていた老婆の容態が持ちなおしたので、心の遣らない事もないが、農繁期であるから阿君は帰って往った。

ところが、阿君が帰って二日目の夜になって、老母の容態が急に変って、医者の来ないうちに息を引きとった。

それと聞いて近親の者は皆集まって来た。それはもう十二時を過ぎていた。阿君の叔父になる老人は阿君の事を思いだして、

「阿君に知らせたか」

と云った。戸主である阿君の兄は、

「知らしてやりたいが、山の中だから、明日の朝にしようと思って」

「それゃ、いかん、親思いの阿君のことじゃないか、何故直ぐ知らしてくれなかったと、お前が一生恨まれるぞ」

「恨まれても、こう遅くちゃ」

そこで従兄弟の助太郎と言う壮佼(わかもの)が知らせに往った。

その夜は月夜だったが、雲があったので、路は明るくなったり暗くなったりした。助太郎は提灯を持っていた。路は山に沿うて曲りくねっていた。

やがて助太郎はSと云う沼の傍(そば)へ往った。そこにはいろいろの伝説があった。助太郎は気が強いので、平生は何とも思わなかったが、場合が場合であるから厭(いや)な気がした。助太郎は小走りに沼の縁を走り抜けた。

沼の縁を走りぬけると、路は山坂にかかるのであった。その山坂を越したところに阿君の家があった。助太郎は元気を出して、坂路をぐんぐんと登って往った。そして、そ

の路を三分の二も登ったところで、頂上の方からこちらへ向って来る白い顔のようなものが見えた。助太郎はぎくりとして立ちどまった。その時雲間に隠れていた月が、ほっかりと青い姿を見せたので、四辺は急に明るくなった。助太郎はその瞬間顫えあがった。白い顔は女であった。頭髪は蓬々と乱れて肩にかかり、口は耳まで裂け、そのうえ赫と見開いた眼は真赤に燃えていた。助太郎は提灯を取り落とした。同時に女の胸がぴかりと光った、助太郎は夢中になって坂を駆けおりた。

通夜に詰めていた人びとは、真蒼になって駆けこんだ助太郎に、水を飲ませたり背中をさすったりして容子を聞いた。助太郎は声をふるわせながら、途中で夜叉に会ったと云って話した。話しているところへ、かの夜叉が駆けこんで来たが、それは仮粧した阿君であった。阿君はその夜胸騒ぎがするので、病母の身に異変があったに違いないと思って、夜道を一人で出かけて来たが、悪者に出遭った時の用意にと、白粉を塗り頭髪を振り乱し、口には櫛を咥え眦に紅を引き、そして胸には小鏡をかけていた。

三話

暑中休暇のことであった。大阪に往っている兄の子息が、はじめて山根先生の許へ遊びに来た。大都会に住んでいて、田舎の山河に接したことのない少年だけに、その甥は見るもの聞くもの凡てが珍らしいとみえて、その喜びときたら大変なものであった。小さな町の駅から、山根さんの家に来る途中の田舎道でも、

「叔父さん、鮒が泳いでる、ほら、あれ」

などと言って橋の上から小川の流れを指さしたり、

「今、ぴょんと躍びよったん、あれ蝗やろ、うち獲ったんねん」

と、畦径を駆けだしたりした。山根さんはその比、中等教員の検定試験を受ける準備をしていたので、折角の暑中休暇が腕白者のお守でふいになりはしないかと思って惧れたのであった。しかし、思ったほどのこともなく、甥は近所の子供たちと直ぐ朋友になって、毎日朝早くから鮒釣りに往ったり、蟬獲りに往ったりして、山根さんを煩わすことなしによく遊んだので、山根さんはほっとした。

ところが、間もなく山根さんを困らすことが起った。それは、甥が烏蛇に追いかけられたことからはじまったのであった。

「蛇が恐いさかい、あて一人で遊びに往くのん厭や、叔父さん一緒に往ってんか」

そこで、山根さんも仕方なしに甥に跟いて出るようになったが、それでは勉強ができないので困ってしまった。山根さんはいろいろと考えたあげく、知りあいの家から可愛らしい仔犬をもらって来た。そして、犬さえ伴れていたら蛇は出て来ても、恐れて直ぐ逃げだしてしまうと言った。山根さんの考えはうまくあたった。甥は仔犬を伴れて一人で遊びに出かけるようになり、蛇も恐れないようになった。その甥が某日外から帰って来て、さも嬉しそうにして山根さんに話した。

「叔父さん、うちの犬なあ、強いもんやで、今日、あの川の向うの山で、狐に喰いつきよったで」

山根さんはまさかと思った。

「狐に喰いついたって、お前狐がわかるかい」

「馬鹿にすんねえ、動物園で見てるやないか」

「なるほど、大阪には動物園があったな」

山根さんはそう云ったが、小さな仔犬が狐に喰いつこうなどとは信ぜられないので、突飛なことを云うものだと思っただけで、別に気にとめても聞かなかった。

その翌日は朝から佳い天気であった。山根さんは国語の整理が一段落ついたので、久しぶりに甥に跟いて散歩に出た。仔犬は例によって甥にじゃれながら跟いて来た。甥は犬とふざけたり唱歌を歌ったりした。

やがて、一行は橋を渡って丘の下へ往った。

「叔父さん、昨日うちの犬が狐と喧嘩したのん彼処やで」

甥は丘の松の木の下へ指をやった。

「また、狐の話か」

山根さんは昨日から何度もその話を聞かされていたので、相手にならずに草の上へ寝転んだ。甥は山根さんが相手にならないので、そのまま丘へ駆けあがった。仔犬も元気よくその後を追った。山根さんは仰向けになってぼんやりしていた。

「叔父さん、犬を止めとくんなはれ、あの犬狂者になりよったんか、どないにしても止まれへんね」

見ると甥は泣きだしそうな顔をして傍へ来ていた。

「犬の名を呼んでごらん」

山根さんはやはり寝転んだままで犬に注意した。仔犬は何かに憑かれたかのように、夢中で丘の上へ駆けあがってはまた駆けおり、また駆けあがると云うような同じ動作をくりかえしていた。それが如何にも苦しそうな容子に見えた。山根さんは驚いて起きあがった。そして、仔犬の名を呼んだが、仔犬は振り向うともせずにやはり同じ動作を続けた。甥はたまりかねたと云うようにして犬の傍へ駆け寄った。山根さんも飛んで往って、それを捕えようとしたが捕まらなかった。山根さんは不思議に思いながら、四辺へ眼を配った。そして、その眼が丘の上の右手にある松の根元へ往った時、山根さんは思わず叫んだ。そこには一疋の狐が蹲っていて、それがその大きな尻尾を左右に動かしていたが、仔犬はその尻尾の動きにつれて走っているのであった。山根さんは狐を追っかけて往った。狐はあわてて逃げてしまった。それと同時に仔犬は走るのを止めて、ばったり倒れてしまった。甥は走って往って仔犬を抱えて来た。

「先生その仔犬は、それからどうなったのです」

と私たちは口ぐちに聞いた。すると、山根先生は笑いながら、

「仔犬は間もなく死んでしまったよ」

と云って、さっさと教室を出て往った。（玉谷高一氏談）

岩おこし

西村君の乗った下関行の三等急行列車が山陽線の糸崎駅へ着いたのは、夜の十二時をすこし廻った比(ころ)であった。西村君は電気器具を販売している男で、その時商用で大阪へ往っての帰りであった。

その西村君の家は三原町であるから、普通ならば糸崎駅の次の三原駅で降りなくてはならないが、急行列車は三原駅へ停車しないので、糸崎駅で降りて、三原まで人力車に乗らなくてはならぬ。そこで糸崎駅へ降りたところで、平生はその列車の客を当てこんで客待ちしているはずの車が一台もいなかった。

糸崎駅から彼の家までは一里たらずの路であるが、糸崎駅の町端(はず)れから三原町の入口まで半道あまりは、田圃に囲まれた淋しい松原で、一軒の人家もなく、昼間でも淋しい路であった。西村君は仕方なく歩いて往った。

それは大正四年の初春のことであった。町を放れて松原にかかると、時どき冷たい風が頬を撫でた。西村君は子供の土産にと大阪から買って来た岩おこしの小さな包みを小脇に抱えながら大股にぐんぐんと歩いた。

やがて路の一方の田圃の中に小山のある処まで往った。それは恰度(ちょうど)糸崎三原の中央にあたる処であった。そして、路はその小山の処でくの字型に曲っていた。

「さあ、半分来たぞ、もうあと半分だ」

西村君はその路の曲りにかかろうとした時、

「お先へ御免なさい」

と云う艶めかしい女の声がした。西村君はおやと思って振り返った。同時に一人の壮い女が西村君を追い越して往った。女は矢飛白の銘仙を着て、燃え立つような真赤な模様のある帯を幅広く結んでいた。西村君は思いがけない女の出現に、呆気にとられてその後ろ姿を見送っていたが、女はみるみるくの字型の路を曲って、小山の向うへ姿を消して往った。やっと我にかえった西村君は、その時初めて、

「おかしいぞ」

と思った。男でも淋しい夜道を女が一人で歩くさえあるに、提灯も持っていない。が、それよりももっとおかしいのは、真暗な闇の中で衣服の柄や帯の色が鮮明に見えたことだ。西村君はすこし薄鬼魅も悪かったが、恐いもの見たさの好奇心から、いきなり女を追って往って、くの字型の路を曲って小山の向う側へ出たが、女の姿は見えなかった。

西村君は闇をすかして四辺を睨みまわした。と、その時小山の上で何か新聞紙でも破るようなかさかさと言う音がした。西村君はおやと思って小山の上へ眼をやった。

同時に小山の上からふわりと布片のようなものが飛んで来て、西村君の顔にかかった。

西村君は本能的にその布片を払い落として袂へ手をやった。袂には懐中電灯があった。

西村君はそれを取り出すなり発火ボタンを押した。一条の白光がさっとレンズから出

て小山の上へ往った。小山の上には銀色の土佐犬ほどもある大きな狐がいて、その眼をぎろぎろと光らしていたが、電灯の光に面くらったのかくるりと尻を向けるなり、後足で砂を蹴りはじめた。

「畜生」

西村君は片手に電灯を握ったまま、片手で小石を拾って応戦した。狐は直ぐにどこへか往ってしまった。

西村君は狐を撃退したので、いくらか溜飲をさげたが、気がついて見ると、折角子供の土産に買って来た岩おこしの包みが無くなっていて、傍にそれを包んであった風呂敷が落ちていた。それは小山の上から飛んで来た物であった。

障子に映る女の姿

大正十四年の事であった。大阪大軌沿線小坂の樟蔭女学校前の広場に面した処に、武井裕という人が住んでいたが、その家は長い塀を囲らした堂々たる二階建てで、数年間空家であったのを前年の十一月武井さんが借り受けたものであった。

ところで、その三月二十二日の夜、武井さん夫婦は平生の通り、二階八畳の間へ電灯にカバーをかけて北枕に就寝したが、午前二時頃になって、武井さんはいつになく眼が覚めたので、何心なく右手の廊下に面した障子の方へ眼をやると、その障子に白い女の俯向加減になった姿がぼんやり映っていて、それがみるみる部屋の中へ入って来かけた。武井さんは吃驚したが、すぐこれは夢だと思った。

夢と定まればたいした事もないが、どうも周囲の状態が夢でないらしい。武井さんはどうする事もできないので、恐る恐る見ているうちに、女の姿がしだいに淡くなって消えてしまった。武井さんは安心したものの、眠れないのでそのままじっとしていると、それから約一時間位して、またかの女の姿が現われて来たが、それも初めのように入りかけて消えてしまった。武井さんはもうこれでいいだろうと思っていると、また三回目が現われて消えた。

それにはさすがの武井さんも鬼魅がわるくなって、傍の夫人を揺り起してその話をした。夫人は眼をつむったままで、

「お経をあげて供養しますから、どうかもう出ないでください」

と云った。夫人はその晩ばかりでなく、それまでにもう二三回もそれを見ていたが、気丈な女だけに武井さんにも話さないでいたもので、一度などは四十位の年増女が身悶えしながら泣いている姿を見たとのことであった。

魔の電柱

昭和十年九月二十八日の夜の八時比、駒込神明町行の市電が、下谷池の端の弁天前を

進行中、女の乗客の一人が、何かに驚いたように不意に悲鳴をあげて、逃げ出そうとでもするようにして上半身を窓の外へ出したところで、そこにあったセンターポールで顔を打って昏倒した。

その女客は浅草区西鳥越町の市川喜太郎と云う人の細君で、墓参りに往っての帰途であった。市電の方では驚いて近くの河野病院へ担ぎこんで手当てを加え、悲鳴をあげて逃げ出そうとした事について聞いてみると、席の隣に全身血みどろになった幽霊がいたので、夢中になって逃げようとしたところであったと云ったが、その電柱は従来(それまで)、毎月五六名も頭を打(ぶ)っつけて負傷をするので魔の電柱と云われているものであった。

自殺のできぬ青年

昭和元年五月三十一日午前二時半比(ごろ)、代々幡(よよはた)署へ二十位の顔の蒼褪(あおざ)めた青年が来た。それは山形県の豪農の長男であったが、同人はその四月、郷里の中学校を中途退学して上京し、上渋谷の犬猫病院に見習いとして雇われていたが、仕事が激しいので、その二十四日に逃げ出し、諸所をさまよい歩いているうちに、一文なしになって、悲観のあまり、渋谷から代々木附近の山手線で数回自殺を計ったが、そのつど母親の生霊が現われて不心得を責めるので、どうしても自殺ができず、止むなく身の振り方を相談に来たものであった。

能代川の堤

明治の末期のことである。秋田の能代町の傍を流れている能代川の川口で、砂利を採っていた男が、横波をくらったがために舟が顚覆して溺死した。

そこでその男の知りあいの者が死体を探しに往ったが、夜になっても判らないので、河の向う側の堤を帰っていた。一行は三人であったが、淋しいのか皆が黙って歩いていた。と、後を歩いていた男があたふたと前の男を追い越して中へ入った。

「ここへ入れてくれ」

それは日頃怯懦な男であった。しかし平生であったら、前後の男がきっと何か云って笑うのであるが、その時はだれも何も云わなかった。そして前を歩いていた男の家が近くに在ったので、一行は一まずそこへ入って休むことになった。そして、家の中へ入って三人が顔をあわしたところで、皆血の気の失せたような顔をしていた。その時前を歩いていた男が中へ入った男に、

「どうしたのだ」

と云うと、

「首筋へ水が垂れたような気がしたからよ」

と云って首筋を撫でた。すると前へ往ってた男も後にせられた男も眼を見はった。

「おまえもそうか」
「そうか、おまえもか」

赤い牛

長野県の上田市にある上田城は、名将真田幸村の居城として知られているが、その上田城の濠の水を明治初年になって、替え乾そうと云う事になった。そして、いよいよその日になると、附近の人びとは好奇心に駆られて、早朝から手伝いやら見物やらで押しかけて来た。

その日は朝からからっと晴れた好天気で、気候も初夏らしく温い日だったので、人びとはお祭り騒ぎで替え乾しをはじめた。そのために作業はずんずんはかどって、水が減るに従って大きな鯉が躍りあがったり、大鯰が浮いたりして、濠の周囲には至るところに喊声があがった。

その日私の父も、面白半分その手伝いに往っていたが、正午近くなって濠の水が膝の下ぐらいに減った時、父の周囲にいた人びとが異様な声を立てた。見ると父のいる処から三間ばかり前の方に当って、一ところ水が一間半ばかりの円を描いて渦を巻いていた。

(何だろう)

と、父が思った瞬間、物凄い水音を立てながら、その渦が盛りあがると思う間もなく、全身真紅の色をした動物が半身を露わした。それは、額に太い二本の角のある大きな牛であった。人びとは驚いて逃げ出そうとしたが、牛の方でも驚いたのか、濠から駆けあがって、千曲川へ飛びこみ、箭(や)のようにその流れを泳ぎ渡って、小牧山を乗り越え、それから須川の池へ身を隠してしまった。

今でもその替え乾しの時に、現場へ往っていて赤い牛を見たという人がある。私も少年の時によくその話を聞かされたものだが、どうしても信じることができないので、作り話だろうと云って父に叱られたことがある。私の父はいいかげんな事を云う人でないから、もしかすると河馬(かば)のような水棲動物であったかも判らないと思うが、それにしても河馬が日本にいるという話を聞かないので、どうにも解釈がつきかねる。（植田某氏談）

蛸(たこ)にすいつかれた男

昭和五年の九月二日の夜のことであった。

築地の魚市場の看守が、魚市場の建物の中を見廻っていると、頭から黒いマントを冠(かぶ)ったルンペン風の男がうろうろしているので、

「なんだ」

と云って誰何(すいか)すると、黒いマントは転げるようにして逃げだしたが、たちまち入口の処でつかまった。そこで看守がマントを引剝(ひきは)いで調べてみると、その男の一方の手に三

尺ぐらいの蛸が吸いついていた。

「野郎蛸を盗みに来やがったな」

それは吉山市太郎と云うルンペンであったが、彼はその夜、魚市場に忍びこんで水槽の中の魚を盗もうとしたところで、その中に入れてあった蛸に吸いつかれてまごまごしていたところであった。

簪につけた短冊

日本橋区本町三丁目一番地嚢物商鈴木米次郎方の婢おきんと云うのが、某夜九時すぎ裏手にある便所へ入ろうとして扉をあけると、急に全身に水を浴びせられたようにぞっとして、たちまち頭の毛がばらばらと顔の上へ落ちて来てまるで散髪頭のようになった。婢は悲鳴をあげて隣家の曲淵方へ駈け込むなり、ばったり倒れて気絶してしまった。人びとは驚いて、水や薬などを飲ませて蘇生させ、その訳を聞いて一層胆を潰した。人びとは手に手に棍棒や箒などを持ってかの厠へ駈けつけたが、べつに変ったことはなく髷が入口に無気味な恰好で落ちていただけであった。

そこで初めて、人びとはこれが俗に云う髷きりだと云うことを知ったが、それ以来かの厠はだれも使わなくなった。

これは明治七年三月十日の東京日日新聞に載っていた話であるが、日日子はそれについて、このことはいつか浅草金龍山内にもあった。故老の話では四五十年前にも一度あったが、その時は女たちが簪に小さな端冊をつけて、魔よけにしたと云って、その歌を引いてある。

かみきりや姿を見せよ神国のおそれを知らばやくたたらざれ

埴輪挿話

昭和九年六月、遠州小笠郡大坂村字法地の大阪村信用組合理事大石寅吉君は、同村内の所有山林を開墾したところで、無数の古器物が出たので、同郡平田村の考古学研究家西郷藤作君に鑑定さすと、千五百年前の埴輪と云う事になった。

そこで、それを県に報告したので、その十五日になって、東京帝室博物館歴史科鑑査官鈴木勇君が、わざわざ出張して来て、正式に鑑定したが、その埴輪の掘り出しには、あやしい挿話がある。

それは、大石君が山林を開墾して、右の埴輪を掘りだしたところで、夫人が突然病気になって重態に陥った。そこで大石君は開墾を中止して、埴輪を同所に埋めてその上に祠を建て、神社として祀るべく準備に着手したところで、夫人の病気はけろと癒った。大石君はじめ村の者は、眼のあたりその怪異を見て恐怖した。

人か猿か

加賀白山の前衛山脈になった大日山の麓に、東谷奥村と云う山村がある。そこは山中温泉から約十里の行程であるが、光明のない寒村であるから、気概のある青年は皆外へ出てしまって、今では十八戸、人口五十六名と云う衰滅に瀕した村である。その東谷奥村の大土に曾根中仁太郎と云う炭焼きがいたが、それには市三郎と云う男の子と、つい、きくと云う二人の女の子があった。

ところでこの三人の子供は、いずれも人間ばなれのした容貌をしていた。まず兄の市三郎は四尺五寸、妹の二人は三尺たらずで、一見十二三位にしか見えなかったが、それでも市三郎は三十八、ついは二十四、きくは十九であった。それで三人とも顔が猿に似ていて、頭の大きさは茶碗ぐらいしかなかった。そのうえ兄妹はいずれも唖で、それで年中半裸体で、

「きゃっ、きゃっ」

と云って、山の中を駈け廻ったり、木から木を伝って猿同様な生活をしていた。

しかし、父親の仁太郎が炭山から帰って来て、食事をする時には、三人の子供も地炉(いろり)の傍(そば)へ集まって、人間らしく食事を摂るのであるが、そんな時には、市三郎は兄としての威厳をおとすまいとでもしているように、いつも上座に坐って箸を執るのであった、

そして寝る時には、市三郎は父親に抱かれて寝ないと承知しなかった。それで父親は、毎夜のように、この四十に近い市三郎の大小便の始末をしなければならないのであった。

村の者はこの三人の子供の人間ばなれのした生活を見て、他村に知れると村の体面にかかわると云って、仁太郎に因果を含めて三人の子供を小舎の中へ監禁さした。それをどこからか聞きつけて、仁太郎の家へ来て写真でも撮ろうとする者があると、村の者は憤って、

「この野郎」

「畜生」

と云って追いかえした。ところで、昭和二年になって、金沢市の一興行師がそれを聞き伝えて買いとろうとしたことから世間に知れた。金沢医大では解剖学の大家として知られた岡本規矩男博士を東谷奥村へ出張さすことにした。それとともに村の者も、

「こうなってはしかたがない、いっそ見世物にでも売ったら」

と云って、父親を説くようになったとのことであるが、その後どうなったであろう、聞きもらした。

蝮蛇（まむし）の怪

大正十三年の事であった。栃木県足利郡吾妻村字下羽田（しもはねだ）に、野村龍太郎と云う人があ

って、その人の次女の十九になるのが、その五月八日に肋膜で歿くなったが、臨終間近になって、次女は母親に向って、

「お母さん、蝮蛇を執ってくださいよ、蝮蛇を」

と云ったが、母親には判らなかった。

「まむしをどうするの」

「執ってよ、執ってよ、蝮蛇よ」

次女は瞳をぱっちり開けて、うろうろと四辺を見て、

「もう彼方から迎いに来ているのですが、蝮蛇がいないと、わたし、蝮蛇を執ってよ」

と云い云い呼吸を引き取ったが、彼女の口にした蝮蛇の謎は解けなかった。野村家ではやがて葬式をすまし、次女の位牌を床の間へ安置して冥福を祈ろうとした時、平生次女の枕を置いていた処から二尺位離れた柱の前に一疋の蝮蛇がいて、それが位牌の方へ頭を向けていた。家の者は驚いて棒片を持って往って外へ放出そうとしたが、蝮蛇はびくとも動かなかった。そして三十分ばかりして僧侶が来て読経を初めた処で、初めてのそりと這い出してどこへか往ってしまった。

女の出る蚊帳

明治二年七月八日発行の明治新聞と云うのに、浜田藩の淀藤十郎と云うのが、古着屋

からであろう、蚊帳を買って来て、それを釣って寝たところで、その夜の半夜頃、枕頭へ女の姿があらわれた。それは白地に覇王樹のような型を置いた浴衣を着て、手に団扇を持っていた。淀は気のせいだろうと思ってそのままにしていたところで、その翌晩もまたその翌晩もやはり女の姿があらわれるので、友人にその事を話すと、友人がその蚊帳を持って往って釣った。と、友人の家でも同じような女の姿があらわれるので、蚊帳を買った家へ返しに往った。するとそこの主翁が、

「どうも不思議ですよ、どこへ売っても、五日とたたないで返して来るのですよ」

と云った。

●解説――

貢太郎怪談実話〈推〉

川奈まり子

私にとっては、父の書斎の片隅に、羽衣みたいに埃をまとって隠れていた怪しい本の作者、それが田中貢太郎だった。

貢太郎が遺した作品群を、かつて私はどれだけ耽読しただろう。

私の父は幽霊や妖怪が跋扈する古い中国の説話文学を研究している変わり者で、娘の私も十歳にもならないうちから重度の活字中毒に陥り、父の本棚で読めそうなものを勝手に漁(あさ)っていたわけだが、田中貢太郎の怪談集は父のコレクションの内でも特におもしろく、繰り返し手に取ったものだ。

私を虜にしたのは、まず、お年寄りの昔語りを想い起こさせる各話の懐かしい肌ざわり。

幼い時分には明治大正生まれの親戚の老人から話を聞く機会がちょくちょくあった。

私が大人になる前に、大正末期にモボだった祖父をはじめ皆さん天命をまっとうして西方へ旅立ってしまったけれど、聞き知った戦前の情景は記憶に残った。十代の頃に竹久夢二や高畠華宵の絵を知ってからは、彼らの若かりし頃を懐古趣味的に空想（美化）して勝手に愉しんでいたので、貢太郎怪談の古さがかえって魅力的に映ったのだ。

次いで強く惹かれたのは、簡潔な文体と、推移する事態の描写にフォーカスした作風。本書に収録されたどの話もおおむね、誰が、いつ、どこで、何を、どのように、という5W1Hを押さえた、報告調スタイルで綴られている。

しかし同じ報告調でも、根岸鎮衛の『耳嚢』よりも明快で論理的、柳田國男のような学者の書いたものよりも世俗的かつ小説的で、そのため「本当の出来事なのだ」と信じさせられつつ、きまって毎回、描かれた情景を追体験する心地を味わう運びとなる。

だから、怖い。

実は、これこそが貢太郎怪談の特徴だ。5W1H。シンプル。ロジカル。十数年前、怪談を書きはじめたときこのことに気づき、ルポ記事を書くフリーライターだった私にとって馴染みやすい書き方だったせいもあって、一時は積極的に真似ていた。

そんなわけで、拙怪談は田中貢太郎の影響を大いに被っている、と、告白するしかない。

しかしながら、気がつけば、いつ誰某がどこに居たときに……で始まる報告調の現代怪談は、今や巷に溢れているのだった。いったいどういうことか？　怪談書きが皆、私のような田中貢太郎ファンではなかろうから、ここは一つ考えてみる必要がある。

田中貢太郎は一八八〇年に高知県三里村に生まれ、小学校教員、新聞記者を経て作家となった。大正時代に入ると、『中央公論』などに明治・大正の政財界の汚職事件や政変を題材にした実録を相次いで発表。代表作の『旋風時代』も新聞の連載小説の体を取っているが、明治初期の政界を舞台にした実在の人物が登場する実話系である。

貢太郎はフィクションも書いた。また、「剪燈新話」「聊齋志異」といった中国の怪談を好んで読み、一部は邦訳を出版したし、日本の古い怪談の翻案も行っていた。

とはいえ実話に定評があったのは事実だ。資料を渉猟し関係者にインタビューをするなどして話を構成するのは特技だったはずである（ちょっと他人事とは思えない……）。

彼は怪談を書くにあたり、実録読み物を作るいつもの手法を用いたのだろう。

事実、この本を見ても、インタビュイーの氏名が明記された話が少なくない。

簡潔な文体も、現実味を演出する技術のうちである。文章表現を飾れば飾るほど、この世界から遠ざかることを、新聞や雑誌の記者なら誰しも知っている。物心ついたときからマスコミ報道に触れてきた現代の怪談の書き手たちも、直感的に心得ているはずだ。

——実話の怪談作家として、貢太郎は先駆者だったのだ。

本書の元本『新怪談集（実話篇）』（改造社・一九三八年刊）と並び立つ代表作である

『日本怪談全集』（同・一九三四年刊）の序文で貢太郎は「私が最初に怪談に筆をつけたのは、大正七年であった」と述べている。

本邦では、明治の終わり頃から民俗学の誕生とも連動して怪談文芸が興り、昭和初期にかけては百花繚乱のにぎわいを見せていた。

ことに大正年間は、著名な文人墨客、役者や芸妓が集う百物語も盛んに行われたという。

その時代に、貢太郎も生きていた。

本書に登場するのは、過去の人々ばかりだ。幽霊譚だけではなく、狐狸や天狗も出てくるし、人気女優の自殺をめぐる「松井須磨子の写真」（三四六ページ）のような都市伝説に類する話もある。多くの類型が存在する青山のタクシー幽霊やトンネルの怪の、ごく初期の型も記されている。

しかしどんなに怪しい現象であっても、あくまで淡々と進行するのが貢太郎流だ。数々の怪異はお手玉のようにポンポンと放り投げられ、しばしばオチが存在しない。

だが、私に言わせれば、行間の空白は暗黒に通じ、その隙間こそが闇の源だ。言外に書かれている（と思しき）世にも恐ろしい情景や体験者の感情をまざまざと想像してしまうではないか……。

そんな手練れによる本当にあった怖い話が、ここには二百三十四話も収録されている。

このたび文庫版が出て、歩きながらの読書は「魔の電柱」（四二九ページ）のような事態に陥る可能性があるから気をつけなくてはいけないが、携帯しやすくなったのは幸いだ。通勤通学散歩旅行などに持っていきたい。文庫の方がベッドでも読みよいだろう。

とにかく、しばらく存分に怪談漬けになれるのではないでしょうか、と、怪談沼の底から愛をこめて推させていただく所存である。

（作家）

＊本書は、田中貢太郎『日本怪談実話〈全〉』（桃源社、一九七一年八月刊）を底本とした河出書房新社版（二〇一七年一〇月刊）を文庫にしたものである。巻頭の「冕言」は原著『新怪談集（実話篇）』（改造社、一九三八年六月刊）に序文として付されたもの。著者物故につき、原著刊行時の時代状況を鑑み、今日では使用を見合わせるべき表記などもそのままとした。

日本怪談実話〈全〉

二〇二三年 六 月一〇日 初版印刷
二〇二三年 六 月二〇日 初版発行

著　者　田中貢太郎
発行者　小野寺優
発行所　株式会社河出書房新社
〒一五一-〇〇五一
東京都渋谷区千駄ヶ谷二-三二-二
電話〇三-三四〇四-八六一一（編集）
〇三-三四〇四-一二〇一（営業）
https://www.kawade.co.jp/

ロゴ・表紙デザイン　粟津潔
本文フォーマット　佐々木暁
本文組版　有限会社マーリンクレイン
印刷・製本　凸版印刷株式会社

Printed in Japan　ISBN978-4-309-41969-5

実話怪談　でる場所

川奈まり子　41697-7

著者初めての実話怪談集の文庫化。実際に遭遇した場所も記述。個人の体験や、仕事仲間との体験など。分身もの、事故物件ものも充実。書くべくして書かれた全編恐怖の28話。

日本怪談集　奇妙な場所

種村季弘〔編〕　41674-8

妻子の体が半分になって死んでしまう家、尻子玉を奪いあう河童……、日本文学史に残る怪談の中から新旧の傑作だけを選りすぐった怪談アンソロジーが、新装版として復刊！

日本怪談集　取り憑く霊

種村季弘〔編〕　41675-5

江戸川乱歩、芥川龍之介、三島由紀夫、藤沢周平、小松左京など、錚々たる作家たちの傑作短篇を収録。科学では説明のつかない、掛け値なしに怖い究極の怪談アンソロジーが、新装版として復刊！

見た人の怪談集

岡本綺堂 他　41450-8

もっとも怖い話を収集。綺堂「停車場の少女」、八雲「日本海に沿うて」、橘外男「蒲団」、池田彌三郎「異説田中河内介」など全十五話。

世界怪談名作集　信号手・貸家ほか五篇

岡本綺堂〔編訳〕　46769-6

綺堂の名訳で贈る、古今東西の名作怪談短篇集。ディッケンズ「信号手」、リットン「貸家」、ゴーチェ「クラリモンド」、ホーソーン「ラッパチーニの娘」他全七篇。『世界怪談名作集　上』の改題復刊。

世界怪談名作集　北極星号の船長ほか九篇

岡本綺堂〔編訳〕　46770-2

綺堂の名訳で贈る、古今東西の名作怪談短篇集。ホフマン「廃宅」、クラウフォード「上床」、モーパッサン「幽霊」、マクドナルド「鏡中の美女」他全十篇。『世界怪談名作集　下』の改題復刊。

著訳者名の後の数字はISBNコードです。頭に「978-4-309」を付け、お近くの書店にてご注文下さい。